中南大学学科史系列丛书

中南大学护理学学科
——发展史——

(1911—2014)

中南大学文化建设办公室　组 编

中南大学湘雅护理学院　撰 稿

1911—2014

(1911—2014)

中南大学护理学学科发展史

组　编　中南大学文化建设办公室

撰　稿　中南大学湘雅护理学院

主　编　何国平　黄珊琦

副主编　唐四元　罗军飞　李现红　王红红
　　　　陈　嘉

编　委　（按姓氏笔画排序）

丁四清　王红红　王媛媛　冯　辉

刘新娥　阳爱云　李乐之　李现红

李映兰　肖江龙　何国平　张静平

陈　嘉　罗军飞　姚菊琴　唐四元

黄珊琦　谌永毅　曾　慧　雷云霄

出版说明

2014 年，中南大学湘雅医学院迎来了她建院的第一百周年。一百年风霜雨雪，一百年春华秋实，岁月的沉淀让这所与新中国同呼吸共命运的古老院校散发出历久弥新的魅力。为献礼湘雅百年华诞，2014 年 5 月，中南大学湘雅医学院开始组织学科史的编写，各单位齐心协力耗时数月，终于完成。

湘雅医学院的学科发展史作为中南大学学科史系列丛书中的重要一部分，意义非凡。学科的建设与发展代表着本专业科研领域的最前沿，是无数先贤名家智慧与汗水的结晶。对于"写就新中国半部西医史"的湘雅医学院而言，学科史更是承载了广大湘雅人悬壶济世的无上荣耀与信仰。百年间，一代又一代的湘雅学子秉承着"求真求确，必邃必专"的信念，兢兢业业，前赴后继，为祖国医学事业的发展作出了卓越贡献。今日的湘雅拥有多个国家重点学科，在全国同类学科中位居前列，锋芒依旧；相信这套学科史系列丛书必能给予青年医务工作者以启迪和灵感，助其站在前人坚实的肩膀上，薪火相传，书写百年湘雅新的华彩篇章。

本着尊重历史、实事求是的原则，在学科史的编写过程中我们尽最大努力还原了各学科发展的真实脉络，着力展现了科研平台、人才培养以及学术成就等方面的内容。承担编写任务的相关人员，以严谨认真的态度广泛查阅、梳理、筛选历史资料；同时中南大学出版社的编辑也给予了宝贵的支持与帮助。正是因为广大幕后工作者的辛勤付出，才有了中南大学湘雅医学院学科史系列丛书的付梓出版，在此一并致以崇高的敬意与真诚的感谢。但是，由于时间仓促任务繁重，加之医学专业学科的庞杂与变迁，许多史料已遗失或难以考证，本书中难免存在一些错误与疏漏之处，还望广大师生及校友谅解并不吝指教。

　　谨以此书献给为中南大学湘雅医学院作出杰出贡献的历任校、院、系所领导、师生及校友们，衷心祝愿中南大学湘雅医学院能够在新的征程创造新的辉煌！

序

1911 年 11 月 5 日，雅礼护病学校在中国古城长沙西牌楼成立了！这是我国最早开办护理教育的学校之一，中华护理学会首任理事长、美国高级护士、文学士妮娜·盖治(N. D. Gage)女士为第一任校长，奠定了如今中南大学湘雅护理教育的基础。百年办学过程中，学校经历了多次更名，从最初的雅礼护病学校先后更名为湘雅高级护士学校、湖南省卫生学校、湖南医学院附设卫生学校、湖南医科大学附设卫生学校、湖南医科大学护理学院，到中南大学湘雅护理学院。百年走来，中南大学湘雅护理教育和医学教育相辅相成，蓬勃发展，"南湘雅"之美誉驰名国内外。

历经百年积淀，中南大学湘雅护理学院载誉满满。培养了 2 万余名护理专业优秀人才。他们中有我国第一位护理专业毕业的著名美籍华人医学家李振翩教授，有我国第一位护理专业毕业的开国将军姜齐贤，有国际红十字会第三十二届"南丁格尔奖"获得者周娴君主任护师。("南丁格尔奖"是对护理界无私奉献精神的肯定和赞许，誉为护理学科领域的"诺贝尔奖"。虽然不是诺贝尔奖，但颁奖者必须是国家最高领导人。这是谨遵"勤诚谨毅"精神的所有中南大学湘雅护理人的毕生追求！)

中南大学湘雅护理教育先后经历了搬迁、停办、重组、合并的曲折道路。学科发展形成了从中等护理教育到高等护理本科教育，再到护理学硕士及博士教育的人才培养体系和完整学科体系。尤其是博士教育，2004 年中南大学湘雅护理学院是我国最早的依托临床医学招收护理学博士研究生的两所学校之一，为我国本土培养了首位社区护理学博士研究生。2011 年，护理学新增为医学类一级学科后，中南大学湘雅护理教育事业迎来了新曙光，荣获首批护理专业一级学科博士授权点和首批护理学博士后科研流动站。

中南大学湘雅护理学科经过一个世纪的努力探索和刻苦钻研，在 2012 年国家教育部学位与研究生教育发展中心组织的第三轮学科评估中，中南大学湘雅护理学教育在全国护理学科排名中名列第四；2014 年中国大学医学学科专业排名中，中南大学湘雅护理学入围国家五星级专业学科。如今的中南大学湘雅护理专业已成为国内一流、国际知名的学科专业。

回首过去，中南大学湘雅护理教育一步步踏实而坚定地向前迈进；立足现在，中南大学湘雅护理人勤勉务实，开拓创新；展望未来，中南大学湘雅护理人将昂首阔步，成就辉煌！

中国工程院院士
中南大学校长

2014.9.3

目录

目录

第三篇　杰出校友　学科代表

附　录／

第一篇　护理学史　湘雅情结

第一章 护理学史话

一、西学东渐 雅礼建会 选定长沙兴医校

创建于 1701 年的美国耶鲁大学（Yale University），初名"大学学院"（Collegiate School），是全美历史上第三悠久的高等学府，亦为常春藤盟校成员之一，是一所私立研究型大学，坐落于美国康涅狄克州的纽海芬。该校教授阵容、学术创新、课程设置和场馆设施等方面堪称一流。耶鲁除了开设研究生课程外，同时也非常注重本科生教育。在各个大学排名榜单中，都一直名列前茅。

19 世纪末，实验医学的发展，促进了现代医学教育的兴起与传播。当时的中国，正处在吸收西方现代文明的萌芽时期，也就是史学家所称的"西学东渐"的初期。1898 年，美国人罗感恩和夫人来到常德，为达到以医传教的目的，在这里创立了湖南省境内第一家西医诊所，设病床 20 张，取名叫广济诊所，意思是要把常德人引向幸福的彼岸。它在湘的历史比 1906 年雅礼协会在长沙所办的雅礼医院、美国复初会在沅陵创办的宏恩医院早了 7 年。尽管广济诊所的历史较早，但吃惯了苦涩中药的常德人并不领情，诊所一度冷冷清清，风雨飘摇。

一次偶然，罗感恩在这里发现了全球第一例血吸虫病患者，并将其治愈。为这里的百姓解开了流行数代的"水臌症"之谜。从此，他的神奇医术开始被一部分受教育程度较高的常德人所接受。1901 年，也就是雅礼协会成立的这年，广济诊所迅速扩建为广济医院，病床增至 70 张，有医务人员 24 人。但不幸的是，1919 年，罗感恩这位医术高明的美国医生，在出诊时，竟惨死在一位精神病患者的枪口之下，该患者是冯玉祥的妻弟。为纪念罗感恩这位心地善良的美国医生，冯玉祥特在广济医院修建了一座纪念亭，取名"思罗亭"。从此，广济医院改名后的广德医院，声名鹊起，成为湘西北最大的西医院。

20 世纪初的 1901 年 2 月 10 日，恰逢耶鲁大学创办 200 周年的纪念日，该大学的部分毕业校友在退休校长狄摩非的召集下，聚会康州，正式成立了雅礼协会（Yale – in – China），旨在到中国兴医办学。此前的 1900 年，一位叫亨比·色古利的先生和 98 岁的亚瑟西·威廉，首先建立了雅礼协会的基金。雅礼协会成立后，决定按照英国牛津、剑桥大学在印度设立传教会的方式，到中国设立雅礼协

会的分会，并发展会员。在雅礼协会海外的发展计划中，印度和非洲都曾是首选地。但是，由于耶鲁与中国文化长期的历史联系，使得中国成了必然选择。而且，协会中还有一些人，如哈蓝·比奇和安森·斯托克斯（Anson Phelps Stokes）等都热情倾向于到中国来。

19世纪中后期，耶鲁不仅有30名毕业生作为大学使团的工作者在中国服务，而且还录取了容闳为1854级学生。容闳是首位由中国政府官派的、在美国大学毕业的留学生。后来，他又于1870—1880年在新英格兰学习。

另外，从大量事实来看，哈蓝·比奇相信：中国肯定是一个伟大的国家，会对下一代世界领导者产生重要的影响。比奇说："了解上帝意图的基督徒知道，上帝的手也在中国皇朝金銮宝殿之下。这个令人惊讶的帝国，多少年来一直成功地坚持了自己的意志。一个如此强大的国家已经存在了5000年之久的这个历史事实，就是她将来仍会继续存在的证明。我们可以肯定，上帝高瞻远瞩，一定会为这个世界保留这个国家。"一个正在为西方意识形态和技术唤醒的中国，是大学使团工作的肥沃土壤，而且这种工作是非常急需的。比奇相信，如果中国能够不为西方贪婪的大潮所吞噬，那就会有另外的一番景象："开放的口岸，就会充满着世界各地的商人；铁路会开始建筑；电报通至大部分省会；矿产为国家所有，从而为国家的繁荣作出重要贡献；有中国传统建筑风格的房子，锦绣山河，会从任何列强的反对和偏见中崛起，变得更为美丽。但是，谁会进入她敞开的大门呢？是上帝教会仁慈和乐善的大学使团工作者？或者是西方的贪婪者、土地掠夺者或物欲主义者？后者，即西方恶霸，正在进入这个转型时期的国家。基督教会不会以同样的步伐进来呢？"最后，耶鲁所提供的帮助特别适应于中国的需求。比奇断言："目前的这种情况，中国是全世界最适于大学使团工作的有前途、有希望的地方，现在的困难是特别需要有受过教育的人。中国是一个公开地、理直气壮地为自己古老的文化传统感到骄傲的大民族，对西方列强的温和、仁慈不抱任何幻想。可是，根据最近令人震惊的种种事件，迫使他们不得不承认自己的国家在政治上的落后。即使如此，大学使团的工作者也不能哄骗或威吓他们接受西方所赐予的革命和改革。只有用内心的真诚和善意为他们提供启蒙帮助的人，才能使他们信服。"比奇所指的"令人震惊的种种事件"和"政治上的落后"是什么呢？

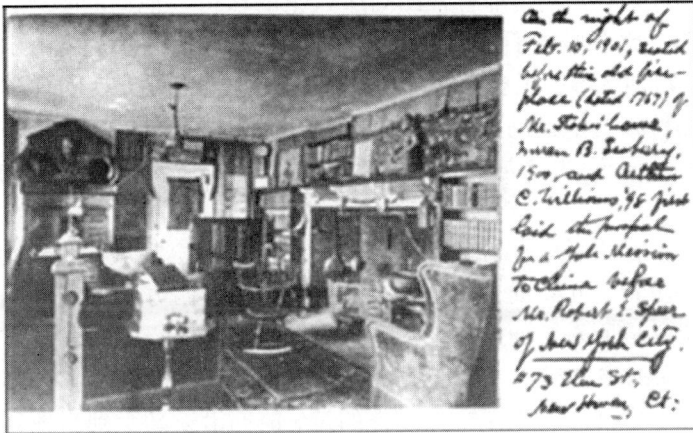

图 1-1　耶鲁大学教师联谊会办公室
1901 年 10 月该校部分教师在此相商到中国兴医办学

　　原来，自 1840 年鸦片战争开始，西方列强就不断侵入和瓜分着中国。1901 年，北京先被八国联军攻破，后为义和团所困，动乱之后，义和团扶清灭洋的旗帜仍在飘扬之际，仍有大量的外国传教士涌入中国。尽管在华工作的耶鲁大学使团成员——该校 1892 年毕业的霍雷斯·特雷琴·彼特金已在 1902 年被义和团杀害，但 28 岁的德士登无所畏惧，仍携妻于 1902 年秋抵达北京。他是受雅礼协会派遣来华选择办学地点的首批人员。当时，作为中国的皇城，到处充斥着基督教的各种小组。德士登夫妇来华后，首先安排好自己的日常生活，旋即走入外国居民社团。除了他们每天见到的佣人是中国人外，很少有机会遇到其他中国人。在外国居民社团，德士登夫妇和其他传教士一道庆祝圣诞节，吃火鸡、蔓越橘酱、蔬菜和杏仁菜、果汁、牛奶冻；在国际俱乐部他们度过了除夕之夜。在北京虽然有些困难，但他们的首要任务是学习中文、调查当时在中国的传教工作。那时，中国实行的是治外法权，德士登等更为关心的是：他的工作要得到原有的传教士同胞的批准，这可能比地方当局的接受或中国信众的支持更为重要。德士登在给美国的会员比奇的信中写道："我希望我们会赢得老传教士的信心。我们要办一个大的教育机构，希望他们能够和我们合作。这种教育工作在这个古老的帝国里虽然不起决定作用，但至少可以影响一大部分人。这也是对他们工作的支持和补充。"他还建议："从事医学工作，最终要培养当地的医生。"而且建议雅礼协会要招募着重研究东方特殊疾病的美国医生来华，认为这个方法就是雅礼协会与其他大学使团工作的不同之处。他还说"如果我们不进行教育工作，只按常规传教，就等于在黑暗中摸索前进"。作为协会执行委员会委员的比奇发现，德士登的观点很值得考虑。尤为重要的是他对这个国家的教育和文化持尊重的观点，认为教育方面的工作计划,要提请耶鲁社团高层人士的认可。他们的支持,才是至关重要的成功因素。比奇形成了一个更为成熟的方案,包括建立主要由中国学者领导的预科部、教师训练部、正规大学部,一个由教会各教派支持的神学院。德士登被这个来自耶鲁雅礼协会的雄心壮志所鼓舞,认为每一个机会都是来自上帝的召唤。他热情地回信道:"这是个我这一生和我儿子一生都完成不了的计划,但是这没有关系。"

1903 年春,德士登夫妇寻找到了一个可供雅礼协会开展工作的地方,即被人们遗忘的山西省。几年前,数以百计来该省工作的西方传教士和中国信徒均为流窜的义和团成员所杀。而这次,德氏夫妇靠当地的旅行工具——带着干草的小毛骡,作了六周的艰难旅行。为谨慎计,当地官员还为他们派了军队作保镖,以防再次排外暴动事件的发生。令人意外的是,他们沿途却受到当地官员和普通百姓的善意接待,这使他俩感到高兴,认为这是西方传教事业努力几十年所结的硕果。虽然有这样优越的基础条件,但德士登最后还是决定另找他处。他给纽海芬总部写道:"我相信还有比在山西能发挥更大作用的地方。山西还不是一个战略要地,我们的责任是进入一个更有战略意义的地域。"

图 1-2　雅礼协会建立时部分成员合影

前排左为布朗尼·盖吉(Brouwnell Gags),右为阿瑟·威廉斯(Arthur Williams),后排右一是劳伦斯·德士登(Lawrence Thurston)

湖南,是中国的一个内陆省份,虽在内地,却南邻广东,北靠湖北,经水路可从岳阳进入长江,抵汉口,甚至更远的地方,其南通北达的地理位置和 2100 万人口的拥有量,使其成为雅礼协会后来立足发展的最有希望的理想之地。

当时,湖南传教情况的改善比中国的其他地方要晚几十年。20 世纪初以前,湖南的排外情绪一直妨碍着西方传教士和中国信徒定时举行宗教活动。虽然哈蓝·比奇赞扬长沙的整洁繁荣，但在其他一些美国人眼中，看到的却是高耸城墙里面的窄街。这里传统上虽然敌视传教，省内其他地方和省会长沙有时甚至有强烈的排外情绪，但德士登还是对这个省的地理位置，以及她的人民的声誉倍感兴趣。他写道："我对长沙虽一无所知，但罗伯特·哈特（Robert Hart）说，据在上海的一些人介绍，湖南人最为倔强，敢为人先，而且有主见。这些特性就吸引我选择此地。"一位有经验的传教士告诉德士登："湖南人民和中国其他地区的人民一样，也是可以被影响的。"到 1903 年的时候，已有五十多名外国传教士和大学使团工作人员先后从英格兰、苏格兰、美国、加拿大、芬兰、德国和澳大利亚来到湖南，设立代表处和传教所。当时，有一位观察家把此举比作"冲向一个新的钻石矿区，人们竞相圈定地盘范围，并在自己的处女地上开始经营"。与传教士一同来的除外交人员外、还有商人、采矿工程师，并带来各种服饰。

这年春天，德士登正在为雅礼协会到湖南选址时，又出了一个紧急情况：他得知两年前已进入湖南的传教团体，正计划在长沙开会讨论"划分地盘"。德士登给比奇写信道："你可以想象我的感受，当雅礼协会团结一致进入中国这个最重要地区时，这里却正在被各教会、教派有礼貌地、互相客气地划分地盘，这将阻止我们进入湘省。"同时，他向正在长沙开会的各教会求救，陈述愿望，得到的答复竟是热烈欢迎，并要求雅礼协会承担基督教会在湖南省的高等教育。德士登又写道："这真是超出我的想象，各教会会如此热情地接待我们。"

因纽海芬的指示回复得比较晚，使德士登再次感到不安。他担心雅礼协会会失去最好的机会。当他正在等待回信时，他的健康情况不断恶化，最后诊断为肺结核，迫使他和妻子在 1903 年的秋天回到美国。当时，他在赴加利福尼亚的轮船上，情绪低落地给比奇写信道："不管以后我是否能回到中国，现在的离开已让我心碎，我们决定要再回来。我祈祷上苍：我的回去会激励耶鲁人的责任心，不让他们泄气"。不久，29 岁的德士登在加州逝世。1904 年春，步德士登后尘的雅礼协会成员席比义直赴湖南，意在对协会的最后选址作出定夺。1905 年的湖南，面积比英国大，人口大约是其两倍；经济比较繁荣；且有很好的教育传统，上层家庭子弟学而优则仕者甚众，代代相传。这年，席比义每周在橘子洲与英国海关专员打两次网球，有时穿着从家乡带来的无尾礼服参加各种西式宴会。

关于以后要开展工作的地点长沙，比奇写道，这里"极为清洁，建筑也很好，狭窄的小巷，铺设着麻石路。不仅没有负重的牲畜，而且还有很好的下水道系统，在中国的普通城市中名列第五，且有 19 万居民充塞在城墙之内，少有空地"。比奇曾在山东工作过几年，他的看法是：长沙人比山东人更令人喜欢。他写道："我们未来的老乡对我们很感兴趣。华北城市肮脏、破烂。这里的贫民区比纽约的贫民区要少。大人、小孩一看便知很聪明,大街上可以经常看到妇女;官员也特别令人愉快且有礼貌。"比奇拜访了当时的省长和当地知名的教育工作者。省长全力支持引进西方知识以改革教育。他对比奇描述的教育工作很感兴趣,同时告诉他:美国人要克服中国老百姓的排外情绪,就要避免教授基督教教义和做礼拜。比奇认为:"在这里,不管是成功还是失败,这一条都要当作长期遵守的原则。"有一些湖南当地的精英对西方教育也颇感兴趣,支持外国人在长沙工作,这增强了比奇的信心。只是当时的报纸仍然不依不饶,反复地重申"湖南是湖南人的湖南。"他们赞成学习西方,同时拒绝在教育工作上让外国人做代理人。

选择建校的地址远比协会选择落脚的城市困难得多。围着城墙的长沙,在全国其他各地被迫开放门户几十年之后,还是顽固地排外。1901 年之后,穿着西装,仍不能在城内自由行走。甚至在官方开放贸易商埠之后,湖南仍然保持着高度的对外敌意。居民仍然非常不愿意将房屋出租或出卖给外国人。此外,城内拥挤不堪,土地非常短缺。城外大多数的土地,要么被切成小块,种稻种菜;要么就旁有坟地。买一块大片的土地,要和好几家谈判。这些土地都是稻田,而且可能还需要迁坟。买地,在当地社区有招致敌意的危险。哈蓝·比奇在长沙为协会选址的时候,还有哈利·鲁斯(Harry Luce)做助手,此人和彼特金一样,也来自耶鲁的神学院,在义和团事件发生以前,曾在华北作过传教士。另外,还有 1904 年新来的会员席比义等。

1905 年 2 月,席比义的报告说:"我一生从未在哪方面同情和体谅过克里斯塔夫·哥伦布(Christopher Columbus),但最近几周,我卖力找地的经历,使我对他的经历感同身受。对于一个年轻的耶鲁人来说,在中国找地皮,可真不是一件简单的事。"第一个月,他独自走了 100 公里路程,几乎花尽了他所有的体力和精力。虽然没有找到很好的地方,他仍然乐观、勇敢地面对着"两个"酷暑,仍然保持着美国的礼仪。他写道:"我们看到了夏日的中国,人人都在放松,手持扇子,打赤膊、光膀子,而我仍能穿上衬衣或外衣,工作时就把外衣脱下。"那时新来的英国海关官员格林威尔·弗勒琪(Greenwell Fletcher)住在湘江中的水陆洲(现橘子洲)的外国人专区,席比义有时也到他家避暑。他看到:当地中国居民拖着竹床在街上或房顶避暑。席比义有时也住在室外:"我曾经睡在房顶,没有蚊帐。微风从铁栅栏后面轻轻吹来,河东万家灯火,河西山峦高耸,繁星点点,挂在天空,没有比这更好的空气了。"就在哈蓝·比奇、哈利·鲁斯、席比义等在长沙艰难选址的次年,雅礼协会又派来了一位重要的成员。

图 1 - 3　1905 年，长沙街头外国传教者与围观的群众

（原载《雅礼协会百年历史》）

图 1 - 4　1905 年，长沙居民从公用水井中取水

（原载《雅礼协会百年历史》）

　　哈蓝·比奇决定选定在长沙兴医办学后，再次从中国致信正在印度孟买行医的爱德华·胡美（Edward Hume）："请赶快到中国来吧，这里比印度更需要你！……你在孟买所做的任何事业，决不能和在长沙的机遇相比……湖南省虽然到现在还被认为是排外的，但是现在因通商条约的签订，外国人已经能来居住和工作。这里的人们很有知识，大部分受过教育，富有创造能力；无疑地，他们会欢迎一位西洋医生来创办一所新式医院的。不要多久，你就可以在湖南创办一所医科大学，这里才是你应该工作的地方，希望你立刻就来。"

　　1900 年在美国约翰·霍浦金斯大学医学院获博士学位后的胡美，就被美国公共卫生局派到印度，当时的他已和印度有着非常深的渊源。那时，印度腺鼠疫猖獗，他写了各种调查考察报告送回美国，并为开往美国的每一艘货船进行检查、消毒，又在一位著名的俄国科学家赫金夫的指导下，研究预防鼠疫传播的方法。他认定在印度工作是很有发展前途的。当时，日俄为瓜分中国领土正在激战，中国正处于混乱之中。尽管他在去印度的前一年，就获悉了雅礼协会要在中国办教育的计划，由于胡美对中国一点也不熟悉，1902年雅礼协会特邀他同德士登一起来华时，他拒绝了。他的父亲和祖父已在印度工作了多年，父亲正担任印度某中学的校长；他在孟买开了家医院，已将印度视为自己的第二故乡。可是，胡美在读了哈蓝·比奇的来信后，已为"创办一所新型的医科大学"的远景所动，便欣然接受其邀请。

带着建立现代医院和医科大学的梦想，1905年夏，胡美携夫人贾乐德(Lotta)、小儿子塔德(Teddy)漂洋过海，来到长沙。船到长沙小西门码头时，来接胡美一行的领队是我们前面多次提到的席比义，他和胡美是大学的同学。

当时的长沙城，四周都有厚厚的城墙，是典型的围城。城内与外界相连的通道叫城门，北有湘春门、新开门；南有黄道门、学宫门；东有浏阳门、小吴门；西边临湘江，为利用水运，便于货物装卸，由北向南依次为通泰门、潮宗门、太平门、大西门、小西门等。当胡美一行乘着桥子，在席比义等的引导下，穿过小西门厚厚的城门时，妻子贾乐德向丈夫胡美叫苦道："我们要住在这道墙里面吗？那我晚上一定睡不着，我感到它像一块大石头要压碎我似的。"

初到中国，胡美和盖葆耐为了能更好地融入长沙的本土生活，在牯岭和汉口学了一年中文。席比义也与其他在长沙的传教士商量之后，在当地的中国学校教英文。同时，他们三人加上一位中国助手，开始在全城寻找一块合适的地方，以开展他们将要进行的伟大事业。

他们的足迹踏遍了全城的每一寸土地，一年之后却仍无结果。为此，胡美、盖葆耐和席比义真是伤透了脑筋。这时，纽海芬执委会来电报下达了他们的意愿，考虑租或买一处现存的房子，以便延期寻找永久地址。

功夫不负有心人，他们终于在市中心找到一处半中式的不太整齐也不太干净的房子，改建后可作教室、小礼堂及美国职工的宿舍。第二处确定在大街的对面，可作诊所。初战告捷，雅礼协会从纽海芬发出了热情而文雅的来信，表达了他们在道义和精神上的支持。

虽然租赁的房子是泥土结构，非常简陋，但毕竟取得了阶段性的成绩。1906年圣诞节，雅礼协会一个全新而充满活力的小规模分支社团已经在长沙形成了。这个社团除了席比义之外，有胡美和他的夫人、小儿子塔德，以及新从耶鲁神学院毕业的威廉·海尔(Reverend William Hail)牧师，还有玛蒂尔达·德士登(Matilda Thurston)女士等6个三十几岁的年轻人。

值得一提的是玛蒂尔达·德士登女士。她是德士登的夫人，为继承丈夫的遗志，她再次不远万里来到中国继续丈夫未尽的事业。在长沙，席比义给他的家人写信道："聚集在一起的这 6 个青年人，非常快乐。我们经常忘记了自己作为大学使团工作者所要保持的严肃。"这里的一切，都充满着理想主义色彩的刺激。

图 1-5　1905 年受命到中国选择医校地址的华伦·席比义与布朗尼·盖吉的合影

图 1-6　20 世纪初湖南省会长沙湘江岸边的水上人家

（原载《雅礼协会百年历史》）

二、胡美开业　有医无护　雅礼事业难维继

到长沙，胡美等按照雅礼协会的计划就是要办一所医科大学。但最早开业的却是一家医院——雅礼医院，这其中的缘由，我们在后面将会有详尽的描述。

还是回到湘雅发展史上最关键的人物胡美身上。他从1905年来长沙，就为实现在中国办医办学的宏大梦想开始了他的一步步计划。

第一步，过语言关和了解中国人的习俗。胡美来长沙后，即拜杨熙少老先生为汉语老师，在风光秀丽的江西庐山牯岭苦学汉语。杨熙少，是胡美来华坐船时结识的朋友。胡美敬佩杨先生的学识，所以拜师于他。到1906年夏，胡美的汉语口语能力已经达到与国人自由交谈的水平。期间，按照杨老先生的要求以及入乡随俗的做法，师生两人翻遍了《百家姓》一书，依照Edward Hume英文姓名的谐音，取汉语名胡美，他在后来与国人交往时，能流利地介绍到："敝姓胡，叫胡美，你称我胡先生或胡医师都可以。"湖南人杨熙少能成为胡美的汉语老师，这得益于他中青年时期，任职于上海翻译馆，主持《圣经》的翻译。杨胡结缘，使杨的下一辈有6人成

图1-7　1920年前，进出长沙城的城门
之一——小西门码头
（原载《雅礼学会百年历史》）

了湘雅的学生，其中一位就是后来国内著名的医学科学家、临床细胞学专家杨大望教授，她是杨熙少的女儿。

第二步是按照纽海芬执委会的指示，去买或者租用一处房子。前面章节说过，通过他们的艰苦寻找，已在市中心觅到一处半中式的房子。这套房子位于西牌楼。半中式的房子的街对面，也就是西牌楼街的北面，有栋称之为中央旅馆的房子，为一位姓罗的长沙人所有。西牌楼这条街，紧邻市内的南门正街，成东西走向，东起三兴街与三泰街，西止太平街，是横贯城中心的一条商业街。中央旅馆向西不远就是当时的长沙海关，可谓黄金地段。胡美马上借自己的秘书中国人刘先生的名义买下了它。买楼要借他人的名义，是为了避免带来不必要的麻烦。因为头一年他进入长沙时，就在小西门的城墙上看到了郑巡抚迫于湖南士绅的强烈要求而签发的布告，主要意思为：凡在长沙城内出售给外国人的任何房产，其

契约政府一概不予承认，此类交易绝对禁止。

第三步是将买下的中央旅馆做了修缮，开办医院，作为创办医科大学的准备与必备条件。

经过一系列的准备，湖南省省城内第一家被称为医院的西医医院于光绪三十二年八月初二，即1906年9月19日正式挂牌成立了，谓之"雅礼医院"。我们从史料照片上还可以依稀窥见它当时的概况：医院门前装了一扇8英尺高的栅栏门，以免路人因好奇而闯进来；同时还挂了一块7英尺高、3.5英尺宽的"雅礼医院"黑底金字招牌。同时在医院的南面，一路之隔，开办了雅礼大学的前身——雅礼大学堂。学堂成立时招收了53名男生。

图1-8　湘雅医学专门学校首任教务长、雅礼医院与湘雅医院院长胡美博士

雅礼大学堂的校长是前面提到过的雅礼协会成员盖葆耐。实际主事的人，相当于副校长的叫解维廉。初建的雅礼医院，人员只有3位，胡美既是医师，也是院长，此外还有院内负责勤杂的陶师傅，以及负责保卫兼挂号的周师傅，这两位都是中国人。

图1-9　1906年11月，创办在长沙市西牌楼的"雅礼医院"（1915年更名为湘雅医院）首任院长胡美（右）医师和他的中文老师杨熙少先生

图1-10　胡美的汉语老师杨熙少先生在长沙曲园留影

办院之初　如履薄冰　考虑到长沙人一时还不能完全接受西方人，以及他们带来的现代医学——西医，胡美为了雅礼医院的开张，进行了多方面的准备。

一是医疗用房的设置上，只安排了候诊室、接待室、药房、诊疗室、小型的检验室。暂时没安排手术室，原因是他接受了中国朋友的建议，因为在医院开张前湖南省还没有做过一台较大的外科手术。中国朋友善意地提醒他：在满屋子门诊病人的众目睽睽之下，你只能做最简单的外科手术，绝对不能冒险。比较复杂的手术，要等到人们比较了解了你们，也许一两年以后才能做，绝对不能早。因此，雅礼医院建院之初没有手术室。

二是为了医院的开张，胡美动用了现代广告传播学的做法，专门发布了报媒广告和 POP 海报广告：在两家长沙一流的报纸上登了几天的开业公告，在长沙的街头张贴了开业海报。

三是开业这一天，长沙名老中医的挂号诊金是五块银元一次，而胡美采用了今天所说的"低价倾销"的营销策略，用了更低的挂号标准，每号五十文，这相当于当时美元的两分钱。

四是将医疗特色倾向于常见病的诊治上。医院开业不久，在长沙街头到处可见胡美院长落款的"白喉广告"，内容中指出了白喉是一种传染病，以及病家应注意的事项。

开业当天的场景颇有意思：当天上午，安排了 12 个号。门口还聚集了不少看热闹的人。第一位应诊的病人要求将挂号费折扣为四十文。负责挂号兼保卫的周师傅告诉他："五十文，一文不能少。"还有一位衣着破旧的妇女，带来了一个小孩，她自己患甲状腺肿胀，只想出一份挂号费，要医师诊治两人的病。也许是胡美认真的态度震慑了众人，不一会，候诊室安静下来，12 位应诊病人，静静地等着医师的接诊。

开业不久，胡美见前来就诊的病人不是太多，脑海中老是飘浮着这些顾虑：普通市民对这家新医院有什么看法？他们会不会把我这位新来的西方人看成是他们认为最高明的医师之一？他们会不会把我当成星相占卜的人物呢？善良的公民，在病情紧急时，当然有可能去找那些星相占卜的人士。但是，胡美自认自己是第一流的医师，绝对不可能与做星相占卜类的人相提并论。

不过还是有让胡美院长颇感欣慰的地方：开业前后，一些本土的名门望族打发佣人前来询问雅礼医院的挂号及治疗费用。这些人用今天的话来说是潜在的优质客户。此后，胡美在几次经营活动中，还隐约感到护士缺乏的问题。

五是第一台外科手术。1906 年 11 月中旬，在西牌楼面世的雅礼医院，尽管开张大吉，热闹一阵之后，门诊有时显得有点冷清。

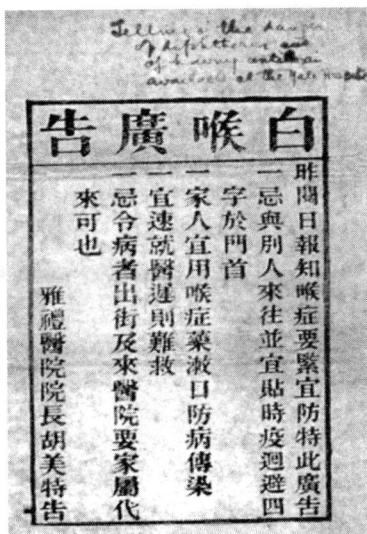

图 1-11 雅礼医院院长签发的治疗白喉的广告
（原载《雅礼协会百年历史》）

图 1-12 雅礼医院时期西牌楼街景

1908 年某日下午，黄姓伤者瘸着腿来到医院。胡医师见他身材魁伟，膀阔腰圆，料定他是位舞枪弄刀、喜好行武的人。他怀疑伤者极有可能是郑巡抚力图从湘省边界要清除的危险人物之一。于是，他担心为来者治伤会带来麻烦，但转念一想，既然是来求医的，就当他是位普通病人。胡美上前向伤者问起了受伤的经过后，看到他的右腿红肿严重。伤者说，来医院前，在城东边的乡村医生那里做过类似的急救处理，但没有拔出入肉的子弹。见此，胡医师决定以手术方式为他取弹。然而，要做手术面临的困难是：没有手术室、手术台，更没有经过专业训练的护士与麻醉师的配合。全院上下才三个人，除了做医师的胡美，剩下的是做勤杂的陶师傅和做保卫兼挂号的周师傅。怎么办？胡美立刻想到，有位爱尔兰的外科医师，他要到城南的某地办事，正好路过长沙，小住在离医院不远的福庆街。胡美二话没说，立即奔往福庆街，想方设法请来了爱尔兰医师。两位医师商定手术方案后，爱尔兰医师对胡美说："请让我上哥罗仿吧，我从来没用过乙醚。"哥罗仿与乙醚是当时外科用的两种麻醉药。

没有手术室，幸好医院第一个院子的后面有间粉刷过待用的房间。

没有手术台，胡美要陶师傅卸下原中央旅馆会客室的一扇门，架在几只包装箱上，成了临时手术台。一切准备完毕后，两位外国医师合作，为黄姓伤者取出了肉里的子弹。于是，自开业以来的雅礼医院，在省城长沙顺利地完成了该院历史上首例外科病人的手术，也使伤者成了开院以来的首批住院病人之一。

图 1 - 13　雅礼学会成员 1908 年合影

后排左起：威廉斯·海尔、爱德华·胡美、布朗尼·盖吉、威廉斯·沙尔曼；前排左起：玛蒂尔达·德士登和塔德·胡美、贾乐德·胡美和她的女儿贾乐德、海伦·盖吉和她的两个孩子，以及另一位不知姓名的人(原载《雅礼协会百年历史》)

　　此后，胡美在没有护士的帮助下，为一抗法老兵的左大腿内侧切瘤，将切下的肿瘤浸在一个装有酒精的大玻璃瓶内，拟作为标本留在医院里陈列。而老人在出院时坚持要将切下的肿瘤带走，并说："先生，我一定要带回去，到我死时同我的遗体葬在一起。"尽管胡美失去了一件宝贵的标本，但老人出院后，除了他口头为医院作宣传外，还在省内的大报上，用夸张的语言描述了手术的经过，使医院的良好声誉与日俱增。

图 1 - 14　雅礼医院药房门口的就诊者

图1-15　雅礼大学堂预科早期校园的内景，从前这里是座谷仓
（原载《雅礼学会百年历史》）

雅礼医院开业后，胡美进行过一系列小型外科手术：为黄姓伤者取出子弹；为宝南街70岁的杨老娭毑开刀治疗；为抗法老兵切除左大腿的肉瘤；为多位兔唇患者做修补术等。这些手术都是在胡美既做医师又当护理的情况下完成的，特别是为黄姓伤者的手术取弹经历，后来还让雅礼医院在1910年长沙的"抢米风潮"中逃过一劫。由此一来，社会各界人士对雅礼医院的理解和友好，使胡美的诊疗业务越来越多。

新一次的出诊业务，使胡美需要护士的愿望更加强烈，他清楚地知道，医院要发展，有医无护难为继。

倾盆大雨连下了两天的长沙城，街道都成了很难走的水街。某日晚二更后，胡美被砰砰的捶门声惊醒："医生，请你快点！郑太太要生毛毛啦！"又是一次急诊。稍顷，胡美带着产科手提包和煮器械用的锅子，随来人踏着水街紧急往郑家赶。

图1-16　1910年抢米风潮后，卫兵在雅礼预科学校门前站岗。外墙上的伤痕是风潮中子弹留下的痕迹
（原载《雅礼学会百年历史》）

不久，胡美等被两扇落锁的门挡住了去路。这是城内街与街之间的区门，设专人看守，规定二更落锁。带路人说："先生，等我叫醒守门的！"他对吊在门边

图 1 - 17 雅礼医院男病人候诊区

（原载《雅礼学会百年历史》）

上高、宽约一米，长约两米，外形恰似棺材的"屋"喊道："开门！"其音量足以把全街的住户惊醒。

睡眼惺忪的守门人，慢吞吞地下楼并嘟哝着："一个医生要是有点名气，何解咯时候还要在咯大的水街上跑啰。"更可气的是，他下到楼梯一半时说没带钥匙，又折回去，好不容易才开了门让他们通过。

在黑暗又积水的街道里走了很久，胡美他们才到了城北的郑家。门开时，有人问："先生，你是外国医生吗？太太痛得厉害。"胡美边答边随开门人快步走向产妇房。到床边，胡美才知产妇已阵痛了 48 小时，她已精疲力竭。

胡美决定手术助产。可犯难的是，他没有帮忙的麻醉师与助产的护士。情急之下，胡美借着昏暗的灯光，扫视着围在屋里的男女，看见一

图 1 - 18 1906 年，西牌楼的街景之一

（原载《雅礼学会百年历史》）

位年轻、健康的女佣恭敬地站着，随时等候派事。胡美将她叫到另一房间，拿出麻醉药瓶和面罩，教她滴药的方法，说："我数一下，你滴一滴。"女佣示意她能做

后，两人来到产妇床边，胡美数，女佣滴，配合得较为顺手。这时，屋里的男人才渐渐离开。

　　一时，除了产妇微弱的呻吟，器械的碰撞声，听得最清的是滴药女佣粗重的心跳声。胡美十分担心她因紧张而晕倒，好在她很沉着。不久，一声男婴的啼哭，打破了屋内的紧张。当给婴儿穿上早已准备好的红衣裤时，郑先生非常高兴地说："外国医生，我要为小孩起个名字来纪念你！"这次为孕妇做剖腹产的经历，使胡美进一步增强了必须有护士的决心。

图 1 - 19　雅礼医院的儿科诊室

路易丝佛拉姆医生，是湘雅医学院儿科学的负责人，用西方医学证实的育儿方法指导中国母亲抚养孩子

图 1 - 20　在雅礼医院门诊胡美医师为李道台号脉

三、盖氏来长　传道授业　民国开元办护校

雅礼医院在长沙的开业，使其成了湖南省城内的首家西医医院。胡美在经营过程中，以较好的业绩努力拉近与老百姓的心理距离，其谨慎经营，病家良好的口碑，诊疗业务的增多，使雅礼医院需要逐步增加人手。首位加盟雅礼医院的中国医师是侯公孝大夫。侯医师曾在华北一现代医院见习，用"外国医生"同样的方法治病，他的到来使医院与西牌楼周围居民的关系变得更好。他曾为胡美妥善解除了首起医职风险：一小孩因患痈疖，已感染败血症，错过了治疗期，胡美却应病家的强烈要求，行简单的排脓术后，病孩毒发身亡。这是首位在雅礼医院发生死亡的病例，胡美担心由此引发排外风波，一时十分焦虑，是能干的侯医师的积极斡旋，以及雅礼医院花 20 块银元为丧家买了口棺材收敛小孩，才平息了此事。侯医师的加盟，只是增加了雅礼医院的医师力量，但胡美增加护士的愿望还在期盼中。

1909 年，医院开办 3 年后，雅礼大学堂校长盖葆耐的胞妹、高级护士、文学士妮娜·盖治（N·D·Gage）的到来，改变了雅礼医院有医师无护士的局面。论及护士来湘开展医护工作的历史，有文献记载，基督教美国复初会 1906 年创办沅陵宏恩医院，位于县城东门口，正、副院长分别为英籍护士弥勒尔、科思文。它与长沙雅礼医院的开院时间为同一年。可主持院务的不是医生，而是护士。在当年，雅礼是有医无护，沅陵是有护无医。

关于纯粹的护理工作与护理教学这一块，在中国历史上可溯至 20 世纪初期，将医生的嘱托——打针、发药落到实处的护理工作，还是一项崭新的职业。这一职业，是伴随西医在中国的发展而兴起的。当时，湖南已有 3 家西医医院，一家是清光绪二十四年，公元 1898 年，美国人罗感恩（O.T.Logan）在常德市东门外五铺街开设的西医诊所，光绪二十七年（1901 年）改为广济医院，另两家就是 1906年在长沙开张的雅礼医院和在沅陵创办的宏恩医院。

在 3 家西医医院开办之初，一家没有专业的医师，两家没有专业的护士。妮娜·盖治到长沙城后，在她学汉语一年多的同时，就以中医授徒、言传身教的方式培养了首批湘籍护士：3 名男青年。

清宣统三年，即公元 1911 年，中国爆发了震撼中外的辛亥革命。在湖南，妮娜·盖治女士在胡美和颜福庆两位博士的帮助下，由雅礼协会独资创办了湘省境内的首家护士学校——雅礼护病学校，校址就在雅礼医院院内。它是湖湘大地现代护理学教育发端的标志。

颜福庆博士，中国人，1909 年获耶鲁大学医学院医学博士学位，受雅礼协会聘请，1910 年 2 月来长沙加盟雅礼医院。雅礼医院与雅礼护病学校的先后创办，是以胡美为首的一批雅礼协会人员实现创办医科大学计划的准备与必备条件。从

现实意义上讲，雅礼护病学校的创办，既开创了湖南护理学教育的先河，也是现代医学教育在湘开办的起始。

当时在湖南，乃至中国，由一个受过专门训练的人去护理病人还是一个很新的概念。起初，学科与职业分类上还没用护理学和护士一词，妮娜·盖治选了"看护学生"一词来表示现在的"护士学生"。她还认为男生要比女生更容易有成就些。女生在就业方面的问题很多、很复杂。

妮娜·盖治女士的预见是很符合当时的中国国情的。中国古代有首关于女性的民谣：十三能织素，十四学裁衣，十五弹箜篌，十六诵词书，十七为君妇。这表示旧中国女子学的技能都是为了家庭，而并非为了求职，为了社会。而且，大多数母亲还提醒自家的女儿应该遵守的规矩是：行不摇头，言不露齿，坐不摇身，立不撩裙。婚姻不应自己做主，全凭父母之命，媒妁之言。更谈不上允许女子出来抛头露面了。因此，这个学校的开办，对于多少世纪以来都身居闺房的中国女孩而言，是一个惊心动魄的新事物，首次招收女生的难度是可想而知的。

1911 年 9 月 15 日，在西牌楼雅礼医院进行了湖南首批看护学生的入学考试，考中文、算术两科。这天来了 20 个女孩和 40 个男孩。

学监刘小姐告诉大家，在雅礼护校读完全部课程的人就和在长沙其他中学的女孩子一样，能够取得相同的资格，但她们的主要职责是在医生的指导下看护病人。当时，大家没想到一个"看护学生"需要达到这么高的标准。有一两人在看到试卷后就退场了。通过考试，最后取录了 5 个女生和 7 个男生。关于该校早期的工作报告，当推胡美博士发表在《中国博医学会》上的《湖南的医学教育进展 湖南长沙湘雅医学校和医院的报告》。该文载明：护士学校，课程为四年。入学学力至少为上过一年的中学或相当于中学的水平。在不久的将来，拟将入学学力要求改为中学毕业或同等学力。这种改变并不困难，因为申请入学的人甚多。

训练的内容是全面的教学，不但教授最好的临床知识，而且提供充分的体格锻炼的设备和宗教训练。男女护士都有其青年会及读经班等组织，共有女生 15 人，男生 21 人，还有 12 名练习生。已毕业的有 20 位，其中 16 人已有很好的职业地位，2 名做特别护士工作，1 人已考入学校（即后来的美籍华人李振翩教授），1 人已结婚。

护士学校教员如下：

N·D·妮娜·盖治：文学士，高级护士，护士学校校长兼教务长，湘雅医院护士主任。

M·D·瓦尔菲德：高级护士，助理教务长，护理操作讲师。

J·M·怀特：高级护士，讲师，手术室督导。

E·C·黄女士：哲学士，儿科学士，营养学专家，麻剂师。

S·C·宋女士：学监兼助理教员。

A·S·克拉福德：兼授外科学。

李清亮：兼授泌尿外科学。

此外，还有 7 名毕业生，有的作代理护士督导员，有的在医院病室、手术室及诊室任护士长等职务。

在 20 世纪初，即便是有护士学校和专业护士的出现，对护士这一职业的理解和现在也有很多的不同。当时，国人认为男女授受不亲，女护士不能护理男病人，所以大城市的医院都是男女医生、护士分别负责男女病人的治疗与护理。像著名的北京协和医学堂附属医院的男病房，就只招男护士。这一习俗，严重地制约了护理事业在中国的发展。据 1920 年的调查，在全国的医院中，男病房内实行女护士看护者仅有 7 所。随着社会的发展，国人对护理工作有了一定的认识后，才逐渐视护士一职为女性的专门职业，同时认为男子学护士不合适。

图 1-21　1911—1926 年雅礼护校校长
妮娜·盖治（N. D. Gage）女士

论及护士在长沙医疗活动中的作用，当推胡美在自传体回忆文《道一风同》中所写的"遏制天花护士初显作用"一事。

一天，胡美接到省府衙门的紧急邀请。他坐轿刚到府衙门口就被几个枪上了刺刀的卫兵挡住。卫兵们用怀疑的眼光看了看胡美的名帖，问同来的轿夫："他要找谁？""外国医生是太太（巡抚的妻子）请来的。请快点让他进去。"他们大声问轿夫："是瘦太太还是胖太太？"胡美从轿帘后大声说："胖太太。"他们打发门房到内厅请示，回话说让胡美进去。那时，胡美完全信任这个叫张敬尧的巡抚。张敬尧从北方到长沙督湘时，人们以"民贼"呼之。这次，是他的儿子病了。

胖太太房里显出一幅非常紊乱的情景：太太烦躁不安，在房里踱来踱去，用粗得刺耳的声音对奶妈下着杂乱无章的命令。忽然，胖太太看到了胡美，收敛起忙乱的表情，非常客气地请医生坐在窗前的靠椅上，还吩咐倒茶。胡美鼓起勇气说："太太，莫客气。请告诉我这孩子病了多久。""哦，他是我的独生子。生他以后，我再没有怀孕了。我不知道巡抚会怎样说我。我这孩子出世后，瘦太太已经生了两个，再过五个月她又要生一个。她生的都是女孩，这是我的幸运。我虽只有这个独子，但巡抚心情愉快时就说：你给了我一块宝玉。"胖太太的描述显得非常啰嗦，"是的，太太，"胡美打断了她的话，"请告诉我他的病是几时起的。""四天前起的。这孩子说头痛，在眼后深处痛，体温升高得很快。今天早晨天亮时，我们看到他额顶上这些小疹子。他的脸色好像变红了。外国医生，请快告诉我，

他会好吗?"

医生走到床边，见小孩躺着，外穿一件发亮的红缎子短上衣，里面是一件棉袄。他不断地翻来覆去，几乎有点昏迷的样子。可以肯定的是，他在发高烧，那些疹子显然是天花。医生镇静而坦率地把患儿的病情告诉了胖太太。从谈话中，胡美知道她最怕的是要孩子去住院。他解释说："他患的是天花，是急性传染病，我们医院不会收治。你小孩的病情很重，没有办法在中途止住这种病，但是我们可以设法使他舒服一些。"

按当时的风俗，病房里不准用白色的东西。胡美要主家找了条薄薄的红被子盖在孩子的胸口上，建议挂红窗帘，给了一些药后继续建议说："太太，我劝你立即做两件事：一是马上让我给你和所有的人种牛痘，二是你让我派一个年轻的护士来。她是位受过专门训练来照顾病人和执行以上吩咐的专家。如果她能在这里呆上三四天，甚至一个星期，你能看到她会使你的儿子感到多么舒适。"

就这两件事，胖太太派人送了一张条子给张巡抚。只几分钟，张巡抚到了病人房里。胡美对他建议道："先生，无论如何，你自己必须种牛痘；府上的两位太太和屋里所有的大人和小孩都要马上种牛痘；全府人员也要采取保护措施。如果因为你这里没有及时采取预防措施而使长沙流行天花，将会玷污您巡抚大人的名誉。""好，我想想看怎么办才好。"他回答说，"我可以命令全体人员，他们都必须服从我。可是我怎么能使这两位太太和她们的女佣听话呢？外国医生，你一定要帮我。"

当天下午，胡美带去了一百支牛痘苗，还不够全部人员接种。他把病人隔离起来，建议巡抚在病房门口布置武装警卫，并派了护士李国珍小姐去负责照顾病人。李国珍是湖南创办护理职业教育后，第二届毕业生中的佼佼者。第二天上午，胡美又带去了一批牛痘苗，补种了头天没有接种的所有人员。病孩经过一段时间的治疗，健康状况有所好转。就这样，在胡美等医护人员的及时干预下，加上巡抚的积极配合，一场在古城长沙险些爆发的烈性传染病得到了及时遏制。

尽管雅礼医院在长沙经营得很有声色，雅礼护病学校也年年招生，护士李国珍在胡美的推荐下，为及时遏制古城长沙险些爆发的烈性传染病起了作用，但雅礼协会要在长沙创办高等医学教育计划的推进仍在艰难的探索之中。颜福庆加盟雅礼医院后1912年的一次极平常的出诊活动，为这一计划的推进起到了催化剂的作用。

论及护士一词的演变与规范，又是件与湘雅人紧密相关的事。

图 1 - 22　雅礼医院病房收治了多病种的病人

(原载《雅礼学会百年历史》)

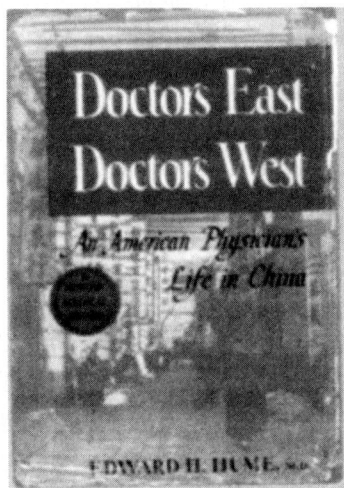

图 1 - 23　胡美著的《东方医生 西方医生——一个美国医生在中国的经历》

　　雅礼护病学校开办时，在中文词汇中还没用"护士"一词，妮娜·盖治认为有必要"创造"一个中文词汇来表达这一职业的含义。因此，1911 年，雅礼护病学校在其招生广告中用了"看护学生"一词来特指。"看护学生"，或者说"看守和保护学生"，是当时妮娜·盖治用来表达"护士"一职的用语。

　　不过到 1914 年第一次中华护士会成功召开后，"护士"一词就正式问世了。

　　1914 年 6 月 30 日至 7 月 2 日，来自全国 8 省 21 所公立医院与教会医院的护士代表共 24 人在上海召开会议。其中外籍护士代表 23 人，中国护士代表 1 人，

系时任天津北洋女医院护士学校校长
的钟茂芸女士。这是历史上规模较
大，程序正规的第一次护士行业代表
大会。

大会主席为湘雅护士学校校长妮
娜·盖治（N. D. Gage），大会程序为：
交流文章；护士会各项工作报告；讨
论存在的问题；通过各项议案等。大
会交流的主要文章有：《美国护士的社
会服务事业》《美国新式护士学校的困
难》《训练中国护士之法》《中国护士学
校校长之职务》《中国护士与其机会》
《中国护士的产科训练》，等等。从上
述出自外籍护士之手的文章内容中，
人们可以看出当时中国护理事业起步
的艰难。会上，被认为对中国护理现
况最具实际指导意义的当属钟茂芸所

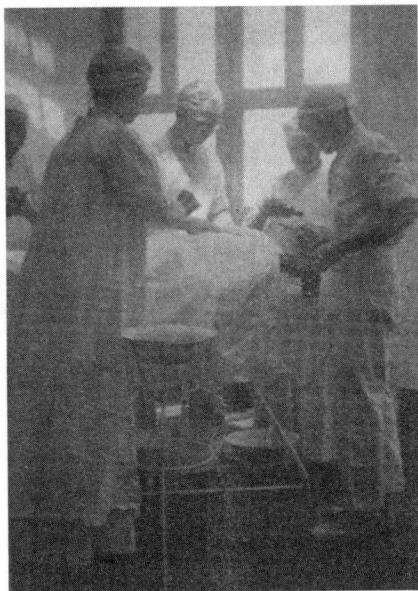

图1-24 医护同台手术，左起一侧面的为
妮娜·盖治护士长，二是胡美医师

撰的《护士会如何能协助中国》一文。钟茂芸在文中对中华护士会扩大工作范围、
提高护理程度等方面提出了许多见解。她建议：中国毕业护士应一律加入中华护
士会，每省设一护士分会，每年应选派优秀护士赴美深造，并特别强调，护士应
具有相当教育程度等。关于"护士"一词，钟茂芸女士认为：当时将英文"Nurse"
译成"看护"颇为不妥。此前，她曾多次请教我国著名的文学家，最后根据《康熙
字典》将"Nurse"一词的涵义译为"护"字，而"士"字则是指受过相当教育的人。
经过大会代表认真讨论并一致通过，用中国文字中以前尚未出现过的"护士"一词
代替"看护"之称。随后，"护士"一词在医院、书籍、报刊中出现并沿用至今。成
立于1909年的"中国看护组织联合会"同时被改成"中华护士会"。

大会通过了"中国护士会"多项议案，主要有：（1）定护士为从事护理职业者
之名称；（2）护士学校必须办理注册手续，以便统一和提高全国护理教育之标准；
（3）护校毕业生均须参加护士会每年举行的会考，包括实习考试和笔试；（4）已注
册的护校毕业生，须通过会考者方能取得正式的护士资格。大会选举妮娜·盖治
为会长，钟茂芸为副会长。这次大会后来被定为"中华护士会"历史上第一次代表
大会。从此，政府有关部门开始了对中国从业护士有组织、有系统的管理。

雅礼护校自1911年立校，到1914年湘雅医学专门学校开办前，为雅礼协会
独办。湘雅医学会组成后，变成了由湖南育群学会与雅礼协会合办的护士职业教
育实体。该校不论在雅礼独办时期，还是在中美合作体制的湘雅时期，在妮

娜·盖治的主持下，有系统的基础教
学和临床训练，有严格的管理措施。
如周末学生回家，学校要签学生离校
出发的时间；次日返校，家长要签学生
离家返校的时间。学校会同家长，严
格禁止学生在外逗留。根据档案资料
记载，经过四年的努力，到1915年底，
学生陈冬生、沈有章、廖顺臣3人如期
完成了学习任务，成为湘雅护病学校
创办以来的首届毕业生。随着年月的
增加，湘雅护理学教育的成果在累积，
在当时的医疗行业到处有步态轻盈，
身手敏捷，举止庄重的男女护士身影。
是他们将医嘱很好地落实到了每位患
者的治疗。无数病人感激医护人员治
病救人之功所用的"白衣天使"一词，
就包含了对护士们的赞美。从人们的

图 1 - 25　1910 年妮娜·盖治（右）与她培养的
第一期护校学生合影

赞美中也可看出护士这一职业备受社会的重视程度。

　　1922 年 5 月 22 日，中华护士会加入了国际护士会。当时，加入国际护士会
并非易事，必须符合该组织制订的各种条件与标准方可申请入会。凡参加国际护
士会的团体，其会员即为国际护士会会员，是护士出国工作或进修学习的重要条
件。按加入国际护士会的时间顺序中华护士会名列第 11 位，成为入会较早的国
家。1946 年 10 月，中国第二次全国护士代表大会在南京举行，蒋介石的夫人宋
美龄亲自莅会，招待与会代表并和大家合影，体现了政府对这一职业的重视。

图 1 - 26　1918 年护校学生在演唱圣诞节颂歌

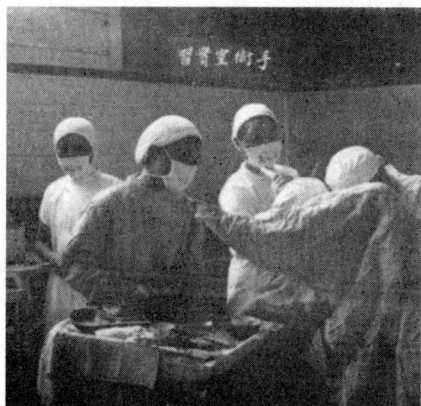

图 1-27　雅礼医院手术室正在手术

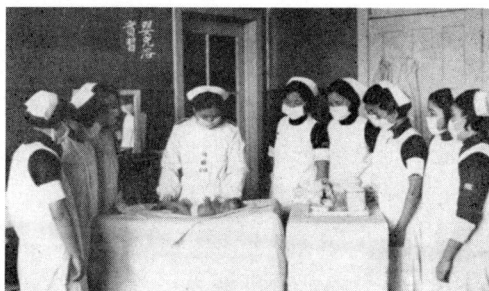

图 1-28　雅礼护校的学生在进行婴儿浴实习的教学

四、中美携手　合办湘雅　护校迁移又改名

1910 年，胡美已在湖南生活了近 5 年。雅礼医院的工作人员从最初的 3 人，增加医、护、工各一人后，变成了 6 人。胡美主持雅礼医院也已经 4 年多，但除他与侯医师之外，医院里再没有一位受过现代医学系统教育的人可以与他商量医务上的事情，他深感业务人员的缺乏。

这年 2 月，他们新增了一位重要人物——颜福庆博士。后来的事实证明，颜博士不仅对湘雅的建立与发展至关重要，而且是位对现代医学教育影响深远的人物。

对于颜博士受雅礼协会的聘请与委派，加盟雅礼医院，胡美在其所著的《道一风同》一书中有浓墨重彩的描述："1910 年，我在汉口参加两年一次的中华医学会议。我到码头去迎接颜医生。他是一位年轻的中国医生，曾在耶鲁受过训练，现在要来和我一道工作。对于我来说，他的到来，马上能减轻我一半的负担，真像是一个奇迹。从拥挤在栏杆边上的乘客中认出颜医生是不困难的。一个瘦高的中国青年，还不到 30 岁，穿一件较厚的美国大衣，精神抖擞地走过跳板。他的服装、步伐和机警神态显然与众不同。别的中国男人还留着满清制度下的辫子，穿在身上防御二月寒风的是厚棉袍。当颜医生从跳板上走向沿江大道时，他好像既属于这个环境，但又与它不同。"当天下午，应胡美博士之请，颜博士参加了在汉口举行的中华博医会。这次与会的代表主要是华中各地的医学传教士和社会开业医生。胡博士想借会议之机让到会人员见见他的这位新同事。他们在汉口就已商定，到长沙后，胡美主持医院的内科，颜博士主持外科。两天后，颜博士随胡美一道经水路，经小西门入长沙城，加盟雅礼医院，开始了他在湖南的医疗实践活动。

颜福庆，字克卿，祖籍厦门，1882 年 7 月 28 日生于上海市江湾的一个清贫的基督教牧师家庭。在兄弟姐妹五人中，排行第二。他幼年丧父，母亲多病，所以在少年时代就立志学医。从 7 岁起他就寄养于伯父颜永京（原上海圣约翰大学校长）家。

在伯父的资助下，他先后就读于上海圣约翰中学和圣约翰大学医学院。他勤奋学习，于 1904 年以优良的成绩毕业。毕业后，恰逢英国有南非波尔之战（The Boer War），要召募多名华工。他应征为翻译员兼矿医，首次踏出了国门。在南非多本金矿担任矿医期间，他深受矿工们的尊敬，回国时矿工们集体赠送给他一枚金质纪念章。后又赴拉丁美洲参加钩虫病的防治。

1906 年，颜福庆被选送到美国耶鲁大学医学院深造，当时民国尚未成立，他系自费生，不得不自行解决一些学杂费。每次出国，他会携带大批我国自产的名贵红、绿茶叶。他将两种茶叶合在一起，用非常漂亮的礼品盒分装，盒上用英文写上"帝国牌"的商标，拿到市场销售，销路很广。美国人饮后，说特别芬芳，连他们的种茶人都自叹不如。

经过 3 年的刻苦学习，颜福庆于 1909 年获得医学博士学位。他是在耶鲁大学第一位获得这一学位的亚洲人。同年，他又到英国利物浦热带病学院攻读热带病学，并在短期内获得了热带病学学位证书。

1910—1914 年，颜福庆在与胡美的合作中，以雅礼医院为阵地，开始演绎了雅礼医院的颜胡时代。

1912 年，胡美博士回美国度假，并为雅礼协会下一步的发展募捐，雅礼医院由颜福庆代管。这年的某天，省督谭延闿罹患肺病，在遍请长沙城内名老中医治疗数次，高烧不退的情况下，邀请颜福庆博士到府上应诊。颜医师在问清病史和临诊后，断定谭都督患的是大叶性肺炎，随即施药，嘱其依时按量服用。三日后，颜医师复诊时发现，谭都督高烧全退，全府上下，十分高兴。这本是一次极平常的医疗活动，因为患者是位高权重的都督，施治的是颜福庆博士，使这次极平常的医疗活动变得意义非凡。病后初愈的谭延闿在对颜医师十分感谢之余，表明了要办医学教育，培养自己的西医西药医师的想法。知此事后，颜福庆及时将谭延闿的想法函告了远在美国的胡美。在后来进一步的交往中，谭延闿、颜福庆、胡美不仅成了好朋友，而且积极为双方感兴趣的医学教育事业谋划一切，使颜、胡两人演绎的雅礼医院时代升华到了颜、胡、谭共同谋划医学教育的新时代。

督军谭延闿因颜博士为其治好肺病，对现代医学产生了兴趣，于 1912 年委派专人与雅礼协会起草了合作兴医办学的契约，开始了双方的合作。

为什么这一合作事业要称之为"湘雅"（Hunan Yale）呢？胡美博士在《道一风同》一书中是这样记载的：1913 年夏季，由雅礼协会和新建立的中国医学教育促进会各 10 人组成了一个联合董事会，正在为这个新事业取名犯难时，我的老朋友聂先生（指后来湖南育群学会的书记聂其琨）提议说："正名是一件非常重要的事。我们筹划的是湖南人与雅礼协会合作的事业,湖南省简称'湘',而雅礼协会的第一字是'雅',我们就称这个联合团体为湘雅医学教育协会,无论谁一听,就知道它是代表湖南与雅礼。"胡博士肯定地说:"这个名称正表达了我们的意思,'湘'是湖南省自然风景很美的主要河流,我们的中国朋友取名时往往喜欢采用含有山、河或湖泊意义的名称。"此后,学校、医院和护病学校都采用"湘雅"这一名称(见湘雅医学会章程)。

1913 年 7 月,湖南省政府为一方,雅礼协会为另一方,正式签订合办湘雅医学院、校契约,组织湘雅医学会董事部。雅礼协会推定胡美、解维廉、赫尔辉、盖葆耐、爱理为董事,谭都督委朱廷利、粟戡时、颜福庆、聂其琨、肖仲祁为董事;湖南省拨款购地三千方,雅礼协会购地一千四百方为建筑医校、医院之用。

湖南省政府与雅礼协会订立的契约向北洋政府报批备案的同时,湘雅就在上海、北平、广州、汉口、长沙等地的报纸上刊登了招生广告,并对各地报考的学生采取就地考试的做法,故首届医补习科学生 20 名,于时值冬季的 1914 年 1 月 22 日,即民国 3 年的腊月初八,在长沙的浏阳门正街租赁的民房内开始了学习,当时是胡美任校长。

浏阳门正街,东起浏城桥,西止东庆街,清代称东正街,民国称浏阳门正街,简称浏正街,是出入城东的主要通道。《通鉴》注:浏阳门,潭州城东门,从五代至今,沿袭未改。清光绪《善化县志》载:东正街即浏阳门正街,朱敦厚修砌。抗日战争前此街为一条商业街,有罗丰元南货店、冯太兴南货店、福昌和油盐号、聂万泰药铺、魏乾盛药铺、雷文龙鞭炮店等。抗日战争中此街屡遭日机的轰炸和大火摧毁,日渐萧条。湘雅医学教育在这条古街的创办,对围城长沙而言有如浏正街附近的另一条街名:平地一声雷。

图 1-29 中国长沙雅礼医院职员

前排中为内科医生胡美博士,他右一是为内科医师提供住房的侯医师,其右二是主管护士的妮娜·盖治小姐,其左一是颜福庆医师,左二是医院的福音传教士 Dr. L. Chen

1913 年，湖南省政府和雅礼协会的合作契约上呈到北洋政府国务院，却没有得到批准，理由是"地方政府与外国私人团体缔约案无先例"，电令湖南省政府取消合约。

中美合作，兴医办学，这一在今天看来非常时髦、超前的计划，为什么会在当年流产呢？就历史原因而论，当时的中国，上至主理朝政大纲的官员，下至民间的平民百姓，固守传统，一致排外的情结仍占上风。就社会背景而论，一是袁世凯 1911 年以武力威胁孙中山让位，挟制清帝退位，成为中华民国临时大总统，建立北洋政府后，免除了督军谭延闿的职务；二是 1913 年 7 月，中国民主革命志士

图 1 - 30 　 1913 年秋湘雅医学专门学校在长沙街头发布的招生广告，引起了青年们的关注

蒋翊武先生宣布湖南脱离北洋政府，参加讨袁战役；三是因为学术背景，当时的西医分为英美与德日两大流派，德日派把持了卫生行政大权，湖南留日派人士黄孟祥、田丘明、肖登等人借湖南宣布独立之机，称他们才是湖南西医的真正代表，极力反对湘雅的合作计划。就这样，朝野内外，沆瀣一气，使湖南与雅礼协会的合作计划暂告流产。

计划流产后，湘雅筹办人员不服。接任湖南督军的汤芗铭曾在法国受过海军教育，能说一口流利的英语，出于不愿失去颜福庆这样一位医术高超的私人医学顾问和不敢得罪雅礼协会的心理，延续了前任的承诺，继续支持湘雅未尽的事业。旋即，他派颜福庆、胡美与主持操办湘雅事业的政府官员等赴北平，陈述开办"湘雅"的理由，揭露反对者的真相。

受高人指点，颜福庆借用其堂兄，时任政府外交次长颜惠庆的人脉（颜惠庆当时出使柏林，任驻德国全权公使兼任驻瑞典、丹麦公使，笔者注），邀陈润霖、胡美等人，于 1914 年春，多次在时任总统府顾问、湖南长沙人章通骏中将家协商，联络在北洋政府任职的 35 名湘籍官员和社会知名绅士，发起成立"湖南育群学会"这一民间团体，推举章通骏中将为会长，颜福庆为副会长，聂其琨为书记；采取以本土民间团体与外国私人团体对等交往的方式，让湖南育群学会作为湖南省政府与雅礼协会打交道的技术桥梁，于 1914 年 7 月 21 日，按照双方以前签订的兴医办学计划草约，正式签字，确定了中美双方合作创办医学教育的"第一次契约"（草案）。

该"契约"有效期10年，共分14条，（见湖南育群学会 美国雅礼学会合办湘雅第一次合约(一九一四年七月订)：在医科学校和医院工作方面的合作协议草案），其中第一至第四条的主要内容如下：

第一条：双方同意进行下述合作：1.在长沙办一所治疗疾病的医院及一个或几个专门为门诊病人服务的药房；2.开办一所医科学校，其课程安排将在仔细研讨教育部的规章后决定，并要求教育部指派督察人来检查所采用的标准；3.办一所护士学校，教护理技术，并与之相联系地办一个助产科；4.维持开设一个实验室以研究疾病。

第二条：育群学会承担下列责任：1.建筑医学院房屋及护士学校房子各一栋，总值约156000墨币。其半数用于前者，即约78000元，其中30000墨币于今年付款，其余48000元在两年内付款。总额的另一半四年内全部付清。如能专门购置一栋适用的公家建筑物为这些学校之用，则可以不建新的学校用房；2.总数为200学生的两学校的每年开支经费，按一年的预算由湖南育群学会提供，但总值每年不得超过50000墨币；在西方大学毕业的教工薪资，不包括在此款之内。3.与开办医学院及护校有关的费用。

第三条：雅礼协会承担下列责任：1.建筑一所医院，总值约180000墨币；2.提供在西方国家大学毕业的教师、医生、护士的工资和费用，但总值不超过15人；3.与开办医院有关的费用。

第四条：与事业上合作有关的前两条所述医学院及医院的建筑物是为两个团体所公用。但建筑物质装备、图片、书籍、科学器材以及这一类物资及其使用，将属于原来的物主，不得无区别的混用。

协议中的第二条第一、二款写得非常明确："育群学会承担下列责任：1.建筑医学院房屋及护士学校房子各一栋……2.总数为200学生的两学校的每年开支经费，按一年的预算由湖南育群学会提供，但总值每年不得超过50000墨币。"也就是说，原由雅礼协会独资经营的雅礼护病学校已从资产组成上开始了中美双方合办的新时期，妮娜·盖治仍是男女护病学校的校长及医院的护士督导和行政负责人之一。

双方协议还明确：医学校、医院、护病学校统一冠以"湘雅"名称；组成湘雅医学会，由育群学会和雅礼协会各举10名董事，组成湘雅医学会董事部。一般日常事务再由董事部推荐7人组成干事部（即执行委员会）办理。

次年9月，湘雅医学会选举章克恭为董事部部长兼干事部部长，颜福庆医师为医校校长，胡美医师为医院院长和医校的教务长，赵鸿钧为执行干事。这时，组建学校的整个决策与管理机构都健全了，剩下的只是整个计划的尽快实施。

图1-31　1914年颜福庆(右一)、雅礼协会代表胡美(右二)
与湖南育群学会签订好合办湘雅的协议后留影

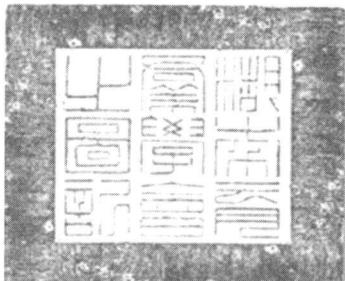

图1-32　1914年启用的湖南育群学会印

图1-33　湘雅医学会首届董事合影

　　潮宗街,湘雅初期办学处。1914年的古城长沙,恰似座长方形的围城。城区全被城墙与外界隔开。南北距离长,这就是人们所说的从南门到北门七里加三分;东西距离则较短。

　　当时长沙的城东,有已建成使用的粤汉铁路,人们进出市内,必经的只有浏阳门与小吴门;往南,必经黄道门。从黄道门进城穿过约七里三分路程就是城北出口,一个叫湘春门,一个叫新开门。西入潮宗门有条正街,呈东西走向,东起北正街,西止潮宗门,全为麻石路面,叫潮宗街。此街以米厂、粮行集中而闻名,有德安、益华、恒丰、友和等十余家米厂。1914年1月,以胡美为校长,开办在浏正街的湘雅医校，并未因北洋政府的电令而停止教学，只是属于边办学边完备手续的情形。湖南育群学会与雅礼协会双方兴医办学协议的确认，使其合法化。1914 年的最后一个月，在这座古城的潮宗街发生了一件大事：中国现代史上第一所中美合作创办的高等医学教育机构——湘雅医学专门学校就开办在这里，从此，使潮宗街这条围城内的老街，成了中国南部的现代医学教育的发源地。该校成立暨首期医预科的开学仪式日，是 12 月 8 号。地点是临近潮宗门与潮宗街以南的一栋公馆。1915 年 1 月 22 日在浏正街入学的所有学生一并迁入潮宗街，参加了湘雅医学专门学校的成立暨首期医预科的开学仪式。这时的校长是中国人颜福庆博士，教务长是美国人胡美博士。

潮宗街的这栋公馆，有两百多间房子，与同城西南方宋代著名的岳麓书院隔江相望；与明代理学大师朱熹、张栻讲学的地点——城南书院南北而居。在中国历史上，论起明朝的理学兴盛，人们一定会想起朱熹、张栻，也一定会记起湖南长沙的岳麓书院和城南书院。在中国的现代史上，讲起现代医学在湖湘大地、在中国南方的兴起与发展，人们绝不会忘记这所中美合办的学校——湖南长沙的湘雅医学专门学校。

这栋公馆，由湖南巡按使公署按《湖南育群学会　美国雅礼协会合办湘雅第一次契约》的要求，承担湖南育群学会名下的义务，于 1914 年 8 月被拨给湘雅医学会。11 月 5 日，湘雅医学会正式接受，并请来泥木工匠进行了维修。与此同时，湖南育群学会呈请湖南巡按使公署核准湘雅医学专门学校开办费 5000 银元，每年的津贴费 25000 银元，新校舍的建设费 156000 银元分年拨付，这样，保证了湘雅医学专门学校于 12 月 8 日的准时成立与首期医预科班的开学，也保证了男女护病学校的正常教学。

这天，出席学校成立和开学典礼的有湖南巡按使公署主管教育的官员；湘雅医学专门学校的首任校长、中国人颜福庆博士；首任教务长、美国人胡美博士；湖南育群学会与美国耶鲁大学校友会——雅礼协会的代表；以及该院的师生员工等。参加开学典礼的 18 名学生分为两部分。一部分是免试入学的旧生，他们是梁鸿训，汤飞凡，萧励夫、谢珍、粟福仁、张国栋 6 位。之所以叫他们为旧生，是前面提到的湖南省政府和雅礼协会契约缔结后向全国招考的学生，他们从 1914 年 1 月 22 日起，就在浏阳门正街租赁的民房内开始医补习科的学习，当时的校长是胡美博士。一部分是这年 12 月 5—6 日经考试进来的张孝骞等 12 名新生。

湘雅医学专门学校的成功创办，也吸引了美国另一民间机构的投资兴趣。据 1920—1921 年版《湖南长沙湘雅医学专门学校第五次校订章程》载：民国四年，即 1915 年，复经柔克福氏驻华提倡医学善捐部（China Medical Board of the Rockefeller Foundation）捐助常年经费，及医学预科科学实习室。柔克福氏驻华提倡医学善捐部是美国中华医学基金会在华的初期叫法，现英文名称为 China Medical Board，简称

CMB，始创于 1914 年，其他中文翻译包括"洛氏驻华社"，"中国医学委员会"和"中华医学基金会"等，它与湘雅的实质性合作虽开始于 1915 年，但早在 1914 年，他们就进入了湖南，已开始了与湖南省政府与湘雅医学会的友好接触。因此，中美合作创办的湘雅医学教育，从她诞生的早期，协议上的主体是湖南育群学会与雅礼协会两家，但事实上的合作主体是湖南育群学会、雅礼协会、美国中华医学基金会三家，后来还有美国的平民社、循道会等民间团体的加盟。

图 1 - 34　1918 年，医学预科学校第三班在潮宗街校舍举行开学典礼时留影

1914 年 12 月 8 日，湘雅医学专门学校在潮宗街的临时校舍举行开学典礼时，雅礼医院与护病学校仍在西牌楼办理，名称未变。

按照协议，1915 年 2 月，湘雅医学会正式接收了西牌楼的雅礼医院与护病学校，并将其迁入潮宗街湘雅医学专门学校的东边，医院与护病学校才正式由雅礼更名为"湘雅医院"和"湘雅护病学校"。这时，因校舍拥挤，湘雅医院与湖南省红十字会医院分担医疗任务，凡男病人归红十字

图 1 - 35　保留麻石路面的潮宗街

会医院收住，湘雅派医生应诊；妇孺治疗由湘雅医院担任。护病学校女生部设潮宗街校舍内，男生部设红十字会医院内。暂设城内潮宗街的湘雅医院，能容住院病人 65 人，专医妇孺，并办女护病讲习科；分担医疗任务的湖南红十字会医院，专门诊治男病人，能容病人 80 人，湘雅男护病讲习科附设该院。两院门诊每日约

计200人，已足资湘雅学生之临症实习。另外，已开工在建，即将落成的湘雅医院新院舍，设有最新式的男女病室，能容住院病人120人。已在北门外从事建筑的湖南省立肺痨医院，将在1915年冬落成，竣工使用后能容住院病人50人，故湘雅所有学生的临症实习既便利又绰有余裕。

迄今能检索到的最早的一份关于湘雅护校的管理性文件，是1937年，即民国26年九月重订的"湖南私立湘雅医学院附设高级护士职业学校章程"。其沿革，是迄今能检索到的、最早的、最简练的校史材料。该沿革称："清光绪二十三年（1906），美国雅礼协会在湘设立雅礼医院，招收生徒，护理医院各部工作。宣统三年（1911）成立护病讲习科，各科护病颇称完备。"

民国3年（1914），湖南育群学会与雅礼协会订约十年，组织湘雅医学专门学校，雅礼医院归并之，更名湘雅医院。同时，将护病讲习科更名为湘雅护病学校，呈准中央及省政府立案，并在中华护士会注册，学生入学及毕业考试均极严格，医学校及雅礼学校之教室与实验室、医院各科病室均供本校授课及实习之用。

1915年9月，经北京教育部核准湘雅护病学校改称湘雅护病讲习科，并在中华护士学会注册。按照协议认可的发展规划，雅礼协会在麻园岭中方所购3000方土地旁购地1400方，开始了医院的筹建。学校与护病学校的用房，由中方在3000余方土地上开始了规划。

1915年8月，湘雅医院病栋大楼开工，1917年底竣工，其时，医院建筑与功能分布有史料为证：

"1917年，即民国六年，建造医士住屋数宅于北门外新医院侧，其建筑费概归雅礼协会担任。是年冬，新医院工竣，计分五层，共有三百余间。地下室为门诊处，锅炉房、厨房、药室、储藏室等。第一层中为事务室，左为男病特别室，右为女病特别室。第二层中为割症手术室。左为男外科普通室，右为女外科普通室及产科室。第三层中为试验室，左为男内科普通室，右为女内科普通室。第四层为屋顶花园及X光线室、驻院医士寝室，最高处有瞭望台，足以登临远眺。全院用红砖水泥建筑，并设冷热自来水及汽水管。共费三十八万五千元，系美国雅礼协会会员隐名氏独捐之款，而为吾国中南各省区唯一之建筑物"

"1918年，即民国七年春初，本院（指湘雅医院，笔者注）迁入新院址。男女护病讲习科均附设院内，兼治男女，能容病者一百三十人。上午在本院门诊，下午派男女医士往红十字会医院门诊。惜因军事扰攘，拟举行落成礼不果。"（见《湘雅》杂志第一期湘雅之沿革第2页）。

这就是湘雅男女护病学校与湘雅医院的迁移与改名。文后所列的几个附件，是中美合作经营湘雅医学教育事业初期的原始条文，以及1916年前后整个湘雅系统的情况，当然也包括了湘雅护校的基本情况，甚至有针对湘雅护校的管理性条款，故一并附后（见附录一至四）。

点评

附录一是现在能检索到的仅存的一本《湘雅医学会章程》；湘雅医学会董事部和干事部依照湖南育群学会与雅礼协会所订的《湖南育群学会 美国雅礼学会合办湘雅第一次合约》组织之；董事部和干事部负责对湘雅医学专门学校、湘雅医院、湘雅男女护病学校的全盘管理。

附录二是湖南育群学会和雅礼协会签订的第一份合作性协议，目的为保证治疗疾病，提倡医学教育，研究疾病的起因。该协议共十四条，计十六款。该协议的第一、第五两条明确了双方合作的范围。该协议规定湖南育群学会和雅礼协会各自承担的责任与义务见第二、第三、第六各条。从建房与出资的角度而论是实实在在的中美合资事业。由此协议创办的医学院和护士学校是中美合资机构。此协议签字批准后，在建筑医学院及医院用房竣工之前，两单位将就下列几件事进行合作。1）维持一所医预科学校，两年制。2）维持两所护校（男、女各一所）。3）维持西牌楼的雅礼医院。

附录三是湘雅医学专门学校第二次报告书（附录三），是该校办学的法规和条例性文件，这份是现在能检索到的最早版本，原件藏于湖南省档案馆。该报告书载明：

1. 该校组织于民国二年，即1913年，系美国雅礼协会与湖南育群学会订约合组，即中美合组。

2. 该校第一班预科于民国四年，即1914年12月8日正式开学。

3. 该校以造就医学各专科人才为宗旨，对于临诊临床试验室之
实习尤为特别注重，除国文外各学科均用英文教授。

4. 该校设补习科两年，预科一年，本科四年，研究科一年。即本科照部令四年毕业，惟该校参照欧美学制，四年后加研究科一年，经试验及格，给予医学博士学位文凭。该校的补习、预科、本科、研究等各科没有设宗教课。

5. 该校为建新校舍，已在长沙北门外购地3000方。未建新校时，由政府拨给草潮门朝宗街大屋一所计200余间，医校与医院各半。

6. 新校建筑费业经政府批准立案在案。

7. 湘雅医院系湘雅医学会接收前雅礼医院所改组，即为该校临床实习之用。因医校与医院关系至为密切，该校医学教员得兼医院职务。

8. 医院地基与本校毗连。新医院将于1917年竣工，时称全国最新式最完全医院之一。

9. 湘雅医院未落成以前暂设城内，能容住院病人65人，专医妇孺，并办女护病讲习科；男病均归湖南红十字会医院诊治，能容病人80人，湘雅男护病讲习科附设该院。两院门诊每日约计200人，已足资本校学生之临症实习。

10. 该校临症实习医院有湘雅医院、湖南红十字会医院、新立的湖南肺痨医

院三家。

11. 该校暂定免费学额两名，凡本科学习，每学年学业及操行成绩在九十分以上者得免学费；只缴膳费，每学年36元，以资奖励。

12. 该校学生部自组学校青年会，分德育、智育、体育三部。……至宗教信仰，各有自由，并不强迫载明湘雅合约。

13. 该校及医院设有藏书室，备有医学书籍千种，期报三十种，供学生借阅、参观；另有入雅礼大学藏书室参观之权利。

该校学生部自组学校青年会，分德育、智育、体育三部。……至宗教信仰，各有自由，并不强迫载明湘雅合约。

14. 该校及医院设有藏书室，备有医学书籍千种，期报三十种，供学生借阅、参观；另有入雅礼大学藏书室参观之权利。

附录四是《湘雅医学专门学校学则》（附录四）是迄今能检索到的湘雅最早的学则。该学则第一章言明："本校系美国雅礼协会与湖南育群学会订约合办，详请 教育部立案，以养成医学专门人才为宗旨；本校一切办法，遵照教育部令并采欧美学制办理；本校以补习科、预科、本科、研究科构成之；本校以临床实习之需要，附设医院并男女护病讲习科。"在第三章中讲明了修业年限"补习科二年毕业升入预科。预科一年毕业升入本科，但未经补习之预科得延长一学期以上，一学年以下。本科五年毕业。研究科一年以上三年以下。附设护病讲习科三年毕业，女科加产科一年。"以上每班定额五十名。在第八章的禁令中强调"九个不得"。即"学生不得干预国家政治及地方诉讼，不得入教会及政党，不得有败坏品德及毁伤礼教之事，不得吸烟吃酒，不得违抗学校规则及临时命令。学生对于职教员不得侮谩，不得斥骂同学，尤不得斗殴，学生非家住长沙市者不得外宿。"尤见该校管理之严。

图1-36 湘雅医学专门学校首任校长颜福庆博士

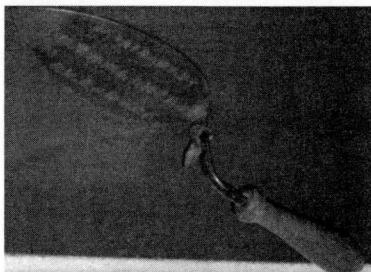

图1-37 中华民国4年10月18日威尔逊博士为湘雅医院立基石敬赠此"镘"为纪念

五、学潮迭起　盖氏离湘　护理办学首受挫

按照 1914 年 7 月湖南育群学会与美国雅礼学会合办湘雅的第一次合约《在医科学校和医院工作方面的合作协议草案》中的第一条第三款的规定:"办一所护士学校,教护理技术,并与之相联系地办一个助产科。"第二条的第一到第三款湖南育群学会承担的各项责任,1924 年,即民国 13 年,中方独资为护校建筑新校舍,使此前在教学、办公、医疗用房上一直与雅礼或湘雅医院在一起,或另求它法的护校终于有了自己的独立校舍。从此,湘雅护校的校务日有进步。1925 年,育群学会与雅礼协会续约。湘雅护病学校增设护病专科班,招收大学生,办理一期,因投习者少而中止。1926 年,中方继续出资,为湘雅护校扩建校舍,使中美合办的这所护理学教育机构更具规模。

就在中美两国人士同心协力,克服各种困难,合作经营湘雅医学教育事业,使整体计划按既定方向朝前推进的时候,1925 年 3 月,孙中山先生逝世。在这位伟人辞世后的 3 个星期内,胡美在北京已感觉到政治方面新气氛。一股偏激、排外的思潮在加剧和升温。

在每所中学和大学里,学生联合会都要求把他们认定的"帝国主义",即外国"洋人"驱逐出境。

1925 年,雅礼大学的第五次毕业典礼,胡美禁不住回想起 1921 年在学院礼堂举行的有名的集会。那时,湘雅医学专门学校的第一届毕业生,雅礼大学文理学院的第一届毕业生,都得到了他们的学士学位,同场发毕业文凭的还有护士学校的毕业生。在那个时刻,人们看到

图 1-38　1926 年大革命时雅礼的学生在游行

了中美两国的教育家 15 年不断努力的成果,并且深信,9 年前医院捐款人提出的前两个条件,现在已经完全实现了。每一个中国人都知道,湘雅的名字代表着中美合作的医学教育事业。

现在,新一代年轻医生、毕业护士以及文学士,大家穿着大学礼服,列队从礼堂慢慢走出来。他们和前四年的毕业生一样,象征着今后有更多的毕业生,他们可以领导他们的人民,越过经验和实验科学之间的鸿沟。在中国,建立实验医学是一个缓慢的过程,但是这些年轻的医学毕业生,他们有伟大的社会责任感,定能帮助政府建立一个新的医学系统,为全中国人民进行治疗和预防。

胡美离湘 1926年夏末，已过五十岁的胡美，认为他在中国创办一流医科大学的理想已全部实现，便辞去了在湖南的所有职务，准备回美国定居。辞职声明登在长沙的报纸上，报社特意为它加了编者按：长沙的教育家们对胡美医生表示感谢，他的辞职基于希望他的工作能由现在已有充分训练和有行政能力的中国行政领导继续进行下去。

图1-39 雅礼大学校园鸟瞰

图1-40 1926年的湘雅医院

但胡美走后的1926年秋冬时节，大革命运动的高潮在湖南已成蓬勃发展、方兴未艾之势，运动的指导思想由初期单纯的排斥与驱逐"外国文化侵略者"升级到针对所有推行"西学东渐"的中外人士。湘雅系统的教学与医疗活动不能正常进行。1926年寒假前，湘雅各级学生都举行了期末考试，至此美国人妮娜·盖治等主持的雅礼和湘雅护校共培养了12届计65名男女护士。1927年2月6日,湘雅医科大学宣布春季不能开学,高年级学生多转入或借读上海圣约翰、北平的协和、山东的齐鲁各医科院校。湘雅护校也暂时处于停办的状态。

图1-41 1925—1926年湘雅护士学校培训男女护士学生合影

图1-42 湘雅医学建筑群

左起:1919年建的医学院,1926年建的门诊处,1917年竣工的医院红楼

图1-43 雅礼协会人员坐火车撤离长沙(一)

图1-44 雅礼协会人员
坐火车撤离长沙(二)

六、受托办学　书声再起　护理助产同开科

复办护校　专招女生　1927 年 2 月 2 日，湘雅在长沙的校、院董事曹典球、陈润霖、曾约农、顾仁、省政府官员及各界公团士绅聚会于曹典球的家里，在董事长曹典球的主持下召开联席会议，组织湘雅维持会，议定医院于 1927 年 2 月 7 日开始日常诊务。

4 月 29 日，与湘雅医学院联系一直非常密切的湖南红十字会医院，已改名为长沙仁术医院，其董事会会议决定，借用湘雅医院扩充仁术医务，借期 4 个月；举易培基先生，王子玕医师任常务董事，并组织医院执行委员会。5 月 23 日，湘雅医院恢复开诊。7 月，湖南各公团集体议决，借湘雅医科大学校舍办防疫医院。据数位湘雅老校友回忆，仁术医院借用湘雅医院扩充医务，目的旨在保全湘雅的校产免受他人侵吞。

10 月 2 日，仁术医院借用湘雅医院期满，已组织的湘雅医院维持委员会举王子玕医师代理湘雅医院院长，开放学校校舍及工人宿舍，收诊国民革命军第四集团军唐生智总司令部自汉口运来的伤兵 500 余名，历时 1 月。湘雅自维持期间起，受湖南省政府委托，于 1928 年 3 月 1 日，以湘雅医科大学校舍为办学场所，开办湘雅助产学校（原名产科学校），招收女生 50 名，王子玕院长兼任助产学校校长。6 月，王院长赴汉口任第四集团军李宗仁总司令部军医处处长，遥领湘雅一切事宜。1928 年，即民国 17 年秋，湘雅护校继续开办，每年分春、秋两季招考，专收女生，并修正章程，力谋发展。从 1927 到 1928 年年底，湘雅两年没有医学本科生的教学活动。1929 年 1 月，颜校长奉命来湘视察，王子玕院长陪同，1 月 27 日，颜校长召集湖南育群学会特别会议，议决重组湘雅医校、院董事会，推定校董 25 人。其中有湘雅毕业同学会汤飞凡等 4 人参加。推定院董 6 人，雅礼协会也根据续约，推举院董 6 人。举陈润霖先生为校董会董事长，曾约农先生为院董会董事长，胡元倓先生为育群学会会长，王子玕医师为湘雅医科大学校长，继续开办湘雅医科大学。同期，举行学校第七、八两届本科学生、护校第十一班毕业典礼。本科第七、八届共有 9 人毕业。护校第十一班毕业的有张恒心、赵爱恩、易勋 3 人。举行这次特别会议的另一个重要原因是原湘雅医学会董事部部长、干事部部长曹典球奉命恢复国立湖南大学的办学，也无暇顾及湘雅的复学事宜，但此前停办期间，为保全湘雅的校产免受他人侵占，曹典球可谓功不可没。

特别会议后，王院长拟就《创办实验医学专科学校，以培植医务人才案》一册，欲与医学教育主管部门将待复办的湘雅医科大学改为只招初中毕业生的实验医学专科学校，将湘雅医科大学改称为湘雅医学院。消息传出，1929 年 3 月 29 日，湘雅医学院学生自治会认为这条议案不妥，于是致函院长王子玕，要求维持原有的招生规格与办学水平。王子玕采纳了学生自治会的提议。

5 月 14 日，经校、院董事会联席会议议决，取消预科名称，规定医校修业期

限为 7 年。头两年教高等理化生物各科,第三、四年教医学基础科学,后三年教临床医学各科和毕业实习。

1929 年 7、8 两月月底,学校分两次招考本科新生,编为甲、乙两班。9 月 14 日,47 名新生正式入校上课;护校第十二班毕业,计舒天赋、罗端云两人。此时,湘雅护校的校长为湘雅医科大学校长王子玕兼任。

10 月 1 日,湘雅医科大学受湖南民政厅委托,开设种痘传习所,学生为各县选送,共 80 余人,两月结业。1930 年 3 月 1 日,学校举行湘雅助产学校毕业典礼,计 30 人毕业。是年 7 月,湘雅医院药房被抢,损失惨重,并有药房学生王邦直、伍廷鉴等 3 人被掳走。

1931 年 4 月,民国政府教育部核准湘雅医科大学校董事会立案;同年 12 月教育部核准学校正式更名为私立湘雅医学院。湘雅护士学校在维持私立体制的前提下继续正规办学。

图 1-45 1942 年前湘雅医学院校门

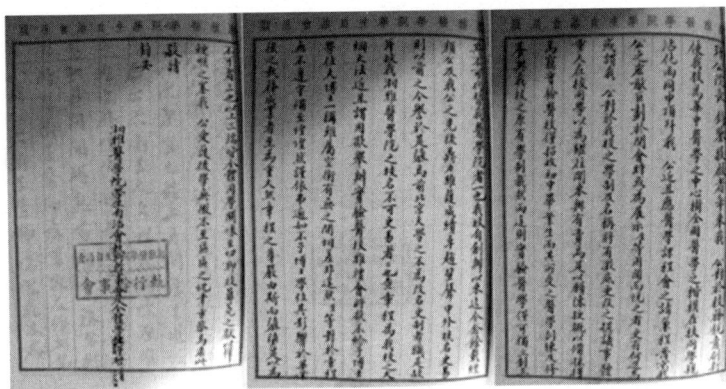

图 1-46 1928 年 3 月 29 日,湘雅医学院学生自治会执行干事会全体学生致王子玕院长的信

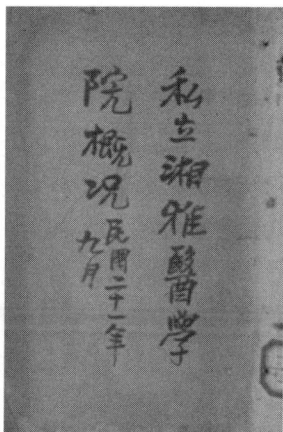

图 1 - 47　1932 年 9 月私立湘雅医学院概况

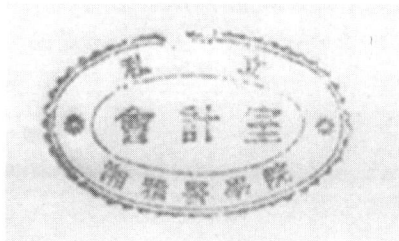

图 1 - 48　私立湘雅医学院会计室印

　　日本驻中国东北关东军于 1931 年 9 月蓄意制造"九一八事变"，1932 年 2 月，武装占领东北全境。在此背景下，作为培养高级医学人才的私立湘雅医学院，早在 1931 年 12 月 10 日，奉湖南省政府令，将学生的军事训练课改为专授军事医学。湘雅护校的专业课程也加重了外伤病人护理的比例。1932 年 1 月上旬至 4 月中旬，湘雅积极协助湖南高中以上学校军事训练委员会，办理了战地救护班。该址借省立第一师范礼堂作授课地点，每周授课两次，15 周结业，为湖南储备了首批战地救护人才。此后，直至 1938 年秋，湘雅人依托医学专业教育优势，积极为抗日战争服务。

　　1933 年 3 月 4 日，抗日长城之战爆发。10 日，时任湘雅医学院院长的王子玕（别号光宇）先生亲自率领湘雅救护队赶赴北平，参加了这一战役的医疗救护工作。1933 年 2 月 18 日《天津益世报》的第二版以"湘雅医院组织东北救护队，王光宇任队长出发北上，设立野战医院实施救援"为题进行了报道，原文如下：

　　湘雅医院，在湖南方面，首屈一指。内部设备，至为完全。此次该医院院长王光宇及全院同仁，鉴于日军侵凌热河，遇事紧急，我军与之血战，实在需人救护，故该院特组织东北救护队北上工作，即于今日下午一时，乘湘鄂路车，赴汉转平。全队人员组织，队长为王光宇自任，此外有医士肖元定、谭世鑫、齐镇垣、孙国钧，女护士彭文亮、丁绶梅等共 15 人。先日，何键召集该队人员在公馆训话。谓中央现决定与日本帝国主义者周旋到底，不达收回失土不止，诸位可即日北上工作，嗣后对湘雅医院经费当设法接济云云。当该队人员临行之时，湘省人民抗日会、长沙市商会、学生抗日会暨艺芳、圣功以及雅礼、湘雅各校校董及各校学生，均整队聚集小吴门外火车站，欢送者约二千余人。长沙市商会馈赠食品两大捆，长沙市政务处长谢元文，赠与旗帜一面，题曰"为国宣劳"，其余圣功、艺芳、湘雅、雅礼各校，亦均以旗帜相赠，题以"抗日先锋"、"民族之光"、"救困扶危"等字样。开车时，鞭炮震耳，挥帽欢送，并有西人数名，亦到站送行，当时情形，极为热烈。该队此次出发，随带轻便手术床及开刀器具等件，并可即成小规模之野战病院。如战争紧急，再组织第二队北上。若战事延长，闻该院则拟将湘雅医学校学生，仿照欧战时各国办法、缩短就学年限，以供国用。在该队未出发之先，何键致电北平张学良、何应钦两氏查照，原电如下"倭寇凶顽，热河复陷，野心未戢，窥取平津，国事危急，同申愤慨，湘省民气，尤为激昂，特派湘雅医院王光宇院长，率同精于外科医生暨护士等十余人，即日北上，实施救护工作，并为后方医院之随时报告前方战况，三湘人士，素号忠勇，秣马厉兵，枕戈待命。谨布微忱、伏乞察察"云云。

图 1-49　1933 年 3 月 10 日，2000 余名市民在长沙小吴门火车站欢送湘雅东北救护队出发时的留影(原载 1933 年 5 月 3 日版耶鲁校友周刊。该照为王子玕的后人提供)

　　这幅图是耶鲁校友周刊 1933 年 5 月 3 日的报道。该图与 1933 年 2 月 18 日《天津益世报》第二版 "湘雅医院组织东北救护队，王光宇任队长出发北上，设立野战医院实施救援"的报道所指的事实一致。图中画面是湘省人民抗日会、长沙市商会、学生抗日会暨艺芳、圣功以及雅礼、湘雅各校校董及各校学生 2000 余人，于小吴门外火车站，欢送他们的场景。图中第一排左起第四、五两位是女护士彭文亮与丁绶梅，第六位是王子玕，二排左起第三是肖元定，第五是齐镇垣

　　该救护队直至 4 月中旬才返回长沙。报道中所称的"队长为王光宇"，就是王子玕，文中只说他是湘雅医院院长，事实上他也是湘雅医学院院长并兼湘雅护校校长。这次东北救护队的组成与出发代表的是整个湘雅系统。1934 年 1 月 16 日，湘雅又协助湖南省教育厅成立湖南省健康教育委员会，办理相关卫生事宜。同年 7 月，奉令办理了衡阳、郴县两处飞机场的临时治疗所。1935 年春，协助湖南省卫生实验处，办理

长沙县卫生院、湖南产院和传染病院；8月，在长沙市北郊设立卫生事务所。据1936年即民国25年湘雅医学院北郊卫生事务所年报载，北郊指长沙城北附近之地，开初并没有明确的地域界限。湘雅人为工作方便起见，在南起北大马路（今湘雅路），北至飞机场之中部，西以湘水为界限，东至要塞的大部分区域进行医疗服务。该地在当时为长沙市第四辖区境内，从北大马路由沿河马路，经过新河直达飞机场，交通极为便利。粤汉铁路横过全境，其车站及工务处均驻新河。当时，新河居北郊之中心，有三条街，约有商铺三百余家，全区有五所小学，一所中学，地方机关有公安局第四局第五分所等，与所建的北郊事务所相邻，均在新河正街，这里原是长沙之北的城乡结合部。1935年8月，初建该所的目的就是为便于湘雅学生实习。事务所设所长一人，由湘雅医学院卫生科管辖，卫生科科长兼该所内外科医师，另有一人兼任所内妇产科医师，一人兼任所内牙科医师，并配有护士一人，工友二人。为方便管理，推行卫生事业，该所与地方当局保甲长等人共同组成了北郊卫生促进委员会，意在推行各种卫生方面的社会合作，而使北郊成为长沙市的模范卫生区。事务所进行的主要工作有：全区的生命统计、妇幼卫生、常见病的防与治等。通过这些工作的开展，极大地方便了辖区内百姓的求医问药，提高了辖区内居民的生活质量。该所直至湘雅因抗战西迁才停办。1935年9月，组成战时服务团，为因抗战爆发自北南下的难民服务。

1935年夏，教育部颁布高级护士职业学校暂行通则后，湘雅护校遵章组织校董会，并由同学会选出一人参加，当呈准备案，校名改为湖南私立湘雅高级护士职业学校，将原有春、秋两季招考新生，更订为每年秋季招考新生，学制订为肄业三年，实习半年。1936年春，湘雅又协助湖南高中学生集中军事训练总队医务及卫生事宜，到1938年秋，前后四届皆由湘雅派医师协助。

为抗日服务 护校组建医疗队 "七七事变"爆发后，湘雅人为抗战做了若干大事：1937年8月上旬，湘雅教授肖元定医师率领由高年级学生组成的第八医疗救护队，赶赴华北一线战场，支援抗日战争达半年之久；8月16日，湘雅奉民国政府教育部令，师生333人组成"全国医教救护团第一队"，担任抗战救护工作，张孝骞院长亲任队长，下辖学院和护校两个分队。学院分队190人，设内科、外科、司药、防疫、救护、检验、担架7组；护校分队143人，分技术护病、普通护病、急救、交通、通讯5个组。9月，先是收容战区借读生28人。他们在湘雅学习一年后再行转学。这些人中有后来成为中国工程院院士的烧伤及创伤专家黎鳌，有我国著名皮肤病学专家杨国亮等医学大家。后是湘雅教授杨济时组织湘雅医学院战时服务团，到长沙市一些中学和路过长沙的云南抗日军队中进行医疗急救教育，到长沙市广播电台广播战伤急救知识，到平汉前线实地搜集战地医药上之实际问题；1938年6月28日的《申报》在第一版对此进行了专题报道：

湘各界二十七日组七七抗战建国纪念大会筹备处，遵照中央通令，进行各项工作。湘雅医院战时服务团，定七七抗战纪念日，由团长杨济时率职员十六人，出发平汉前线工作，并实地搜集战地医药上之实际问题，以谋合理解决。

11月，湘雅又奉民国政府令，在湘潭易俗河兼办第八十临时医院，由肖元定教授兼任院长。该院办理3月余，奉令改组为第十八兵站医院，由军医署派员接收。12月，湘雅师生邀请八路军驻湘办事处的徐特立先生来校演讲，得知了全国的抗战形势和八路军在前方英勇抗日的事迹。徐老的这次演讲，直接吸引了湘雅学生何武坦、李振勋偕湘雅护校学生杨家红等4人于1938年1月上旬投奔延安，北上抗日。何武坦后来改称向进，建国前就任八路军山东军区卫校校长、华东军区人民医学院教育长等职，建国后，出任上海军医大学副校长、第二军医大学副校长、校长等重要职务，1960年晋升为大校军衔。当年，杨济时教授通过"湘雅医学院战时服务团"，发动30多位同学，打着"欢送何武坦、李振勋两同学北上抗日"的横幅，到长沙小吴门火车站为何武坦、李振勋等送行，并合影留念。1938的7月，杨济时教授任团长的"湘雅医学院战时服务团"赴鄂东为难民服务1月后返回长沙。同时，学校出借礼堂给湖南省卫生实验处办防疫医院。上述一切，就是湘雅医学院在未迁贵阳前，以长沙为基地，在抗日战争中所进行的一些主要活动。

说起湘雅人以仁术为抗日服务，还有件载入中韩两国史册的"楠木厅事件"。在日本殖民统治下，不堪忍受压迫和侵略的朝鲜人民，到了1919年3月1日，在汉城塔城公园的大型民众集会上，爱国志士宣读了33个民族代表署名的《三一独立宣言书》，所有到会群众即刻发出了"朝鲜独立万岁"的欢呼声。霎时，太极旗突然飘扬在汉城中央天空，"大韩独立万岁！""打倒日本侵略者！"的口号声此起彼伏，犹如排山倒海。接着，群情激奋的民众高唱"光复歌"，走出公园，举行了声势浩荡的示威游行。民众因此受到日本殖民统治者的血腥镇压。示威民众当场献身的有1200余人，受伤的16000多人，近两万人被捕，这就是载入韩国史册的"三一运动"。它标志着韩国独立运动的开始。事发时，因抗日数次身陷牢狱之灾的金九先生并未直接参与，而是在家看书练字。令监守他的日本宪兵，误以为他仍然安心于指挥佃农们修筑堤坝，便放心地回家休息去了。宪兵走后，金九与其他抗日志士结伴，即刻去上海的计划告诉了家人。四天后，金九等16名抗日志士一行经水路抵上海。此后，数千爱国和抗日的韩人志士云集上海。为了组织和领导这支力量，1919年，大韩民国临时政府在上海宣告成立，霞辉路321是临时政府的机关，成了海内外韩人独立运动的领导机构，按年号纪年法，定为大韩民国元年，金九是此间的重要领导人，他使所有活动进入有组织有领导的时期。之后，金九等人受到中华民国政府的积极支持。

1937年7月7日，日本人策动"卢沟桥事变"，开始了全面侵华战争。后来，上海沦陷、南京大屠杀等接连发生，为安全计，更为保存大韩临时政府的抗日力量考虑，中华民国政府积极安排金九等一行抗日志士及家属百余人，乘三条木船，于 11 月 20 日由南京驶往长沙。1938 年元月 1 日，金九等在长沙受到张治中将军的热烈欢迎后，大韩民国临时政府及金九等一行百余人，以长沙城的楠木厅 6 号为指挥机关，继续进行抗日独立运动。随行人员被安排在周围居住，金九一家就住在麻园岭，其子金信等随行少年就读于雅礼中学。一时，在长沙的韩国独立运动，在金九的组织领导下，有如当年汉城的三一运动，再次涌现出波澜壮阔的局面，令敌对势力谋杀金九的阴谋步步升级。1938 年 5 月 6 日傍晚，临时政府要员会议在楠木厅 6 号举行，隐藏在机关内的韩奸突然向与会人员开枪，在场的金九、柳东悦、李青天、玄益哲 4 人遭突袭。分散在楠木厅 6 号周围的保卫人员听到枪声，火速赶到会场，积极施救。事件中，年轻的政府军事委员玄益哲当场身亡，李青天受轻伤，柳东悦和昏迷不醒的金九由长沙警备司令部急速送到湘雅医院。接诊的医务人员对重伤的金九进行了积极抢救。不过，大多数人认为，湘雅的好医术很难令金九起死回生。张治中将军接到金九受伤的消息，赶紧到湘雅医院，一是指令湘雅医院以最好的医师、最好的技术、最好的药物，不惜代价全力救治金九，二是慰问伤者及家属。蒋介石得知金九受伤，数日内每天几次电报询问抢救金九的进展，并汇来 3000 元的医疗费。在民国多级政府要员的高度关注下，经湘雅医务人员的积极抢救和稳妥的后续治疗，金九安然逃过了此劫，保住了性命，康复出院后继续领导韩国的独立运动。这是湘雅人凭借自身的仁心仁术于国际反法西斯战场上创造的医疗功绩，为中韩两国人民的抗日历史写下了难以忘却的一页。

教学管理　1935 年夏，民国政府教育部颁布护士职业学校规程，湘雅护校改名湖南私立湘雅医学院附设高级护士职业学校，规定秋季招生，四年学制改为三年半。

1937 年，即民国 26 年九月重订的"湖南私立湘雅医学院附设高级护士职业学校章程"，是迄今能检索到的最早的、最完备、最具规章性的管理材料。它告诉人们，这个学校是如何组织与管理的。该章程为 32 开本，直行印刷。第一部分载有该校的总则、学制及课程、教职员、会议、入学及插班、转学休学复学及退学、学业成绩考查、操行成绩考查、实习成绩考查、请假与休假、医药、纳费十二章，共 116 条；第二部分载有该校的管理细则，分教室、自习、实习、宿舍、食堂、普通规则共六块，计 69 条。其主要内容摘录见附录五，它标志着该校在办学方面的定型与成熟，堪称护理学教育办学方面极为完备的管理性规章。

七、抗战西迁　沅陵办学　湘雅仁术续弦歌

校长换人及迁校之争　"九一八"事变与抗日长城之战后，日本帝国主义侵占

中华的企图昭然若揭，有道是"华北之大，已放不下一张书桌"。

怀有强烈民族自尊心的湘雅首届校友张孝骞，于1936年取道山西返回母校，受聘为教务长和内科教授。这年，时任江西省主席兼南昌行营主任的熊式辉要以蒋介石的字"中正"为名，办一所医学院纪念他，起名为国立江西中正医学院。在物色院长人选时，经反复比较，熊、蒋看中了时任湘雅医学院院长、湘雅医院院长、湘雅护校校长的王子玕。

1937年7月4日，湘雅校董会联席会议议决：因王子玕已担任国立江西中正医学院院长，无暇顾及湘雅事业，在慰留王子玕任院长的同时，举教务长张孝骞教授代理湘雅医学院院长和护校校长；8月5日，湘雅医学院董事会第三任董事长陈润霖签发布告：张孝骞代理湘雅医学院的一切事务。

七七事变发生后，长沙上空，战火阴霾密布，引发了湘雅师生对是否迁校的讨论。当时一方认为必须迁校。代表人物有生物化学科很有名的唐宁康教授等。另一方认为，战争环境下，外伤病员增多，是外科实习的绝好机会，不主张迁校。持这种观点的代表人物一是药理学科权威、学校图书馆主任蒋鹍教授等，二是雅礼协会在长沙的代表顾仁。

总之，学校是迁还是不迁，师生们议论纷纷。为此，张孝骞主持召开了校、院董事会，就是否迁校请大家表决，结果决定迁校，并组成迁校委员会。决定迁校后的1937年9月，湘雅护校自1911年开科办学，已有历届毕业生200余名。除少数女生结婚外，余均服务于国内各医事卫生机关。当年，护校在校学生有五班，合计110余人，除湘雅医院供给充分之实习机会外，还在湖南卫生实验处各附属机关获得各项公共卫生训练的机会。

全面抗战暴发后使湘雅人最终作出迁校决定的因素有：一是面对日军的侵略，湘雅师生爱国热情逐渐高涨，使宁静的校园受到了冲击。1937年9月，在学院收容了来自战区的借读生28人的前后，杨济时教授组织的湘雅医学院战时服务团，已在为抗日做大量的宣传工作，并往湖北浠水前线作了一次战地救护。这年12月，徐特立应邀来湘雅礼堂作了一次抗日救国的专题演讲，使学生们的抗日激情更加高涨，先后携笔从戎，投入抗日的有：四年级的何武坦（后改名向进），三年级的李震勋、谭壮，六年级的李振湘等以及湘雅护校的杨家红等4名学生。

二是日军多次轰炸长沙，使湘雅的教学活动经常受到干扰，师生的生命受到威胁。如1937年11月24日，日机4架飞机首次轰炸长沙时，现湖南省人民医院已故的离休医师刘树焱，是湘雅当年大二的学生，正在学组织胚胎学。这天，当他在显微镜下看标本时，日军炸弹落在长沙小吴门的火车站，声音虽然不大，但从他上课的教学楼（后称福庆楼）的南窗望去，可见爆炸后腾起的浓烟，实习台也有震感，镜子的焦距变了，标本移了位。上述原因使湘雅医学院作出了迁校的最终决定。但学校怎么迁，迁往何处，仍是大家争论的焦点。

图 1 - 50　1938 年 4 月湘雅医学院西迁前颜福庆博士、张孝骞代院长与教职员在长沙湘雅医院合影

前排左起 1 王肇勋、3 顾仁、4 王子玕、5 颜福庆；后排左起 1 肖元定、4 张孝骞

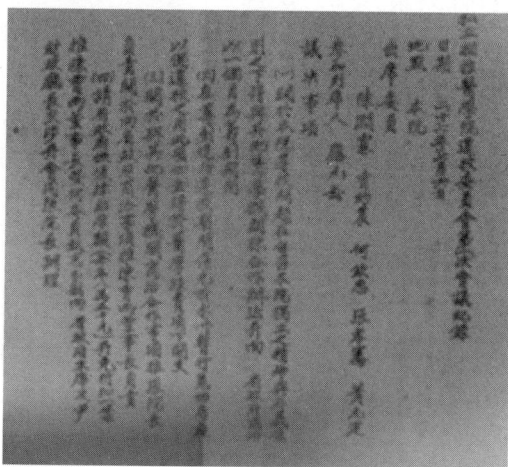

图 1 - 51　1938 年 7 月 6 日私立湘雅医学院迁校委员会第一次会议记录油印稿

艰难选址　护校随迁　湘雅医学院决定迁校后，学校如何留守呢？1938 年 7 月湘雅医院代理院长雅礼协会代表顾仁坚持医院不肯随校迁移，并将外科几乎所有的教学人员全部留下，但身为学院代理院长的张孝骞教授却为迁校的选址进行了专门的考察。

图 1 - 52　1938 年私立湘雅医学院西迁前首届校友汤飞凡回母校时的留影

前排右 1 王肇勋、2 肖元定、3 汤飞凡；后排中张孝骞

初选是昆明，因为西南联大已迁到这里。他们也是经长沙过去的。到昆明，湘雅的教学虽不受影响，大多数人也倾向于此，但张院长实地勘察后认为：昆明人口较少，病人不多，不适合兴医办学。次选广西。广西方面非常欢迎湘雅医学院在桂林办。但他们开出的条件是，战争结束后，湘雅的教学设备必须留下，作为将来广西医学院的发展基础。对此，湘雅医学院不能接受。

在考察了广西、昆明两地后，张院长途经贵州贵阳。在贵阳，张院长碰到了好朋友沈克非。此前，沈带领从南京迁来的中央医院途经长沙，在协均中学（原校址在现湖南省卫生厅与麻园岭小学的东边，2001 年修芙蓉路时被拆）办理数月，期间，已和湘雅建立了较好的关系。沈当时是迁

图 1 - 53　珍珠港事件发生前，顾仁院长在湘雅医院楼顶铺美国国旗，以免日军飞机轰炸

到贵阳的中央医院院长，外科专家。沈院长极力主张湘雅迁到贵阳。他说，我这里带来了三支前线医疗队成员，擅长外科，内科相对较弱，而且这里也无太多的外科手术任务，正好支持你们的外科教学，但内科的临床工作也需要你们支持。何况，我想在这里办一所贵阳中央医院，贵州省也非常支持，你们来了可以支持我的内科临床。从空间距离来看，贵阳，是省城，山道崎岖，无铁路，日军从陆路

攻入的可能性较小，又邻近湖南，来去方便，可兼顾长沙等地的业务。后来，经与前校长颜福庆（当时任民国政府卫生署署长）反复磋商，1938年8月初，湘雅医学院迁校委员会议决定西迁贵阳，但五、六级学生、护校二年级以上的学生以及医院全体留湘。迁校中最繁重的总务工作，特邀湘雅第三届校友、长沙仁术医院院长李启盘医师担任。8月18—19日，各部仪器、标本、图书及办公要件共约400箱、重约40吨，陆续迁运贵阳。9月，教职员及一到四年级学生和护校一年级学生分两路向贵阳进发：一路乘火车至广西金城江，转乘汽车至贵阳；一路循公路经湘西、黔东直抵贵阳。需要特别说明的是，西南公路运输局的肖卫国局长为湘雅的这次西迁用车提供了极大的帮助。10月13日，中秋节这天，18班学生劳远琇等到达贵阳，落脚在城东门外5~6里地的东山上的一座庙宇。这意味着湘雅的漫漫西迁之路暂告结束。

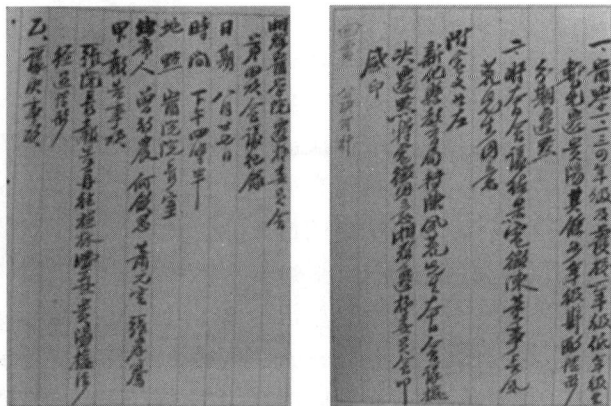

图 1-54 1938年8月27日私立湘雅医学院迁校委员会第四次会议记录载明：
医学院1~4年级及护校1年级学生暂允迁贵阳

西迁贵阳初期，湘雅医学院的主要人员是基础与内科部分的教师，以及医本科1~4年级和护校一年级的学生。虽称湘雅医学院贵阳分院，因湘雅系统的行政核心已到贵阳，继续保持与湖南省政府联系与合作的是张孝骞主持的湘雅医学院贵阳分院及整个湘雅系统。首先，湘雅应湖南省政府的要求，留下了湘雅医院的外科、湘雅护校二年级以上及湘雅医学院五、六级的学生在长沙，以湘雅医院为依托，继续承担湖南省内的医疗救护任务。接着，1938年11月长沙"文夕大火"发生后，湖南省政府担心日军占领粤汉铁路后，将湖南分成东西两部，要湘雅医学院办沅陵和耒阳两家医院，以适应湖南省政府行辕一分为二迁到沅陵与耒阳的需要。

1938年12月，湘雅医学院在沅陵的交通要塞——汽车站之驿码头开设战时救急门诊的是学院实验诊断学讲师吕静轩医师和另一位外科医师，以及湘雅医院护理部主任陈焱如和 5 位护士，加上检验、药剂、工友各一人。之后，省府要求学院在沅陵的东树湾增设湘雅医学院沅陵分院，由内科医师刘泽民出任院长。沅陵分院最初的业务为战时救急门诊，后由门诊发展为分院，并包括湘雅高级护士职业学校与长沙仁术卫校两所护校的合作办学。护校的校长是张孝骞，分院院长刘泽民任副校长，王泰元任教务主任。

1939 年 1 月，湘雅高级护士职业学校与长沙仁术卫校，召集流散到沅陵的本校学生，收容常德流浪沅陵的学生计 55 人，正式复课于沅陵分院。起初，沅陵分院房屋困难，刘泽民院长亲自设计并率领民工建造竹编泥糊的竹篾房和木板房。使医疗用房、教室、图书室以及生活用房一应俱全，病床由数十张增加至 150 张左右，门诊每日百余人次增至 200 余人次，并在县城中心中南门借用当地宏恩医院房屋两间另辟门诊一处，每日应诊病人也有 200 人次左右。分院开始没有电灯，晚上来了急诊，马灯、手电筒一齐上，剖腹术、截肢术、难产产钳术或剖腹产术等照常进行。由于消毒严格，外科手术伤口都是一期愈合，极少有感染者。

沅陵地处川湘公路要冲，文夕大火后因

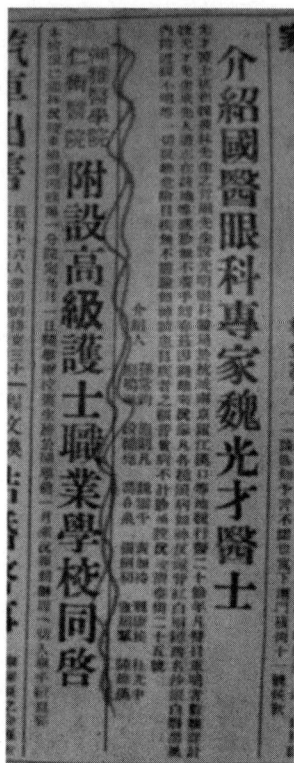

图 1-55 1939 年"湘雅医学院、仁术医院附设高级护士职业学校同启：本校现已迁到沅陵东树湾湘雅第一分院，定于九月一日开学。两校旧生务必于开学前一周来沅陵报到，办理一切入学手续为要"报媒通知

系湖南省政府行辕之一，难民与外来人口的大量涌入，使原只有两万余人的小县城，一时人口剧增到约 20 万。战争的破坏，大量流动人口的涌入，1939 年春夏，沅陵霍乱大流行。是年 5 月，学院沅陵分院在县城东郊的三吾古寺内增设湘雅传染病医院，以应对当时霍乱的流行。主持院务的主任是吕静轩医师。当年，沅陵分院和湘雅传染病医院的医护人员全力以赴，日以继夜地抢救霍乱病人。无床时，竹板、木板当病床；输液瓶不够，以灌肠筒代替。就这样，上呕下泻、失水严重、骷髅般的病人被抬着进来，一针见效，就走着回去。当时国外文献记录，霍乱的死亡率是 20%，而这次在沅陵的大流行只有 3.7%。当地人民认为这是沅陵分院的奇迹。因此，沅陵分院曾受到国际联盟霍乱委员会的特别重视和赞赏。此外，该分院还先后扑灭了流行性脑膜炎及痢疾等流行传染病对沅陵人民的侵害。

1939 年 6 月，湘雅护士学校全部迁沅陵续办，刘泽民教授任分院院长和护校校长，这是已故老校友彭勇炎教授 1984 年的回忆。然而，据抗战时期曾任护校教务主任的王泰元先生留下的记述称：刘泽民教授任分院院长和护校的副校长。1941 年，私立湘雅高级护士职业学校上报的概况调查，1942 年肖元定、李启盘上呈湖南省政府主席薛岳的报告都说私立湘雅高级护士职业学校校长是张孝骞院长，也支持了王的说法。湘雅护校、仁术护校、省立助产学校在这里合办了七年，共招收护士 11 班，助产士 5 班。共毕业护士、助产士 102 名。

1939 年 12 月 8 日，西迁在贵阳的私立湘雅医学院，举行了建校 25 周年暨颜福庆博士 60 华诞庆典的纪念活动。为此，这年 8 月，学院特意出版了《私立湘雅医学院二十七学年度概况》。原文记载：

湘雅医学院自民国 3 年创办至今，已毕业各类学生 415 名。其中医师 115 名，护士 245 名，助产士 30 名，技士 25 名。

本学院附属实习医院，原留守长沙服务，嗣以人民西移，各处需要医药救济甚为迫切，乃增设分院于沅陵、耒阳等处，共计三所，均由本学院派员主持，并予经济上之援助，伤兵难民，受惠甚多。今夏湘西霍乱流行，即绕恃本学院之沅陵传染病医院，为防治之中心。

本学院附设高级护士职业学校，于长沙大火时，学生星散。今年六月，始在沅陵复学，其经费由本学院负担。

关于湘雅高级护士职业学校与长沙仁术卫校，暨代办省立助产学校，从 1939 年到 1946 年在沅陵的教学与医疗活动，下述历史图片是最原始的记录材料，兹列如下：

沅院与沅院师长

图 1-56　沅院鸟瞰：湘雅医学院沅陵分院、湘雅护校与仁术护校在沅陵办学的地点东树湾实景

图 1 - 57　1985 年沅陵凤凰山与东树湾(沅陵县史志办孙明汉摄)

图 1 - 58　沅院鸟瞰:湘雅医学院沅陵分院、湘雅护校与仁术护校在沅陵办学的地点东树湾实景

图 1 - 59　沅院鸟瞰:湘雅沅陵分院、
护校与仁术护校办学的地方

图 1 - 60　位于沅陵县城东郊的三吾
古寺内的湘雅传染病院

图 1-61 在沅陵，忠实于湘雅护校的历届毕业生，摄于 1944 年

左一 1925 年毕业的王泰元；二 1932 年毕业的李雯晴；三 1930 年毕业的陈琰如；四 1932 年毕业的杨传治

图 1-62 沅院师长胡先华

图 1-63 沅院师长何佩瑶

图 1-64 沅院师长王泰元教务主任

图 1-65 沅院师长陈琰如

图1-66 沅院师长杨传治

图1-67 沅院师长李雯晴

图1-68 沅院师长郑绣平

图1-69 湘雅、仁术医院附设高级护士职业学校教师在沅陵的合影

图1-70 1944年国民党湘雅沅陵支部全体成员

沅院活动

图1-71　包裹敷料

图1-72　提炼汽水

图1-73　门诊候治

图1-74　防疫注射

图1-75　歼灭臭虫

图1-76　灭虱登记

沅院 1944 年教学活动

图 1 - 77　湘雅护校 1944 年学生会

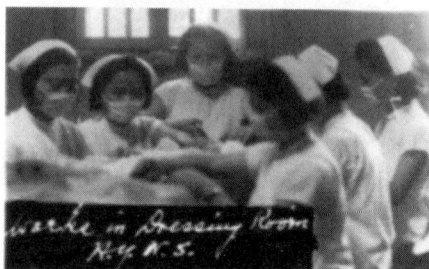

图 1 - 78　湘雅护校学生 1944 年病房实习（一）

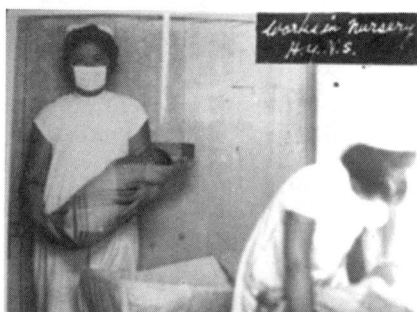

图 1 - 79　湘雅护校学生 1944 在病房实习（二）

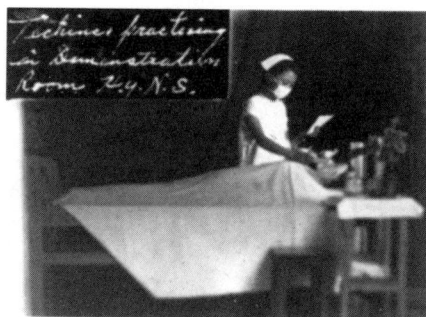

图 1 - 80　湘雅护校学生 1944 年在示教室练习

图 1 - 81　湘雅护校 1944 年公共卫生护士实习

图 1 - 82　湘雅护校 1944 年毕业照

图 1 – 83 护校的这些年轻人获得人民的三次奖励后于 1944 年的安息日合影

湘雅、仁术护校在沅陵毕业照

图 1 – 84 湘雅高级护士学校 28 班毕业纪念，1940 年 1 月

图 1 – 85 湘雅高级护士职业学校 29 班毕业摄影，1940 年 6 月

图 1－86　湘雅高级护士职业学校 30 班毕业摄影，1941 年 6 月

图 1－87　湘雅护士学校 31 班毕业纪念，1942 年 9 月

图 1－88　湘雅护士学校第 32 班毕业摄影，1943 年 6 月

图 1 – 89　湘雅第 33 班、仁术第 14 班毕业合影，1943 年 2 月

图 1 – 90　湘雅护校第 34 班 1944 年毕业照

图 1 – 91　湘雅护校 35 班、仁术护校 16 班毕业纪念，1946 年 1 月

图 1 – 92   湘雅代办省立助产第一班同学，1943 年 6 月

图 1 – 93   湘雅代办省立助产第三班同学，1946 年 6 月

欢送外籍教师

图 1 – 94   湘雅同仁欢送俞(道存)博士归国纪念，1944 年 6 月 30 日，沅陵

八、复元长沙 再建校舍 办学步入发展期

自 1914 年中美合办，到西迁贵阳后的 1940 年 7 月，湘雅医学院、湘雅护校一直是私立院校。此前，一直由湖南省政府财政与雅礼协会时断时续地援助，维持两校的办学。抗战时期，两校为延续办学，必须避战火，迁贵阳与沅陵。因战事旷日持久，雅礼协会的援助不能保证，湖南省政府支持办学的经费越来越少，使学校的办学经费捉襟见肘。为了取得中央财政的支持，解决办学经费的困难，1939 年 12 月，院长张孝骞教授发起了湘雅医学院由私立改国立的运动。1940 年 6 月 11 日，民国政府国务院第 469 次会议通过湘雅医学院国立案。8 月 13 日，民国政府教育部颁发高字第 26401 号训令，公布私立湘雅医学院改为国立的办法，使湘雅医学院由私立变成了国立，每年得到民国政府教育部拨给的教育经费 20 万元，从而缓解了经济困难，维持了学校的运转。在湘雅医学院由私立改国立的问题上，顾仁等雅礼协会的成员一直不能理解。学院国立了，但湘雅旗帜下的湘雅医院、湘雅高级护士职业学校直至 1951 年 12 月 8 日前，仍为私立体制。

现代医学教育分医学前期与临床后期教学两大块。临床教学主要包括内科与外科教学两大部分，护理学的教育也是如此。湘雅医学院与护校西迁办学，目的是保留华中地区一个现代医学教育的火种。西迁后，医学临床教学与护理教学两大块，省外的部分，获贵阳中央医院与贵州省立医院等单位的大力支持。合作的方式是，湘雅的教学人员前往中央医院、贵州省立医院等有关单位协助内科诊务等医疗活动，而中央医院、贵州省立医院外科技术人员担任湘雅的外科教学任务，互相支持，不取报酬，保证了双方单位业务活动的正常开展。1944 年 12 月 7 日，湘雅医学院被迫再迁重庆后与重庆陆军医院、中央医院、兵工署等单位也是这种合作模式。这种合作，给双方带来双赢的同时，湘雅自身也得到了很大的实惠。如（1943 年）民国三十二年 2 月贵阳省立医院呈报贵州省政府批准实行的"……本院为酬答湘雅、贵阳各医学院协助盛情起见，各该院同仁来院留诊、住院三等病房者可减免住院、化验、手术等三种费用。"这既是湘雅医学院在战争环境下，于当地不断付出的回报，也证明侨居他乡的湘雅，通过寻求有效合作，取得了双赢的效果。在贵阳时，湘雅医学院还和国立贵州大学、贵阳医学院、贵阳师范学院、国立第十四中学组建了五校联谊会，使战争环境下的校际交流活动频繁，大家互相帮助。

在湖南境内，学院的沅陵、耒阳两家医院，长沙的湘雅、文夕大火前的仁术等医院仍是湘雅系统所有学生的实习机关。故此，常有张孝骞院长等湘雅教授奔波于湘黔两省，检查各地教学情况，慰问师生的事情。

抗战期间，湘雅各教学部分通过与当地医疗机构的合作，如沅陵分院、护校与当地宏恩医院、天主堂医院等单位的合作，在医疗教学方面也取得了双赢的效果，湘雅人不仅深得当地友邻单位的积极支持，也得到了当地政府的大力支持，

使流落他乡的湘雅各机构在战争狭缝中，赢得了一个发展的小黄金时期。这一势头一直保持到中国抗战胜利。当时，一系列举措带来的双赢效果，使雅礼协会逐渐理解湘雅医学院当年的西迁与国立之举，1941年4月底，委派美籍外科副教授裴文坦到贵阳，襄助学院的外科教学。在湘雅医学院与友邻单位的合作交往中，湘雅护校的临床教学也获得了相同的机遇。整个抗战年代，不论湘雅医学院在贵阳、还是在重庆，与学院合作做临床教学的单位，一定都有湘雅护校实习的护士。

因为湘雅医学院国立，湘雅医院、湘雅护校仍是私立性质，才派生出"私立湘雅医事中心"这一机构。该组织存在于1941年春到1950年，是经院长张孝骞提议，由原私立湘雅医学院校董会和雅礼协会合组，并订有组织纲要协议。初期，该中心有董事19人，首任董事长为湖南的陈润霖；设秘书1人，由秘书主持一切工作，首任秘书是张孝骞。按协议内容和双方的要求，1945年7月1日，已临近抗战的全面胜利，将湘雅医学院沅陵医院划归雅礼协会管辖，称沅陵湘雅医院。之所以这样处理，原因有二：一是长沙的湘雅医院大楼被日军在1942年1月溃退时烧毁，医院业务只能借长沙天主教堂进行；二是1944年4月后，长沙湘雅医院的120余名员工及家属已逃难至益阳安化的东坪镇开诊，实际上长沙的湘雅医院已不存在，雅礼协会下面没有医学实体，故而将学院名下的沅陵分院正名（实际是改名，笔者注）为沅陵湘雅医院。医事中心成立后，仅在1947年11月7日召开过一次全体董事会，改选了董事会及部分董事，增设了1名秘书，由雅礼协会驻华代表俞道存担任。这次会议，对湘雅护校而言的特殊情况是，兼该校校长的张孝骞要坚辞湘雅医学院院长之职，北上协和主持内科业务的恢复，公推王泰元为护校副校长，主持一切工作。1948年4月，凌敏猷任湘雅医学院院长，接替张孝骞担任秘书。同时增设了医院事业小组委员会，主席是曾约农，委员有曹典球、俞道存、张孝骞、凌敏猷、邓一韪、王肇勋、陈琰如，领导湘雅医院；以及护校教育小组委员会，主席是曾宝荪，委员有张孝骞、李启盘、夏淑影、刘泽民、肖元定、王泰元，领导湘雅护校。其中的夏淑影就

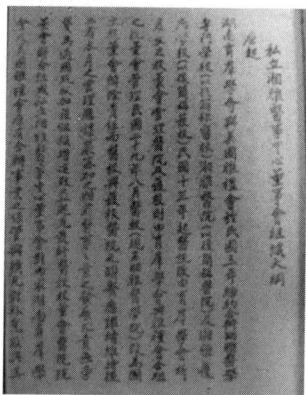

图1-95　私立湘雅医事中心董事会组织大纲

是雅礼协会的人员。1948年4月，护校王泰元、彭文亮等5人出席了在广州召开的中国护士会第三届全国护士代表大会，王泰元当选为理事，并负责出版工作。私立湘雅医事中心先后管理的范围包括先贵阳、后重庆的湘雅医学院、长沙的湘雅医院、湘雅医学院沅陵医院、湘雅护校、益阳安化的湘雅东坪镇诊所等。成立湘雅医事中心的目的，主要是通过这一中心继续保持与雅礼协会的联系以及国际

学术交流渠道的畅通，处理湘雅各单位的财产，协调各单位的关系。

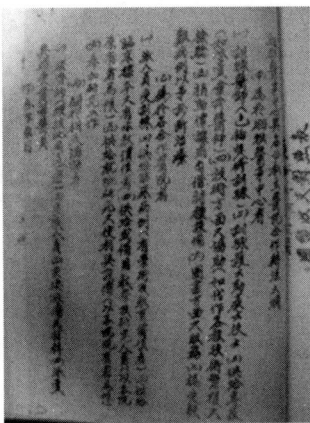

图 1-96 私立湘雅医事中心与各公私立
医院合作办法大纲

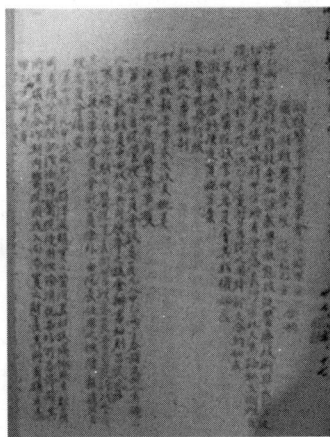

图 1-97 私立湘雅医事中心董事会
与国立湘雅医学院合约

图 1-98 1947 年 9 月 28 日湘雅护校教
务主任王泰元在湖南育群学会、雅礼学会、湘
雅医事中心联席会议上的发言稿首页

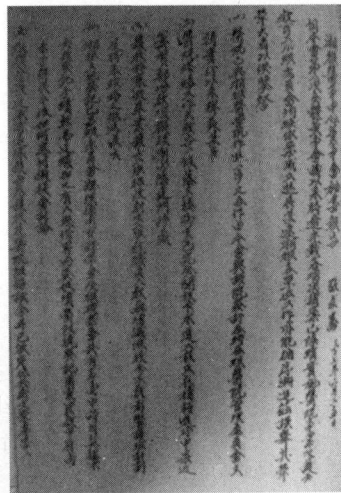

图 1-99 1948 年 6 月 24 日湘雅医
事中心董事会秘书张孝骞报告的首页

各路人马复元长沙 抗战胜利前的 1942 年，湘雅医学院耒阳医院已移交湖南省卫生实验处成为湖南省立中正第一医院的源头之一。移交时，其主持人李明俊、周云翼，早已在贵阳任教，不存在迁回的问题。如果说 1945 年 9 月，湘雅医学院沅陵分院和湘雅护校的刘泽民、张孝骞院长的秘书盛泽斌、雅礼协会的代表

傅乐敦、裴文坦等人是湘雅复元的先头部队，那么，其他各地人员返回长沙的时间依次为：

10月初，避难在安化东坪镇的湘雅医院诊所，其医务人员凌惠杨、徐君赐、杨顺华、黎惠娟、陈国荣等及其家属和实习医师，首批正式返回长沙。

10月中旬，张孝骞院长向教育部长朱家骅面呈《国立湘雅医学院请求将临床医生提前迁湘缘由的报告》获准。

10月22日夜9时，重庆的四、五年级学生在肖元定、吴执中、齐镇垣、张俊杰、黄友歧、梁觉如、林筱周、刘树焱等老师的带领下，利用裴文坦与战时运输局建立下的关系，通过他们的协助，乘五辆木炭车经川湘公路，历时12天，回长沙与凌惠杨等汇合。

11月初，沅陵分院和湘雅护校的师生全部回到长沙。

此时，湘雅医学院的绝大部分师生员工仍留在重庆杨公桥。1946年元月到5月，经湘雅人反复磋商、多方求助，学院在重庆杨公桥的一、二、三年级绝大部分师生分乘汽车经川湘公路，于5月底回到阔别近八年之久的长沙城。

6月中旬，少数师生及湘雅护校旅渝同学乘坐大客车，经沅陵、桃源、常德后，再改乘轮船最后到达长沙。

6月底，湘雅系统各路师生员工全部重聚长沙。这月，张孝骞院长接受美国国务院邀请，前往美国访问、考察与讲学，由肖元定教授出任代理院长。在此前后，去美国深造的教师也相继返回湘雅。当年11月1日正式上课。12月8日，全校举行了复元后的首次院庆。

图 1-100　1945 年 11 月 16 日湘雅护校旅渝同学留影

图 1-101 1945 年 11 初湘雅沅陵分院与湘雅护校复元师生抵长在湘江边下船

重建校园 战后的湘雅，面临的最大任务是重建校园。复元之后，幸得湖南省政府的资助及中外团体捐款、捐物的支持，使重建工作进展迅速。

1946 年 4 月 1 日后，学校先后从沅陵运回一批木材，雇请汤仁记、杨泽记、瑞记及复兴、协记等 8 家营造厂，动手营建和修复校舍。首先，学院原三层的教学楼，改加为四层，并命名为"福庆楼"，以纪念第一任校长颜福庆先生。依次动工的有 6 栋两层的教工宿舍，两层楼的图书馆、解剖楼、学生食堂、湘雅医院住院病栋、总办公楼以及两层楼的女生宿舍、三层楼的女单身宿舍、工友宿舍，以及浴室、大小动物室、车库等。四层的湘雅医院住院病栋加盖了吻鸥式的屋顶，墙壁粉刷一新，家具水电重新装配，又装设了电话 20 部。医院病栋楼往西，依次建有附属医院、湘雅医院门诊处。附属医院为钢筋水泥建筑，有 250 张床位；门诊处可容 40 多位医师同时看病。

竣工后，福庆楼、医院病栋楼、附属医院楼、门诊处共 4 栋标志性建筑，比邻湘雅路，自东向西，一线排列。同时在新建的附属医院与湘雅路之间，北大门的左边，修建了湘雅的发电间、邮电局、合作社、医师食堂等。在学院解剖楼、图书馆以南，学院总办公楼以北，建筑有湘雅护士学校两层楼房 2 栋，可供 250 名学生教学、食宿之用。护校教室命名为妮贞楼，以纪念首任校长妮娜·盖治女士。自留芳岭后门起向北，为医学院教职员住宅区，建有住房 10 余栋。1946 年 10 月 30 日至 1951 年 6 月 30 日，上述建筑先后落成，均为红砖青瓦永久性建筑。福庆楼、医院病栋楼、护校妮贞楼、图书馆、解剖楼、学生食堂等前期建筑的水电、卫生设施及各类家具也于 1947 年底至 1948 年 2 月 4 日全部安装完毕，共耗资 82.6 亿元法币。至 1948 年 12 月 8 日，乃校庆 34 周年之际，行经湘雅路，可见围墙内屋宇巍峨，星罗棋布，与刚复元时相比，颇有天壤之别。

至 1950 年前夕，全湘雅系共营造校舍 20 多栋，其建筑规模已超西迁贵阳之前。

此时的湘雅，合计占地面积 77472 平方米，建筑面积 35510 平方米。其建筑面积中，湘雅医学院为 11941 平方米，湘雅医院为 20509 平方米，湘雅护校 3060 平方米。

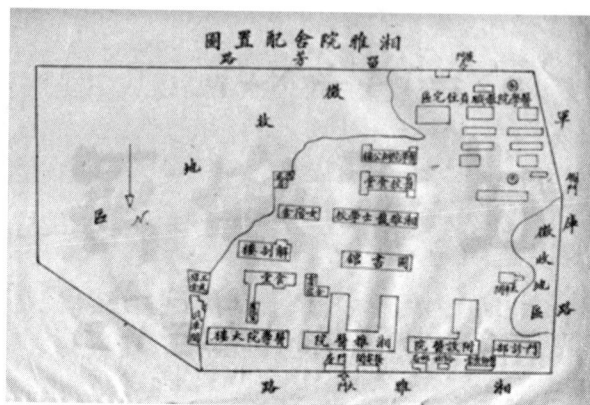

图 1-102　1948 年湘雅院舍配置图

有关湘雅护校复元 3 年的概况，1948 年 12 月学校编辑出版的院庆特刊第 8 页登载有私立湘雅高级护士职业学校暨代办省立助产学校校长王泰元先生撰写的专文，介绍抗战胜利复元 3 年以来该校的情况，全文如下：

胜利之号角既鸣，禹甸之烽烟顿熄。老子云："夫大军之后，必有凶年。"长沙，一火四战，且沦陷经年，在敌人暴行下，颓垣败瓦中，我同胞枕骸遍野，万里朱殷，疾疫流行，势所不免，为抗灾疫计，医务工作，实有迅速复元之必要。时本校尚在沅陵，感事实需要之迫切，乃毅然不待期终而卖掉言旋。是年(三十四年)十一月初，全部抵岸，即于十六日正式复课。

时，医院劫后所遗，仅院本部房屋一栋，且门窗全毁，家具毫无，本校原有校舍，更荡然无存，乃临时假用医院三楼，席地为床，叠砖为桌，弦诵之声不辍。旋收集劫余砖石，及由沅运回之木材，鸠工赶建，翊年伍月新厦落成，迄今虽时仅三年，然本校非仅已恢复战前之规模，且一切设备，亦日臻完善矣。

本校学制：护士班肄业时期为三年半，每年春秋季均招收新班；助产班肄业时期为三年，系奉省府代办，仅秋季招生。现有学生十班，共二百四十八人。各班学生均于二年一期主要课程结束，成绩皆及格者，举行加冠典礼，方得参与实习。为求理论与实习并重，使所学能适用需要计，实习期限，护士班需满足二十二个月，助产班需满足一十八个月；实习期内，凡请假或因其他事故而缺席之日数，均须延长时间以补足之。本校毕业学生，护士四十班共三百九十五人，助产五班共三十六人；现大部分均供职于全国各医事机关，且能克守厥职，发扬校誉，无他，实习期间能务于实际，及已养成刻苦耐劳之良好习惯使然而。

揆诸一般女子职业学校之情形，类皆注意于其专业，而忽视其他教育性常识性团体性之学科。本校为求所造就之人才，能适应时代之普通需要计，除注重基本课程外，且尽量扩充体育设备及课外读物，提倡一切课余活动。凡地方和政府举办之讲演论文及球术运动等类竞赛，靡不参加，且叠获冠首；如三十五年及本年之社教演讲比赛，本年双十节篮球赛等是。故本校学生之爱好活动，亦如其他普通中学然。虽然，实习之工作紧张，课堂之作业繁冗，然精读博览之风琅琅；午间则图书馆中，杂志报章阅览之人济济，强记博闻，实亦职业人所应有之学习精神也。

总之，三年来本校同仁兢兢业业，共致力于校政，未敢稍懈。虽不克达成理想之目标，然靓历期招考时报名人数之剧增，会考时学生成绩之日进，亦未尝不引以为慰。今后，除仍秉此初衷，日夜淬励，以其无处陨越，有所进取外，更盼社会人士予以策励与指示，则本校前途之幸甚。

下图是护校复元三年的原始图片。

图 1 - 103　1948 年私立湘雅高级护士职业学校暨代办省立助产学校副校长王泰元

图 1 - 104　左边两层楼是私立湘雅高级护士职业学校复元后新建的教学楼，又叫妮贞楼；右边三层楼是湘雅医院护士住宅楼

护院保产　拒迁广州　抗战胜利后湘雅的复元重建工作，先是由张孝骞院长主持的。他接受美国国务院邀请赴美后，由代理院长肖元定教授统管，总务主任凌敏猷教授执行。1947 年夏，张院长回国，拟赴协和医院任内科教授，要肖元定教授继任院长，肖执意不肯，遂荐凌敏猷。凌敏猷获民国政府教育部委任，1948年 4 月 1 日出任国立湘雅医学院院长，主持湘雅一切事务。这月，凌敏猷从上海取回 490 两黄金，可谓湘雅的救命钱。6 月 24 日在私立湘雅医事中心董事会会议上作出的系列决议中的第三项称："接受与湘潭惠景医院合作原则，推定凌敏猷、

肖元定、王泰元为委员，与该院洽商办法，由凌敏猷召集。"又第四项决议称"关于扩充护校校舍，推定凌敏猷、肖元定、王泰元、俞道存、顾克、浦还珠、应开识为委员，研讨临时办法，并拟定永久计划，由王泰元召集。"这两项决议不仅与湘雅护校相关，还事关护校校舍的扩充，说明复元后护校的发展势头看好。然而，当时属国统区的长沙，在黎明前夕，局势十分动荡。

图 1 – 105　1947 年 2 月湖南私立湘雅高级护士职业学校全体师生合影

　　为应对变化莫测的局面，长沙市的工厂、单位都成立了应变委员会，负责各自的保产应变工作。1949 年 5、6 月间，湘雅医学院依照民国政府教育部的规定，学院、医院、护校举行联席会议，成立了以凌院长为首的应变委员会，刘秉阳、陈国杰、邓一题、王泰元、任邦哲等任委员。应变委员会下设有护院纠察队、急救中心。纠察队以学生、工人为主体，也有教职员参加，由事务主任刘济尘主持，全队共百余人，每人备棍棒一根，主要任务是护院保产，并在学院、医院的许多重要场所安装了电铃，遇有坏人破坏，立即按铃报警。为充实装备，凌院长找自己的老乡，曾任抗日远征军师长的余韶，借了两支、买了一支驳壳枪。此外，他还派学生持公函到省会警察局北区分局交涉，请他们派武装警察不时到学院周围巡逻。由于内外配合得好，到 1949 年 9 月，湘雅没有发生财产损失事件。

　　在有序的组织下，湘雅的护院保产一直较为顺利，不料到 1949 年 7 月中旬节外生枝。民国政府教育部忽然自广州急电湘雅南迁。凌敏猷处于两难的境地：公开拒迁，民国政府会追查责任。尊电令迁移，会使颜福庆、胡美、妮娜·盖治、张孝骞等数代先辈们经营的湘雅医学教育事业在湖南终结，会使湘雅医学的精神和文化无法在三湘大地延续与发展。为此，凌院长按照中共地下党组织的指示，利用迁移中交通运输紧张等矛盾，带着电报去找时任省政府秘书长的杨济森，申诉南迁有运输和经费等困难。凌院长特别提出：湘雅如迁广州，需要上百辆车运输，请求解决。杨济森因解决不了这么多运输用车，只得在电报上批示"缓议"。这样，直到 1949 年 8 月 5 日，湖南和平解放，湘雅仍留在长沙办学。9 月 12 日到 19 日，中国人民解放军长沙市军事管制委员会文化接管部顺利接管国立湘雅医学院，21 日全校复课。1949 年 12 月湘雅护校暨代办省立助产学校的情况有历史档案记载如下：

湖南私立湘雅高级护士职业学校 1949 年 12 月教职员一览表

姓名	性别	职务	担任科目	专任或兼任
王泰元	男	校长	护病历史	专
陈琰如	女	实习主任	护技	专
黄维周	女	教员兼生活辅导员	国文	专
吴额梅	女	教员兼生活辅导员	体育	专
王理璜	女	教员兼生活辅导员	国文	专
毛曼霞	女	教务组主任兼教员	护病技术	专
刘士桢	女	辅导组主任兼教员	国文	专
柳瑞呈	女	实习督导	器具学	专
李雯晴	女	实习督导	传染病学急救	专
赵绪坤	女	实习督导		专
刘玉棠	女	教员	产科	兼
朱应坤	女	教员	妇科	兼
刘泽永	男	教员	药物	兼
郑兆兰	女	教员	溶液	兼
周衍椒	男	教员	生理解剖	兼
任邦哲	男	教员	营养	兼
柳果哉	男	教员	化验	兼
高梅贞	女	教员	眼科	兼
浦还珠	女	教员	英文	兼
林蕙清	女	教员	公共卫生	兼
邓一韪	男	教员	公共卫生	兼
凌敏猷	男	教员	精神病学	兼
刘友斌	男	教员	化学	兼
刘秉扬	男	教员	细菌	兼
虞佩兰	女	教员	小儿科	兼
刘泽民	男	教员	内科	兼
游孟高	男	教员	耳鼻喉科	兼
廖意林	女	教员	政治常识	兼

续上表

姓名	性别	职务	担任科目	专任或兼任
游达钧	男	教员	英文	兼
曹乐三	男	教员	调剂	兼
金庆达	男	教员	外科	兼
彭文亮	女	教员兼实习督导	个人卫生伦理	专
黄懿辉	女	实习督导		专
杨 瑜	女	教员兼实习督导	护病历史	专
王文芳	女	教员兼总务督导	护病技术	专
朱佩琳	男	审计		专
郑道熙	男	文书		专
梁兴训	男	事物		专
萧猷君	女	图书管理员		专
杨声节	男	庶务		专
				总计40名

湖南私立湘雅高级护士职业学校1949年12月护士科在校学生数

年级	学期	班级	人数
四年级	四学年一学期	第42班	20人
三年级	三学年二学期	第43班	25人
三年级	三学年一学期	第44班	17人
二年级	二学年二学期	第45班	28人
二年级	二学年一学期	第46班	28人
一年级	一学年二学期	第47班	21人
一年级	一学年一学期	第48班	41人
			总计180名

1915—1961 年湘雅护士专业毕业时间及人数(共 1262 人)

班次	毕业年月	毕业人数
第 1 班	1915. 12	3
2	1916. 10	8
3	1917. 09	3
4	1918. 11	8
5	1921. 06	8
6	1922. 06	13
7	1923. 06	6
8	1924. 06	7
9	1925. 08	4
10	1926. 06	11
11	1929. 01	3
12	1929. 09	2
13	1930. 03	4
14	1931. 07	8
15	1932. 07	8
16	1932. 07	11
17	1933. 07	9
18	1934. 07	16
19	1935. 07	20
20	1935. 07	7
21	1936. 06	14
22	1936. 06	7
23	1937. 06	9
24	1937. 06	11
25	1938. 06	14
26	1938. 06	14
27	1939. 07	21
28	1940. 06	11

续上表

班次	毕业年月	毕业人数
29	1940	11
30	1941	11
31	1942	12
32	1943	21
33	1944	11
34	1945	14
35	1946	11
36	1947	11
37	1947	10
38	1948	3
39	1948	10
40	1949	10
41	1949	12
42	1950	20
43	1950.07	25
44	1950.10	18
45	1950.02	34
46	1951.07	21
47	1952.02	15
48	1952.07	30
49	1953.02	38
50	1953.02	41
51	1953.07	43
52	1954	28
53	1954	79
54	1955	73
55	1956	36
56	1957	32

续上表

班次	毕业年月	毕业人数
57	1958	45
58	1959	46
59	1960	34
60	1960	48
61	1961	35
62	1961	41
63	1961	38
64	1961	35
65	1962	52
66	1962	46
67	1962	41
68	1962	41
贯一班	1963	42
贯二班	1963	36

注：65班(届)起，由湖医护校招生，培养1~2年后迁窑岭，在湖南护校毕业者258人。

湘雅助产专业毕业人数(184人)

班次	毕业年月	毕业人数
产科班	1930.03	30
助产1班	1944	11
2	1945	6
3	1946	4
4	1947	7
5	1948	8
6	1949	21
7	1950	16
8	1951	19
9	1952	13
10	1953	49

注：①2年制，时称湘雅产科学校，后改称助产学校；②助产1~10班又称省立高级助产班，由湘雅护校代办。

湖南私立湘雅高级护士职业学校课程编制　政治常识、国文、英文、化学、心理、社会、护病历史、护病原理、护士伦理、护病技术、急救、解剖、眼耳鼻喉、精神病学、细菌、营养、药物、外科、内科、妇产科、儿科、器具学、化验、溶液、传染、病案研究、护职问题、病室管理、物理治疗、体育、调剂共31门。

湖南私立湘雅高级护士职业学校暨代办省立助产班1949年12月教职员一览表

姓名	性别	职务	担任科目	专任或兼任
王泰元	男	校长	护病历史	专
毛曼霞	女	教务组主任兼教员	护病技术	专
刘士桢	女	辅导组主任兼教员	国文	专
王文芳	女	教员兼总务督导	护病技术	专
黄维周	女	教员兼生活辅导员	国文	专
吴额梅	女	教员兼生活辅导员	体育	专
王理璜	女	教员兼生活辅导员	国文	专
廖意林	女	教员	政治常识	兼
游达钧	男	教员	英文	兼
曹乐三	男	教员	调剂	兼
陈琰如	女	实习主任	护病技术	兼
李雯晴	女	实习督导	传染病学	兼
彭文亮	女	教员	个人卫生伦理	兼
柳果哉	男	教员	化验	兼
浦还珠	女	教员	英文	兼
虞佩兰	女	教员	小儿科	兼
杨　瑜	女	教员	护病历史	兼
朱应坤	女	教员	妇科	兼
刘玉棠	女	教员	产科	兼
丁茅生	男	教员	外科	兼
刘秉扬	男	教员	细菌	兼
王志曾	男	教员	生理解剖	兼
李元卓	男	教员	化学	兼

续上表

姓名	性别	职务	担任科目	专任或兼任
萧先勃	男	教员	英文	兼
林蕙清	女	教员	公共卫生	兼
朱佩琳	男	审计		专
郑道熙	男	文书干事		专
				总计 27 名

代办省立助产班 1949 年 12 月在校学生数

专业年级	班级	人数
助产专业三年级	第七班	16
助产专业三年级	第八班	23
助产专业三年级	第九班	18
总计		57 名

代办省立助产班 1949 年 12 月课程编制　政治常识、国文、英文、社会、心理、化学、卫生、解剖、细菌、护士伦理、外科、儿科、化验、溶液、传染、妇产科、护病技术、护病原理、体育 19 门。

图 1-106　1949 年 5 月全体湘雅人员合影

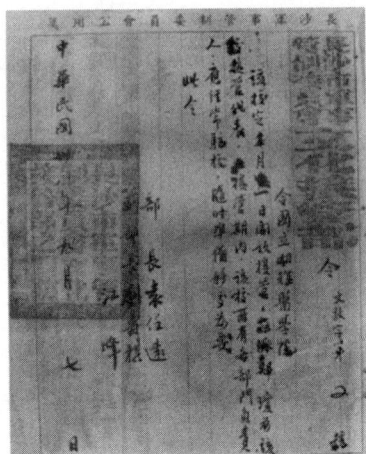

图 1 – 107　1949 年 9 月，中国人民解放军长沙市军事管制委员会文化接管部签发的接管湘雅医学院的命令

图 1 – 108　1949 年 8 月湘雅高级护士职业学校师生迎接中国人民解放军进长沙城

九、体制变更　迁出湘雅　整体异地办护理

不断努力　争取接管　1949 年 8 月 5 日，湖南和平解放后，人民政府接管湘雅系统是分两步走的。首先是 1949 年 9 月 11 日到 19 日中国人民解放军长沙市军事管制委员会文化接管部军代表接管湘雅医学院，然后是 1951 年 11 月，湘雅医学院代表政府接管湘雅医院和湘雅护士学校。究其原因是湘雅医学院于 1940 年由私立改为了国立，而湘雅医院和湘雅护士学校仍是私立体制。

1949 年 9 月 21 日全校复课。学校暂属湖南临时省政府教育厅领导。为庆祝学院被军代表接管这一盛事，湘雅系统举行了专题大会和文娱活动。到了 1950 年元月，学校改隶中央人民政府卫生部管辖，由中南军政委员会卫生部直接领导。湘雅系统对政府的接管是积极的，政府接管湘雅是有条不紊的。

在学校被接管的同时，为了促成医院、护校早日为政府接管，师生员工进行了积极努力。

1949 年 9 月，湘雅妇联、湘雅妇助会、湘雅护士学校校友会、学生会、教员会，湘雅医院教授会、讲协会、学生会、湘雅三友联谊会等群众组织联合签发了《为呼吁湘雅全面接管告各界人士书》。9 月 16 日晚，在学校解剖楼召开了"湘雅各单位争取全面接管代表联合会第一次会议"。陈祜鑫主持了会议，经表决通过了请求全面接管案。

1949 年 11 月 29 日，湖南临时省政府袁任远副主席、教育厅刘寿祺副厅长，联合向院长凌敏猷发出第 4194 号指示："根据湘雅三单位的要求，鉴于湘雅医学院与私立湘雅医院、湘雅护士学校三单位在人事、经济、物资管理上关系密切，不可分割，应组织联合统一之领导机构，加强管理，以利事业之发展。拟由你们三单位负责人及湘雅医事中心董事会董事长，及军管会派驻医学院接管代表等五人，组成联合管理委员会，为湘雅事业之联合统一领导机构。"

为此，1949 年 12 月 3 日下午，在医学院会议室，召开了首次湘雅联合管理委员会会议，曹典球、王泰元、郑琼、邓一韪、凌敏猷到会。会议主席凌敏猷陈述了成立联合管理委员会的理由之后，到会人员奉袁任远、刘寿祺的指示，就联合管理委员会的组织大纲进行了商讨。确定的主要内容有：湘雅联合管理委员会，系根据湖南临时省政府之指示产生。本会由国立湘雅医学院院长凌敏猷，长沙市军管会接管代表郑琼，私立湘雅医事中心董事会董事长曹典球，私立湘雅医院院长邓一韪，私立湘雅高级护士职业学校校长王泰元 5 人组成。该会设主任委员 1 人，由湘雅医学院院长充任。设秘书 2 人，分别聘请唐家桢医师和雅礼协会驻长沙代表俞道存先生担任。该会为湘雅（医学院、医院、护校）三单位之统一领导机构，其任务为加强管理，以谋整个湘雅事业之发展。另外，对该会的职权、职责等方面进行了明确规定，其组织大纲报政府备案后施行。

12 月 29 日下午，湘雅联合管理委员会在学院办公楼举行第二次会议。凌敏猷报告：湘雅联合管理委员会组织大纲于 1949 年 12 月 13 日已经湖南临时省政府教育厅批准，并将刘秉阳、柳用墨、徐有恒、程治平、唐家桢等人的书面提案，交由会议讨论。其主要决议如下：

1. 联合管理委员会会员由原 5 人增至 15 人，并确定原政府指定的 5 人为常设委员；湘雅医学院教导主任、总务主任、医院医务主任、护理主任、护校教导主任等为当然委员。另外，确定新增医学院委员、医院委员各二人、护校委员一人，在各院校管理委员会中选举产生。

2. 湘雅医学院院务管理委员会、医院院务管理委员会、护校管理委员会仍然存在，但其组织法，须经本会核准。还有出版、医学教育计划研究、学生生活辅导等委员会继续保留。

3.联合管理委员会下设人事、财务、物资三个管理组。规定常设委员不得兼任各组委员。取消原人事、财务、物管、汽车、技术训练、建筑六个管理委员会。福利、房屋分配、出版、医教改进委员会照旧;建筑委员会改为建修设计委员会。

联合管理委员会的成立,使湘雅各单位能在统一领导之下,为湘雅事业的进一步发展奠定基础。

为全面接管湘雅,中南军政委员会于 1950 年给湘雅医学院派来了军代表殷传昭、刘军,并命殷传昭为湘雅医学院副院长;给湘雅医院派来了军代表孟献国,并任命他为湘雅医院副院长,与邓一韪院长共同工作。1950 年 12 月 29 日,政务院发出《关于处理接受美国津贴的文化教育救济机关及宗教团体的方针的决议》。

1951 年 1 月 12 日,湘雅医学院凌敏猷、殷传昭,医院的邓一韪,护校的王泰元,代表各自单位,联合呈函中南军政委员会,一致要求政府接管湘雅医院及湘雅护校,并由湘雅医学院直接领导。是年 4 月 17、19 日,湘雅医院以 483 号文、湘雅护士学校以湘字 42 号文分别上呈医学院,并请转呈上级再次要求政府接管医院,接办护校。

4 月 24 日,湘雅医学院院长凌敏猷、副院长殷传昭联合(即湘雅普二七字第7714 号)致函中南军政委员卫生部,并转呈湘雅医院、湘雅护士学校请求政府全面接管的事由,函中叙述:"查湘雅医院(1906 年创办)、湘雅护士学校(1911 年创办)与我院(1914 年创办)虽创办年代先后不一,但业务配合及经费开支均有密切关系……自成立以后,因局势演变及国人努力结果,行政权渐次为国人所掌握。而我院于 1940 年正式改为国立。医院和护校仍为私立之名义,与我院之关系一如往昔。长沙解放后,我院由人民政府接管,医院在事业上亦为我院领导,惟因名义未正式,内外关系欠明朗,曾一再表示请求政府接办,但以当时条件尚未成熟,致未成功。自 1950 年 12 月 29 日政务院发出《关于处理接受美国津贴的文化教育救济机关及宗教团体的方针的决议》以后,医院、护校员生、工友又复展开要求政府接管。终于 1951 年 1 月 12 日发表宣言:'要使整个湘雅事业完全变为中国人民的事业。'本年 3 月,医院邓一韪院长,赴汉参加中南区接办教会医院协商会议,回院之后,传达会议精神。旋于 4 月 7 日由我校召集湘雅医事中心董事会,留在长沙之董事及湘雅院务委员会各委员举行座谈会,一致拥护政府接办医院、护校,并主张积极进行。"

1951 年 6 月 29 日,中南军政委员会卫生部卫医字第 2429 号文批复学院:"关于中南区接受美国津贴医院处理问题,业经本部早奉中央核准,你院附属医院及护士学校由本部接办一节,自应依照通案办理,希由你院正式接管领导。"10 月 21 日,袁任远致函凌敏猷,告知湘雅要求全面接管事宜政府正在考虑。11 月 1 日,本校通知湘雅医院及护校,奉命接管两单位,并于 12 月 8 日校庆日举行,从而正式确立了湘雅医学院领导湘雅医院、湘雅护校的管理体制。至此，在学院由军代表接管两年多之后，湘雅医院、护校真正归到了人民政府管理的范围。全面接管湘雅后，一改雅礼协会独资原创、私立性质的湘雅医院为国有医院，二改雅礼协会1911年独资原创、1914年开始中美合办、私立性质的湘雅护校为国有学校。

在护校性质改变前后，从1950年到1961年护校整体迁出湘雅校园改称湖南护士学校期间，按中华人民共和国建国后的历史进程，湘雅经历了一系列的政治活动，对湘雅护校而言，其中影响最大的有：

一是老校的改造与发展中，伴随改造旧湘雅教育体制的过程，护校参与了学院开展的整院、清除崇美、亲美思想的运动，办学指导思想应转向为人民服务，为新中国服务上来。教学活动中废除了传统的英文教学，改用纯汉语教学。论及此点，笔者采访过年轻时曾做过湘雅手术室专任护士的李钟青老人。她是在湘雅心胸外科奠基人谢陶瀛教授指导下从事这一工作的。她回忆到："当年，尽管要废除英文书写病历和手术单这一传统，但外科主任谢陶瀛老师特别提醒手术室的全体护士：手术过程中，医护之间的工作交流一定要用英语进行。大家讲汉语，病人很可能会听到对其身心不利的话，结果会不利于手术的顺利进行，不利于病人的康复，更不利于保护性医疗制度的实行。因此，大家一定要练好工作所需的英语口语。可惜，手术室工作语言用英语会话这一优良的传统至今没有继承下来，"李钟青老人十分遗憾地说。

二是参军参干，抗美援朝与参加国防建设。1950年11月至12月，湘雅（含医院、护校）共有350名教职员工及学生报名参加军政干校，表示愿意为国家的急需出力。同时，发起组织志愿医疗手术队，赴抗美援朝前线工作。一时，踊跃报名者达281人。可第一批获准的只有詹樾、李蓴、曹本润等14名湘雅医务人员，由魏树华医师带队。1951年3月8日，湘雅医学院行政例会决定，凌敏猷与白希古、谢陶瀛、杨传治、徐有恒5人被推选为中南医务工作者抗美援朝行动委员会湖南分会委员，杨传治就是湘雅护校的代表。1951年7月12日，凌敏猷奉中南军政委员会令任湘雅医学院院长后，为充实领导力量，7月14日，中南军政委员会任命齐镇垣、易见龙2位教授为湘雅医学院副院长，邓一韪、谢陶瀛2位教授为湘雅医院正、副院长。护校校长仍是王泰元。

1951年6月至1952年3月27日，湘雅共接收200名志愿军伤病员来院休养与治疗。期间，志愿专科队、手术队、参加国防建设人员、中南军区手术队、国际医防服务队等多种服务于抗美援朝、国防建设的湘雅医疗队、医疗小组随时组成，有往江西的医师龙沛之等，有赴朝鲜的高铭文、王鹏程、林光享、李本庆、施联义等。这些情况表明，在保家卫国的关键时刻，湘雅的教职员工、医护人员，在学校的领导与组织下，以自己的实际行动，表现出高度的爱国主义和国际主义精神。

第三是由大批医护人员组成的支援土改工作组，深入农村，服务地方建设。

1951年1月—1952年1月，湘雅成立支援土改工作组；550余名师生、医护人员，分赴全省各地农村支援土地改革；91人组成医疗队开赴荆江分洪工地；组织由张时纯、刘长业领队的138名师生，参加整修南洞庭湖的医疗服务工作。这些活动，湘雅师生都是以自己的医学知识与技术，直接服务于社会的中心工作，服务于人民。

新中国成立不久，美国政府发动了侵略朝鲜的战争，把战火烧到了中国的鸭绿江边，企图用武力扼杀新生的人民政权。

1950年12月5日，湘雅全校师生举行了反对美帝国主义侵略朝鲜的控诉大会，用事实驳斥了奥斯汀在联大会上对中国的恶毒攻击。9天以后，湘雅师生员工又与长沙各院校联合举行了反美侵略控诉大会，会后举行了示威游行。

1951年1月，中国政府宣布与美国政府断绝一切外交关系。1931年来华的雅礼协会常任人员俞道存(Dwight D. Rugh)，这时是该会在长沙的代表与负责人，于5月17日离境，湘雅与雅礼协会的往来中断。

图1-109 雅礼协会就是他的家——俞道存(左一)一家人1941年合影(原载《雅礼史话》)

伴随着中国改革开放的进程，以及中美两国建交的大背景，雅礼协会负责人石达、美国中华医学基金会负责人P. Ongley和华盛顿大学医学院等于1979年先后到访湖南医学院(原湘雅医学院)，恢复了湘雅双方的重新交往，标志着中美两国人民文化交流另一个新时代的开始，这是湘雅双方断绝交往近30年后的事。

第四是学校两度改名。湘雅系统由政府分步接管后到抗美援朝运动基本结束，先是奉中南军政委员会教育部高字第3429号函，1951年9月由国立湘雅医学院改名为湘雅医学院，12月，随着护校由学院接管，校名从湖南私立湘雅高级护士职业学校改称湘雅医学院附设卫校。后是1953年10月，学院又奉中央人民政府卫生部(53)卫教字第428号文，将湘雅医学院改名为湖南医学院，护校的名称变成了湖南医学院附设卫校，开办的专业有护士、助产士、技士等专业，负责人先后有彭仁山、杨传治等。期间，1952年级助产士周娴君毕业后，坚守岗位，不断努力，成为湖南护理界历史上唯一一位获南丁格尔奖的毕业校友。1958 年 1 月 1 号起，湖南医学院由卫生部主管的院校下划到湖南省政府管辖，而湖南医学院附设卫校，办学虽在湘雅校园，在此之前，其主管领导单位已属湖南省卫生厅。在"大跃进"形势的背景下的 1958 年 8 月 2 日，湖南省卫生厅下文："遵照 1956 年 11 月高等医药院校附设中等医药学校领导管理的意见，湖南医学院附设卫校自 1958 年 8 月 1 日起，除经费、领导关系仍维持现状外，人事、教学等方面均归湖南医学院附属医院领导。"于是，护校再度由省管回到了学校领导下的体制。至于 1961 年护校整体迁出湘雅校园办学，那是后话，将有专门阐述。

第五是护校的师资教育水平和学院的同类工作旗鼓相当，名声再度鹊起。学校转到了人民政府后，必须改革旧的教育体系，建立起培养社会主义建设人才的机制，以适应新中国建设事业的需要。1950 年上学期，湘雅医学院全校总人数为 999 人。其中，学生 331 人，教师 173 人，职员 256 人，职员中校本部 65 人，医院 191 人（含医师、护士）；工人 239 名，其中校本部 64 人，医院 175 人。另外，湘雅护士学校总人数为 274 人，其中教师 29 人，职工 17 人，学生 228 人。学生入学程度为初中，学制由 3 年半改为 3 年。新中国刚建立时，湘雅就是依靠这支队伍，为新中国建设的需要，开展了对旧有教育体制的一系列改革，进行着各类医学人才的培养。从此直到 1955 年，尤值得一提的是湘雅受令开办的师资进行教育。

在进行学制改革、大学前苏联办学模式的同时，学校按照中央卫生部的指示，结合本校的实际情况，开办了神经精神病科、五官科、人体解剖及组织学、护理学等师资进修班。1954 年 7 月结业的湖南医学院护理中师班，1955 年 3 月结业的湖南医学院护理师资进修班就是湘雅开展继续教育的成绩。当时，要湘雅办这些进修班的背景是国家急需大量的医学、特别是各级各类医学师资的人才。卫生部认为，湘雅是老牌的医学教育基地，师资雄厚、教学有方，故中国长江地区以南医学教育机构的相关人员都来湘雅进修学习，并准备在条件具备时还要办放射专科班。

第六是湖南（湘雅）毕业生统计。据湖南医科大学时期曾任该校档案馆馆长的王琨教授 1996 年 11 月发表于《湖南医科大学校报》的统计数据称，1950—1963 年夏，湖南（湘雅）医学院附设卫校共毕业学生 1210 名。其中护士专业毕业生 1113 人，助产专业 97 人。需要说明的是，1961 年，湖南医学院附设护士学校，整体从医学院南院内迁往已撤销的湖南省卫生学校旧址，改称湖南护士学校继续办学；1965 年 8 月增办医士专业后，更名为湖南卫生学校，直到 1969 年停办，共毕业各专业学生 258 名，这虽是后话，但 1961 年原湖南医学院附设护士学校招进的学生直至 1963 年在湘雅校园毕业，故一并统计在 1950—1963 年数据中。

第七是副校长杨传治参与《农村医士手册》的编写。1959 年 3 月 20 日，国家卫生部向湖南医学院、人民卫生出版社下发了 (59) 卫教字第 41 号文，即《关于委托湖南医学院师生编写〈农村医士手册〉由》。之后，人民卫生出版社的贾同彪、田际华到长沙接洽，带来《农村医士手册》编写总纲。

据馆藏的湘雅科管档案记载，1959 年 4—7 月，湖南医学院制订了《农村医士手册》编写计划，编制了"全国用《农村医士手册》目录初稿"；编发了四期《农村医士手册》编写情况汇报。修改后报送的《农村医士手册》编委名单是：主编齐镇垣副院长（教授），副主编易见龙副院长（教授），编委由 21 个学科专业的专家组成，其中湘雅以 25 位专家分别完成了 19 个学科的编写。书中的祖国医学正骨术由湖南省立中医院负责，按摩术由长沙市新康按摩所肖医师完成，护理部分由湖南医学院附属护校副校长杨传治完成。

1959 年 12 月，《农村医士手册》第 1 版由人民卫生出版社出版发行。1962 年、1968 年重印，1971 年改版、修订、又印，1975 年再次修订、再版，先后 5 次出版，12 次印刷，发行 389 万册，成为全国发行量最多的科技书籍之一。这部手册，影响和成就了中国一代基层医师，为人民的医疗健康的基本保证发挥了指导性作用。有人回忆，作为医务人员，在"文化大革命"期间，每人案头必备有两本红宝书：一是 64 开的毛主席语录，一是 32 开的湖南医学院编的实用性很强、胜似医学教科书的《农村医生手册》。1978 年全国医药卫生科学大会对该书给予了奖励。这虽是后话，但该书初版中的护理学部分，却凝聚了以杨传治为代表的护校人员的大量心血。

第八是湖南医学院附设护士学校整体迁出湘雅校园，改名湖南护士学校继续办学。1957—1958 年系列政治运动的不断开展，使湘雅的教学、科研、医疗秩序被严重干扰。

1958 年 9 月 19—22 日，学校组织 14 支支钢医疗队前往各钢铁生产基地服务，工作地点分别是湖南的湘潭、常宁、攸县、益阳、双峰、耒阳、新化、邵东、桂阳、涟源、祁东、宁乡、桃江等地。谢陶瀛教授带领的支钢医疗队赴江西的新余。

1958 年 11 月 26、28 日，校党委向外出参加京广复线筑路工程及留校的师生员工宣布：全校师生下放一年（实际上后来大部分师生是一年半），到农村人民公社和厂矿企业开展除害灭病，培养农村卫生干部，开展农村卫生防疫工作。12 月 11 日开始，除原派出的 14 支支钢医疗队，全校师生 2761 人，组成 75 个医疗队，先后分赴全省各县卫生战线，下放到公社、厂矿，支援工农业生产。

1960 年，在贯彻中央"调整、巩固、充实、提高"八字方针的背景下，全省的中等专业学校在 1961 年进行调整。奉（61）卫教字第 87 号文，湖南医学院附设护士学校改称湖南护士学校，并从湖南医学院南院内整体（包括历年的办学档案）迁往已撤销的湖南省卫生学校旧址——长沙市窑岭继续办学。此时，湖南省人民医院护校专业停办，其护士专业 122 人和长沙市卫生学校护士 133 人同时并入湖南护士学校。此后的 1961—1978 年间湖南医学院附设护士学校停止了招生办学。1965 年 8 月 13 日，湖南省卫生厅为贯彻中央关于"中等卫校应为农村培养中级医生"的指示精神，在湖南护士学校增办医士专业后，原护士学校名不符实，遂以

（65）卫教字第 52 号文上报湖南省文教办，请求将湖南护士学校更名为湖南卫生学校。湖南省编委于 1965 年 8 月 25 日以（65）编字第 93 号文通知：湖南护士学校改称湖南卫生学校。此时的湖南卫生学校与 1961 年以前的湖南卫生学校毫无因果和继承关系。1969 年初，由于"文化大革命"的影响，由湖南护士学校而来的湖南卫生学校被迫停办。由于湖南医学院附设护士学校 1961 年整体迁往长沙市窑岭继续办学时，一并带走了原有的教学档案；由于 1950—1969 年，从湘雅护校到湖南省卫生学校形成的所有档案，变成了 1972 年 4 月，湖南省革命委员会决定再办湖南卫生学校的校产（其校址先在长沙市河西左家垅原省教育干校内）；由于 1979 年经卫生部批准复办的原湖南医学院附设卫校复办时，其自身从 1911 年开始积累的原有档案已彻底被湖南省批准复办的湖南卫生学校所占有。换而言之，1979 年卫生部（79）卫教字第 64 号批复文件下发时，既有湖南省再办的湖南卫生学校，也有卫生部批准复办的湖南医学院附设卫校。而再办的湖南卫生学校无偿占有了原湘雅护校、湖南护士学校、以及由湖南护士学校改名的湖南卫生学校三段时期累积的档案，并于 1980 年 8 月，从左家垅迁到新址咸嘉湖时，将原有档案一并迁入，校门同时挂湖南省卫生学校和省卫生干部进修学校两块牌子。

　　1984 年，位于咸嘉湖的湖南卫生学校经湖南省人民政府同意改称省卫生职工医学院，复办的湖南医学院附设卫校名称依旧。到了 1993 年 6 月，湖南省卫生职工医学院经国家教委"教计字 76 号"文批准定名为湖南医学高等专科学校。

图 1-110　1949 年 6—8 月，在迎接湖南解放时，湘雅医学院派出由王肇勋教授（图中二排右一）任队长的数人医疗队，前往湘潭易家湾滴水埠处中国人民解放军第四野战军的第 16、17 后方医院，支援部队的医疗工作（二排左二为王昌璧护士，后排右起三为李心天医师）

图1-111 1951年12月8日湘雅医学院代表人民政府接管湘雅医院和湖南湘雅高级护士职业学校庆祝会

图1-112 1953年10月1日，湘雅医学院改称湖南医学院，图为改名后的首张校门，即湘雅路南边校门旧址

图1-113 1953年8月湘雅护士学校五一班毕业纪念

图 1 - 114　1953 年 7 月湘雅护士学校助产第十班毕业纪念

图 1 - 115　1954 年 7 月湖南医学院附设护士学校五十三甲班毕业纪念

图 1 - 116　1954 年 7 月湖南医学院附设护士学校五十三乙班毕业纪念

图1-117　1954年7月湖南医学院护理中师班毕业纪念

图1-118　1955年3月湖南医学院护理师资进修班结业纪念

十、春风再度　湖医努力　护理教育再起航

1979年1月18日经过原湖南医学院的努力和申请，中华人民共和国卫生部下达了(79)卫字教字第64号文件：同意重建湖南医学院附设卫生学校。并明确指出湖南医学院附设卫生学校属医院办学性质，主要培养所需要的护士及其他中级卫生技术人员。

在医学院的正确领导下，经过附设卫校的全体师生员工的共同努力，从1979年恢复办校至1999年附设卫生学校与湖南医科大学护理系共同组建护理学院这二十年的时间里，附设卫生学校共招收护理专业学生23届，58个班，招收护理专业学生中专2493人，医学实验技术专业招收4届，4个班，共招收医技专业学生195人，1999年护理学院招收高中毕业新高职护理专科生116人。为湖南医科大学三个附属医院、学院各个教研室、实验室培养了一批护理学和医学实验技术的骨干人才和中坚力量。

护理教育继承老湘雅护校的优良传统，恢复办校后学校领导和教师对学校工作认真负责，对学生关怀体贴，对学生的管理实施班主任负责制，做好学生的思想政治工作，专业教师精心组织教学，认真选择教材和备课，不断提高教学水平和教学质量。专业教师写讲义、编写护理专业教材适应护理模式的转变。杨仁传老师在 20 世纪 80 年代初承担了中等专业学校传染病护理学教材的主编，朱念琼老师 1990 年承担了中等专业学校传染病护理学教材第二版的主编，王爱华老师于 1990 年参编了儿科护理学教材，张培德老师兼任湖南省护理学会理事，1994年下学期为配合系统化整体护理的教学，阳爱云老师为湖南省中等专业学校编写了整体护理补充教材，1997 年有 7 位老师承担了湖南省卫校四年制中等专业学校教材的编写：阳爱云主编《基础护理学》、任小红主编《护理美学》、廖淑梅主编《生物化学》、何国平主编《社区护理学》、曹和安主编《健康评估》，使我校的护理教学质量有了大幅度的提高。1992 年附设卫校通过卫生部中专教学评估初评，1994 年通过卫生部中专教学水平评估复评。附设卫校从恢复办校，发展为在国内外有一定知名度的学校。

1999 年 2 月湖南医科大学护理学系与附设卫生学校联合组建湖南医科大学护理学院，停止了中专和大专层次的招生，以护理本科招生为主，申报护理专业硕士点，拟招收硕士研究生 2000 年 4 月湖南医科大学与中南工业大学、铁道学院三校合一，组建中南大学，湖南医科大学护理学院改为中南大学护理学院，2001年开始招收硕士研究生，2004 年开始招收博士研究生，2012 年建立了博士后流动站。护理教育再次扬起了风帆，在护理学的海洋中不断克服前进中的障碍，乘风破浪，永远向前。

十一、师生同心　灵活机制　办学层次跃台阶

从 1979 年恢复护理教育以来，学校的招生计划主要针对医学院两个附属医院临床护理和学院教学实验技术人员的需求制订，招收的学生为高中或初中毕业生，经过附设卫校按国家中等专业学校教学计划完成教学工作，经考试考查成绩合格者，发给国家承认的中等专业学校毕业证书，国家承认其中专学历，学校1979 年招收的护理专业学生为高中毕业生，学制 2 年。1980 年到 1985 年招收高中毕业学生，学制 3 年，1980 年招收了护理专业学生 102 人，医学实验技术专业学生 53 人。1981 年招收护理专业学生 53 人，1983 年招收护理专业学生 49 人，1984 年招收护理专业学生 53 人，在国家计划内招生满足三个附属医院的临床护理和实验室技术人员需求的同时，针对国家护理人才的短缺，充分发挥在职教师的潜能，利用学校和医院的闲置资源，满足社会对护理人才的需求，灵活办学机制。先后招收了国家计划内自费、委培和成人中专等多种形式的学生，学制三

年,学习期满,经过考试考查成绩合格者分别发给国家正规中专毕业文凭和成人教育中专毕业文凭。1985 年招收护理专业学生(委培)102 人,医学实验技术专业53 人。并于 1984 至 1985 两年期间对湖南医学院、附一院、附二院"文化大革命"中招收的一年制 287 名护理人员和技术人员进行了为期 1 年的回炉复训。

1986—1991 年国家统招生为初中毕业生,学制三年,招收护理专业学生 6 届16 个班,688 人,招收医学实验专业 1 个班,40 人。

1992—1998 年学校计划内招生(统招和部分委托培养)为四年制,自费和成人教育仍为三年制,1992—1999 年招收 4 年制护理专业学生 7 届,17 个班,846人;招收三年制护理专业委托培养和自费学生 4 个班,共计划 193 人。招收护理专业英语护士班 1 个,高中毕业,学制 2.5 年,36 人,招收成人教育中专学生 7个班,370 人,招收三年制医学实验技术班 1 个,49 人(统招 28 人,委培 21 人)。

1999 年护理专业招收高中毕业高职大专生 116 人,学制三年,这批学生学习两年后其中 30% 的优秀学生转入 99 级本科学习。大专毕业生实为 81 人。

随着护理学院的成立,护理学院师生同心协力,办学机制更加灵活,护理学院的办学层次不断跃上新的台阶,从过去的中专、大专、本科教学,从 2001 年起申办护理硕士学位授予点,进而成为国内为数不多的护理学博士点和博士后流动站。

第二章　人才培养

一、教学组织

附设卫生学校恢复办学后，根据卫生部1978年3月颁布的教学计划，遵循党的教育工作方针及卫生工作方针，坚持以教学为中心，以培养学生德、智、体全面发展为目标，保持和发扬中专教学的特点，贯彻理论与实践相结合的原则，认真组织好79级、80级和81级学生的教学工作，1982年又根据卫生部1982年8月颁发的卫生部关于修订中等卫生学校教学计划的几点意见及具体要求，及时对各类课程和教学环节、学时比例作出了合理的安排，保证了主干课程充足的教学时数，同时也根据我校招收高中毕业生的具体情况，对个别课程作了相应的调整，如语文课由原来的110学时减至80学时，解剖组胚课由164学时减至132学时，同时增加了社会医学、护理伦理学、护理心理学和重症监护等课程的讲座。对83级、84级及85级几届高中毕业生根据新调整的教学计划组织教学。让学生更多地学习了解护理心理和伦理等人文学科的知识，并将这些知识更好地应用于临床实践中。1979年至1985年统招高中护生6届7个班，402人。1980年和1985年招收2届医学实验技术专业学生106人。按省计委的规定，学生毕业后70%留在两所附属医院工作，30%由省卫生厅分配，留在本院的附属医院和学院各教研室、实验室工作，这批学生现在都是骨干和学科带头人，如80级医学实验技术专业毕业的张灼华，毕业后经过自己的不懈努力，成为了博士后、教授、美国加州大学圣地亚哥分校终身教授、室主任，中南大学教授、博士研究生导师，现任中南大学副校长；80级4班毕业的丁四清现任湘雅三医院护理部主任，主任护师，硕士生导师；83级6班毕业的李映兰现任湘雅医院护理部主任、临床护理教研室主任，获得博士学位，主任护师、硕士生导师、博士生导师；83级6班的贺莲香获得博士学位，主任护师，硕士生导师，现任中南大学湘雅医院护理部副主任；84级7班毕业的曾慧获得博士学位，教授、硕士生导师，护理学院实验室主任；85级医学实验技术专业毕业的唐四元，博士后，教授，博士生导师，现任中南大学护理学院院长；83级6班毕业的高红梅，硕士学位，副主任护师，现任中南大学湘雅医院护理部副主任。

从1986年开始至1991年附设卫生学校招收了初中毕业生6届，729人，学制三年。学校全体师生全面贯彻党的教育方针，为了提高教学质量，积极实行教学改革，大力加强学生政治思想教育工作，不断健全和完善学校的规章制度。为了更好地进行素质教育和培养，针对初中毕业生的特点，广泛征求师生意见，在此期间，学校领导经常召开班主任、学生代表、团支部书记和班长联席会议，通过师生对话，了解学生的学习情况和学生对教学工作的意见，解决学生的实际困难，减轻学生的负担，学校组织各教研老师在改革教学方法的同时对教学计划和课程设置进行了调整和修订。如将原有的每周劳动日并至星期六下午，给学生每周增加了2小时的自习辅导时间。加强了学生语文、数学、英语等公共课程的教学。为了丰富学生的生活，早上抓晨练，课间抓广播操，课余抓排球、蓝球训练，并组织比赛，对获得优胜的班级和个人给予物质和精神奖励。周末组织学生看电影，丰富了学生的生活，激发了学生的学习积极性，学生素质得到了大幅度的提高。

教师是科学文化的传播者，是社会主义精神文明的建设者，一支优秀的教师队伍对培养优秀人才起着决定性的作用。学校针对初中毕业生特点，为了做好教学工作和学生管理工作，选拔了一支年富力强、德才兼备的班主任老师。班主任工作繁忙细致，从新生入校起的思想、生活、学习、成长都浸透了班主任老师的心血，学校班主任工作具体从知、爱、做三个方面抓：（1）知——知情、知人、知心，师生之间相互信任；（2）爱——关爱：以母爱之心关心学生、爱护学生，把正确的思想和诚挚的情感渗透到每个学生内心之中；（3）做——老师以身作则，言传身教，凡是要求学生要做到的，老师必须首先做到；教师的一言一行潜移默化地影响着学生，教书育人始终贯穿于学校的一切教学和活动中。护理学教学，不仅注重理论教学，更注重实践教学，狠抓护理基本功的训练。在课堂教学中注重从职业道德修养教育入手，培养学生树立全心全意为人民服务的精神，精益求精、一丝不苟的工作作风。

学校把稳定护生的专业思想列入学校工作的重要议事日程，加强学生人生观、价值观教育，如请对越自卫反击的老山前线的战斗英雄作报告，其事迹生动、感人肺腑；请优秀的老校友回校谈成长历程，请护理界的前辈座谈护理专业的发展趋势，护理工作的前景等；利用迎新联欢会、512护士节，组织在校学生进行护士行为规范和护理操作规范表演，组织学生参加省护士理想之光报告会，使学生逐步树立了正确的专业思想。86到91级毕业的学生中绝大部分都正是临床各科室的骨干和中坚力量。如86级8班毕业的陈嘉，现在为中南大学护理学院的副教授，副院长；86级9班毕业的潘乾、龙志高成为了医学遗传国家重点实验室的骨干力量、副教授，家辉遗传医院副院长；87级12班严谨，现为博士，教授，博士生导师，湘雅三医院护理部副主任；88级14班刘激扬现为博士，长沙市计生委主任；等等。

1992—1998年国家计划内招生为初中毕业生，学制四年，共招收了国家计划内学生7届，17个班，846人。在教学方面学校既严格按照国家卫生部四年制中等卫生学校教学计划认真组织教学，同时又根据护理学的发展和学生的实际情况，组织学校老师进行教学改革，更加注重学生综合素质和临床实际工作能力的培养，在教学方法中，增加了早期接触临床，从第二学年开始除课间实习正常安排外，在每学期末集中安排 2 周临床实习。第三、四学期末为集中基础护理实习，第五学期末为集中临床护理实习，为学生接触临床、接触病人，巩固专业思想，提高综合素质打下良好的基础。学校在教学方法、教材等多方面积极地进行研究和改革，在这几年学校教师主编、参编教材近 10 本，编写各种参考教材多本。

学校 1991 年通过卫生部对中等专业学校办学水平的初评，1993 年通过卫生部对中等专业学校办学水平评估的复评。

二、教学规章

学校逐步建立和健全了各项规章制度和教学制度，规范学校的教学与管理工作。

（1）教学管理制度：①制订教学计划：以卫生部颁布中等专业学校教学计划为依据，根据学校实际情况和护理学发展的需要适当调整课程设置，一般在前一年的 11 月份前拟制下一学年的教学计划初稿，发到各教研组广泛征求意见后，再集中讨论，最后由学校办公会讨论定稿，教学计划一旦下发，在教学安排上严格执行教学计划，以保证教学质量。②合理安排老师：主讲教师必须是在该学科学术上有所建树的高年资讲师、高级讲师或主任护师承担，新上课的教师承担课程理论课不得超过 1/3。采用以老带新的传、帮、带的方法培养青年教师。③老师上课必须事先备好课，写好教案，教案事先交教务科或医学教研室检查签字后方可上课。④实行严格的听课查课制度，学校校长、教务科长必须每学期听课 6 次以上，青年教师要求无课时跟同科教师随堂听课，新进的专业课教师要求跟本科生听一轮课，并到临床工作半年以上，以充实理论，打好基础，获得教学的一手资料，以便更加生动自如的传授知识。⑤要求上课教师必须提前 15 分钟进教室，以准备教学，做学生的表率。⑥教师按课时计算工作量，要求讲师职称以上老师周学时不低于 8 学时，讲师以下职称教师周学时不低于 12 学时。

（2）考试制度：学校只有严格考场纪律，才能培养好的学风和校风。①要求教师出卷时突出重点，试题分布要均匀，考前不做集体复习，只做答疑，避免泄露试卷内容。②严格监考，要求监考教师提前进入考场，认真监考，在监考过程中不做与监考无关的事情。③要求学生进入考场不带与考试科目相关的资料，不交头接耳，认真做题，如有违反考场纪律者除对学生进行严肃的教育外，根据情节轻重给予不同的纪律处分。以杜绝考试违纪现象。④要求教师公平判卷，在出卷的同时做好参考答案和评分细则，严格按要求评卷。公平公正对待每一位学生。

（3）预讲制度：新教师上课前和老教师上新课前必须进行预讲，通过听课老师的点评和教学管理委员会的评定，预讲通过的教师才能上讲台上课，而且新教师和承担新开课程的老师，第一年承担的教学学时不能超过该课程的1/3学时。

（4）集体备课制度：对实习、实验课有多个老师进行带教，或有多个平行班需要不同教师进行理论教学时，必须进行集体备课，分析课程内容，讨论教学重点、难点，统一教学手法和步骤，避免由于多个老师上课教学内容不统一和操作手法不统一的现象。

（5）实验课开放制度：为了加强学生的操作练习，提高动手操作能力，提高护理操作技巧，学校基础护理实验室长期开放，供学生利用课余时间练习操作，制订了实验室开放管理制度，实验室按制度进行严格管理。

（6）建立班主任管理制度：选择工作细致、富有爱心、责任心的老师担任班主任。①管理学生的思想、学习和生活。及时发现学生的思想和心理问题，做有针对性的思想教育与细致工作。②建立班主任值班制度，班主任轮流值班，要求值班的班主任负责早上的早操，晚自习和就寝的纪律管理与检查。③从1979—2000年担任各班级的班主任情况如下：

表2-1　附设卫校(湖南医科大学护理系)恢复办学后所招各专业和班级及班主任情况表

招生时间	班级名称	招生性质	人数	毕业时间	班主任
1979 年	护一班	计划内统招	49	1981 年	杨淑珍老师
	护二班	计划内统招	50	1981 年	丁水珍老师
1980 年	护三班	计划内统招	50	1983 年	段绍萱老师
	护四班	计划内统招	49	1983 年	杨淑珍老师
1980 年	技一班	计划内统招	53	1983 年	周立志老师
1981 年	护五班	计划内统招	53	1985 年	
1983 年	护六班	计划内统招	49	1986 年	吴承惠/丁水珍
1984 年	护七班	计划内统招	53	1987 年	王延梧老师
1985 年	代培一班	自费培养	50	1988 年	段绍萱/资兴德老师
	代培二班	委托培养	52	1988 年	秦玉英老师
	技二班	计划内统招	53	1987 年	朱丽华老师
1986 年	护八班	计划内统招	40	1989 年	阳爱云老师
	护九班	计划内统招	40	1989 年	刘哲生老师

续表 2－1

招生时间	班级名称	招生性质	人数	毕业时间	班主任
1987 年	护十班	计划内统招	40	1990 年	杨仁传老师
	护十一班	计划内统招	41	1990 年	杨秀梅老师
	护十二班	计划内统招	40	1990 年	任小红老师
	护十三班	委托培养	58	1990 年	廖淑梅老师
1988 年	护十四班	计划内统招	36	1991 年	颜关明老师
	护十五班	计划内统招	36	1991 年	彭丹老师
	护十六班	委培、自费	57	1991 年	李泳芳老师
1989 年	护十七班	计划内统招	40	1992 年	周秀文/唐敬巍老师
	护十八班	计划内统招	41	1992 年	喻坚老师
	护十九班	委培、自费	48	1992 年	朱念琼老师
1990 年	护二十班	统招、委培	25＋16	1993 年	姚翠娥老师
	护二十一班	统招、委培	25＋16	1993 年	杨秀梅老师
1991 年	护二十二班	统招、委培	37＋5	1994 年	李淑珍老师
	护二十三班	统招、委培	37＋5	1994 年	李晓燕老师
	技三班	统招	40	1993 年	罗西南老师
1992 年	英护班	统招、委培	37	1994 年	朱念琼老师
	护二十四 A 班 护二十四 B 班	成人教育	95	1995 年	郑建文老师 梁银辉老师
	护二十五班	统招	50	1996 年	丁水珍老师
1993 年	护二十六班 护二十七班	成人教育	92 人	1996 年	廖淑梅老师 罗奇志老师
	护二十八班	统招、委培	31＋19	1997 年	王刚平老师
	护二十九班	统招、委培	31＋18	1997 年	阳爱云老师
1994 年	护三十班 护三十一班	成人教育	78	1997 年	刘哲生老师? 刘松平老师?
	护三十二班	统招	49	1998 年	谭浪浪老师
	护三十三班	统招	49	1998 年	任小红老师
1995 年	护三十四班	成人教育	62	1998 年	冷晓红老师
	护三十五班	委培、自费	53	1998 年	邓瑞姣老师

续表 2 - 1

招生时间	班级名称	招生性质	人数	毕业时间	班主任
	护三十六班	统招、委培	29 + 25	1999 年	颜关明老师
	护三十七班	统招、委培	29 + 25	1999 年	厉宇红老师
1996 年	护三十八班 护四十班	成人教育	48 44	1999 年	张老师 朱老师
	护三十九班 护四十一班	计划内自费	50 50	1999 年	王国华老师 易艻云老师
	护四十二班	委托培养、自费	43 + 6	1999 年	曹和安老师
	护四十三班	统招	50	2000 年	刘松平老师
	护四十四班	统招	50	2000 年	刘菊英老师
1997 年	技四班	统招、委培	28 + 21	1999 年	唐四元老师
	护四十五班	成人教育	45	2000 年	陈湘云老师
	护四十六班	成人教育	52	2000 年	王国华老师
	护四十七班	成人教育	50	2000 年	王刚平老师
	护四十八班	统招、委培	52	2001 年	郑建文老师
	护四十九班	统招、委培	52	2001 年	?
	护五十班	统招、委培	55	2001 年	张静平老师
1998 年	护五十一班	统招	55	2002 年	廖淑梅老师
	护五十二班	统招	55	2002 年	谭浪浪/曾慧老师
	护五十三班	统招	56	2002 年	王红红老师
	护五十四班	统招	56	2002 年	黄穗/阳爱云老师
1999 年	高职大专班	统招	116	2002 年	唐四元老师

三、师资队伍

（1）享受学院的优质教学资源，培养社会和临床需要的护理人才。从恢复办校初期，卫校的师资队伍主要由医学院的教研室和临床医院调进部分个人素质好，教学能力强，热爱护理教学的教师组成。有的科目聘请医学院各教研室的老师协助教学，如解剖学徐范丽教授、解剖实验韩承柱老师，生物学董森美教授、韩凤霞教授、生物化学陈正炎教授、付敏庄教授，病理学文继舫教授，护理伦理学和行为医学聘请刘亚光教授，哲学、政治经济学和近代史等课程有罗道凡教授、王谦教授、胡凯教授、赵春芳教授等；免疫学余平教授，皮肤病学陈服文教授，急救医学罗学宏教授，眼科护理学黄佩刚教授等，耳鼻喉科杨恩菊教授、孙宏等教授，外科学李小刚教授，儿科张天庭教授、张宝林教授，妇产科王宝琼教授；中医科李家邦教授、胡随瑜教授、张海南教授等都被聘请上附设卫校（包括湖南医科大学护理系）的课程。特别是医学实验技术专业的老师、实验带教老师，基本上是聘请医学院相应科室的老师担任授课和实验。

（2）加强护理专业自身师资队伍建设，努力培养人才。附设卫校恢复办校以来一直重视教师队伍的建设，培养师资力量。在恢复办校初期，由于护理专业只有中专，从1951年国家将护理专业定为中专学历以后，国内尚无护理专业的大专院校。护理课程，特别是基础护理课大多是由中专毕业的老师教中专，临床专科课由医生教的局面，学校在恢复办校初期也不例外。在这种情况下，学校首先将解放前北京协和高等学校毕业的护理老师引入卫校教学，如秦景砚老师就是46级北京协和高级护理专业毕业，在湘雅医院工作多年，是卫校恢复办校首批进入学校教学的老师之一。同时极力进行师资培养，对年轻的老师推荐到大学进修学习，从1984年国内开办成人高等教育以来，学校有计划的推荐年轻老师报考高护班、师资本科班和硕士班进行培养，提高教师的知识水平、学识和学历层次，所有的青年教师先后进行大专、本科和硕士课程的学习，获得文凭和学位，提高了学校教师队伍的专业水平。

（3）重视教师队伍的实际工作能力和水平的提高。学校要求教师在完成自己工作任务的同时，要听其他老师的课，通过听课、评课提高教学水平和能力；老师没有课的时候，要求到医院临床第一线，获取临床第一手资料，充实教学内容；新进的专业教师要求进临床相应科室实习6个月到1年，以理论联系实际，培养动手能力；

（4）以教研组为单位组织教研活动和集体备课，提高教师的教学水平和教学质量。

（5）引进优秀人才，充实学校教师队伍，提高教学质量与水平。先后从其他卫校或护理学院引进教师多名，如基础护理李淑珍老师曾带领学生参加省级统考连续三次获第一名，1986年底被引进到附设卫校担任基础护理教研室主任。另有刘菊英老师博士毕业后被引进到学校承担儿科护理教学等。

（6）从1979年恢复办校后附设卫校（护理系）的师资情况如下表：

表 2-2　附设卫校(湖南医科大学护理系)师资一览表(1979—1999)

姓名	工作时间	曾任职务	最后学历	最高职称	所教课程或管理工作
王爱华	1979—1989（退休）	教研室副主任	大本	副教授	儿科护理学
王延梧	1979—1999（退休）	教研室主任	大本	副教授	外科护理学 7 班班主任
杨秀梅	1979—1998（退休）		中专	讲师	微生物、寄生虫学 11 班、20 班班主任
蔡家秀	1979—1985（退休）		中专	中级	基础护理学
段绍萱	1979—1985（退休）(2009 年逝世)	班主任、学生管理干事	中专	初级	行政工作 代 1 班班主任
周立志	1979—1990（退休）(2007 年逝世)	办公室主任、调研员			后勤管理和学生管理
张培德	1979—1991（退休）	1979—1985 年办公室主任	大专	副高	基础护理学、护理管理学
李伦民	1979—2000（退休）(2012 年逝世)		大专	中级	数学、物理
郑中灵	1979—1991（退休）		大本	副高	妇产科护理学
秦景砚	1979—1985（退休）		大学	中级	基础护理学
丁水珍	1979—2001（退休）	教研室副主任	中专	中级	基础护理学、心理学 2 班、6 班、25 班班主任
王振兴	1980—1985		大学		外科学
陈良益	1985—1987		大学	讲师	外科学
李淑珍	1987—2000（退休）	教研室主任	中专	副教授	基础护理学 22 班班主任
朱念琼	1988—2005（退休）	临床护理教研室主任	大本	正教授	儿科护理学 健康评估 传染病护理学 19 班、英护班班主任
付少君	1992—1998（退休）			讲师	微生物学
杨仁传	1981—1991（调出）		大本	讲师	传染病护理学 10 班班主任
陈林立	1981—1988（调检验系）		大本	讲师	诊断学、内科护理学

续表 2 - 2

姓名	工作时间	曾任职务	最后学历	最高职称	所教课程或管理工作
喻坚	1981—2013（退休）	办公室主任	大本	副教授	基础护理学 18 班班主任
任小红	1981 至今	1999—2010 年基护系副主任，2011 人文系主任	硕士	副教授	基础护理学、护理美学、护理管理学
阳爱云	1984—2011（退休）	1995—1997 年教务科副科长、1997—1999 年教务科科长1999—2001 年学生科长	大本	副教授	基础护理学、妇产科护理学、临床营养学
廖淑梅	1987 至今	1995—1997 年学生科长	大本	教授	生物化学 社区护理学 康复医学
易巧云	1994 至今	1994 办公室干事1999 办公室副主任	硕士	助讲	语文 护理教育学 护理心理学
王红红	1996 至今	2009 年任院长助理；2010 年任副院长	博士	教授	基础护理学 护理学导论 护理研究
曾慧	1997 至今	2013 年护理实验中心主任	博士	教授	老年护理学（双语） 护理心理学 护理学基础 护理学导论 护理英语
杨敏	1994 至今	2010 年基护系主任	博士	副教授	护理英语 基础护理学 精神障碍护理学 护理研究 护理学导论
肖江龙	1997 至今		大本	讲师	计算机应用
唐维维	1997 至今		硕士	讲师	外科护理学
张敏	1981—1992（调出）	办公室干事	大专	助教	行政工作
姚翠娥	1988—1992（调出）		大本	讲师	内科护理学
唐四元	1987 至今	1998 年学生科副科长、2003 年学生科长、2005 年副院长、2010 年书记、2013 年院长	博士	教授	生理学、实验课

续表 2 - 2

姓名	工作时间	曾任职务	最后学历	最高职称	所教课程或管理工作
罗先红	1987—1990（调出）		中专	技术员	实验室技术员
易西南	1992—1997（调出）	1995—1996 年任办公室副主任	大本	讲师	人体解剖学
杨友云	1983—1984（调湘雅医院）		中专	技术员	实验室技术员
张有焰	1983—1984（调湘雅医院）		中专	技术员	实验室技术员
谢梅芝	1981—1983（调公卫学院）		中专	办事员	行政办事员
周方平	1981—1982（调出）		中专	办事员	行政办事员
金红兵	1990—1995（调出）	后勤管理			行政
王国华	1988—2001（调出）	班主任、团总支干事	大专		实验室技术员39 班、46 班班主任
罗奇志	1995—1999（分流到医学检验系）		大专	技师	实验室技术员27 班班主任
厉宇红	1996—1999（分流至医学院）		大专	技术员	实验室技术员31 班班主任
李晓燕	1985—1999（分流至外语学院）		大专		英语教学23 班班主任
李强	1992—1999（分流至外语学院）		大本		英语教学
颜关明	1986—1999（分流至学报）		大本	讲师	内科护理学14 班、36 班班主任
刘菊英	1991—1999（分流至湘雅医院）		博士	讲师	儿科护理学44 班班主任
周建辉	1980—1990（调出）		大专	讲师	英语教学
靳芳	1983—1989（调出）		本科	讲师	五官科护理学
朱丽华	1982—1991（调出）		本科	讲师	病理学技 2 班班主任
杨文君	1997—1999（分流至外语学院）		大本	助讲	英语

续表 2 - 2

姓名	工作时间	曾任职务	最后学历	最高职称	所教课程或管理工作
黄穗	1997—1999（出国）		大专	实验员	实验室技术员 54 班班主任 1 年
李冬红	1997—2000（分流至湘雅医院）		大专	实验员	基护实验室技术员
梁银辉	1986—2002（调出）	1997 年学生科副科长 1999—2002 年教学办副主任	大本	讲师	生产实习管理 基础护理学（兼） 24B 班班主任
方金莲	1986—1996（出国）	办公室干事	大专	助讲	办公室干事 外科护理学（兼）
彭丹	1986—1990		大本	助讲	语文 15 班班主任
刘松平	1981—1999（分流至体育院）		大专	讲师	体育 43 班班主任
王刚平	1986—1999（分流至体育院）		大专	讲师	体育 28 班、30 班班主任
谭浪浪	1987—1999（分流至中南大学）		大本	讲师	政治 32 班、52 班班主任
李泳芳	1985—1991（调出）	普通课教研组长	大本	讲师	化学 16 班班主任
何茂才	1979—1990（调出）	基础课教研组长	大本	讲师	生理学
资兴德	1979—1999（分流至基础医学院）		大本	讲师	解剖 代 1 班班主任
刘哲生	1980—1999（分流至药学院）	1990 年教务长副科长 1996 年医学研究室主任	大本	副高	药理学 9 班班主任
廖静明	1984—1991（退休）	1986 年办公室主任	中专	讲师	外科护理学（兼）
夏永灵	1995—2008（退休）		高中	会计师	会计工作
朱敬琮	1983—1992（退休）（2010 年 12 月逝世）	1983—1989 年副校长 1989—1992 年校长	中专	副主任护师	基础护理学（兼）
周昌菊	1990—1999 调到湘雅三医院	副校长	大本	教授	妇产科护理学

续表 2-2

姓名	工作时间	曾任职务	最后学历	最高职称	所教课程或管理工作
曹和安	1979—2008 (退休)	1986—1995 年教务科长	大本	教授	内科护理学 护理评估
王凯 (老红军)	1979—1984 (离休)	1979—1983 副校长 1983—1984 年顾问		副处级	行政管理
张延昌	1979—1982	校长	大本	处级	行政管理
李仁	1982—1983	校长	大本	处级	行政管理
陈本悦	1992—1995 (调出)	校长	大本	副研究员	行政管理
何国平	1995—	校长	大本	教授	社区护理学(兼) 护理研究(兼)
陈进伟	1999—2002	书记	大本	教授	行政管理
巫爱琳	1994—2000	总支副书记	大本	副教授	护理伦理学(兼)
冷晓红	2000—2011	总支副书记、副院长、书记	大本	副教授	人际沟通学(兼) 基础护理学(兼)

表 2-3　附设卫校(湖南医科大学护理系)1979—1999 年领导任职情况一览表

历任校长	任职时间	历任党总支书记	任职时间	历任副校长	任职时间	历任办公室主任	任职时间	教务科长	任职时间
张延昌	1979—1981	王凯	1979—1984	王凯	1979—1983	周立志	1979—1983	曹和安	1986—1995
李仁	1981—1982	朱敬琮	1984—1992	朱敬琮	1983—1989	张培德	1983—1986	阳爱云	1995—1999
王可嘉 (兼)	1982—1983	陈本悦	2002—1995	周昌菊	1989—1995	廖静明	1986—1991	学生科长	
陈服文 (兼)	19831—1989	何国平	1995—1999			林文晶	1991—2000	廖淑梅	1995—1999
朱敬琮	1989—1992	陈进伟	1999—2002	历任党总支副书记				阳爱云	1999—2002
陈本悦	1992—1995			巫爱琳	1994—1999				
何国平	1995—2000								
周昌菊 (护理系主任)	1995—1999								

四、招生毕业生人数

表 2 - 4　1979—1999 年护理专业招生人数和毕业人数一览表

年份	班级	招生人数	学制(年)	生源	毕业年月	毕业人数				
						总数	统招	委培自费	成招	旁听
1979	护1、2班	98	2	高中	1981.07	98	98			
1980	护3、4班	102	3	高中	1983.07	102	102			
1981	护5班	50	3	高中	1984.07	50	50			
1983	护6班	49	3	高中	1986.07	49	49			
1984	护7班	53	3	高中	1987.01	53	53			
1985	代培1班、代培2班	102	3	高中	1988.07	102		102		
1986	护8、9班	82	3	初中	1989.07	78	78			
1987	护10、11、12、13班	182	3	初中	1990.07	182	121	58		3
1988	护14、15班 16班	129	3	初中	1991.07	127	72	48		7
1989	护17、18班 护19班	129	3	初中	1992.07	129	81	48		
1990	护20、21班	84	3	初中	1993.07	84	50	27		7
1991	护22、23班	84	3	初中	1994.07	84	74	10		
1992	英护班	36	2.5	高中	1994.12	35	25	10		
1992	护24A、B班	95	3	初中	1995.07	94			94	
1992	护25班	50	4	初中	1996.07	49	49			
1993	护26、27班	92	3	初中	1996.07	92			92	
1993	护28、29班	99	4	初中	1997.07	99	62	37		
1994	护30、31班	80	3	初中	1997.07	78			78	
1994	护32、33班	99	4	初中	1998.07	99	99			
1995	护34、35班	123	3	初中	1998.07	123		53	70	
1995	护36、37班	102	4	初中	1999.07	102	58	44		
1996	护38、40班	100	3	初中	1999.07	98			98	
1996	护39、41、42班	145	3	初中	1999.07	143		43	100	

续表2-4

年份	班级	招生人数	学制(年)	生源	毕业年月	毕业人数				
						总数	统招	委培自费	成招	旁听
1996	护43、44班	100	4	初中	2000.07	100	100			
1997	护45、46、47班	157	3	初中	2000.07	157			157	
1997	护48、49、50班	168	4	初中	2001.07	166	158	8		
1998	护51、52、53、54班	223	4	初中	2002.07	223	220			3
1999	高职42、43、44、45班	92	3	高中	2002.07	58	58			
	合计	2905				2849	1657	488	689	

注：①1979—1999年共计招收护理专业学生2905人，其中中等护理专业招收高中毕业生500人，统招372人，委托培养228人，高职大专招收高中毕业92人。毕业生共计2848人，其中国家统招1657人，委托培养与自费488人，成人教育689人，高职大专毕业58人，24人于第二学年参加专升本进入本科学习。

②1984—1985年招收"文化大革命"期间一年制护士287人回炉补课一年未计毕业人数；③1985年招男生4人，皆毕业；1986年招男生6人，皆毕业。

表2-5 1979—1999年医学实验技术专业招生人数和毕业生人数一览表

招生年份	名称	学制	招生人数	生源	毕业年月	毕业人数
1980	技一班	3年	50	高中	1983.07	49
1985	技二班	2.5年	53	高中	1979.12	53(男27)
1991	技三班	2年	40	高中	1993.07	40(男30)
1996	技四班	3年	49	初中	1999.07	49(统招28、委培21)(男22)
	合计		192人			191人

第二篇 教学科研 跨越发展

第三章　整合新优势　创新谋发展

　　在我国教育体制的改革下，2000年4月29日，原湖南医科大学、中南工业大学、长沙铁道学院合并组建成为中南大学，中南大学是教育部部属的"211工程""985工程"重点建设高校。

　　"211工程"是一项跨世纪的战略工程，是我国高等教育面向现代化、面向世界、面向未来，高水平，高质量，促改革、增效益的工程，对中国高等教育乃至社会的进步和发展，影响深远，意义重大。

　　"211工程"是党中央国务院根据国内外形势分析，为提高我国高等教育的教学、科研水平，增强综合国力，以迎接21世纪的挑战所采取的重大决策。"211工程"建设目标是：经过10年或者更长时间的努力，使相当一批高等学校和重点学科点能够成为培养高层次专业人才和解决国家经济建设、科技和社会发展重大科技问题的基地，在教育质量、科学研究和管理方面处于国内先进水平，并有一定的国际影响，其中若干所高等学校和部分重点学科点达到或接近世界先进水平，基本形成适应社会主义现代化建设需要，结构布局合理、水平较高、各具特色的重点学科点和示范带头学校，建立适应社会主义市场经济体制和政治、科技体制改革需要的高等教育新体制。

　　"985工程"是我国政府为建设若干所世界一流大学和一批国际知名的高水平研究型大学而实施的高等教育建设工程。"985工程"的主要内容包括机制创新、队伍建设、平台和基地建设、条件支撑和国际交流与合作5个方面。总体思路是以建设若干所世界一流大学和一批国际知名的高水平研究型大学为目标，建立高等学校新的管理体制和运行机制，牢牢抓住21世纪头20年的重要战略机遇期，集中资源，突出重点，体现特色，发挥优势，坚持跨越式发展，走有中国特色的建设世界一流大学之路。

　　三校合并初期，中南大学共有65个本科专业，护理专业是其中历史最悠久的学科。合校后，学院人力、物力、财力更加集中，师资队伍明显扩大和加强，在全国同类学科中处于前列，现有专、兼职教师68人，临床带教老师229人，其中有教授（含主任护师）18人，副教授（含副主任护师）30余人，博士后合作导师2人，博士生导师8人，硕士生导师30人。中青年教师中有出站博士后1人，在站博士后4人，已获得博士学位的24人，其余正在攻读博士学位。专职教师80%有出国留学经历。三校合并组建十多年来，护理学院全体师生秉承湘雅"勤诚谨毅"的办学精神，开拓进取，真抓实干，勇于创新，实现了多个跨越式的发展。

2014 年 10 月，在湘雅医学院"百年庆典"之际，为弘扬湘雅精神，传承湘雅文化，中南大学特将"护理学院"更名为"湘雅护理学院"。

第一，办学层次上新平台。发展中的湘雅护理教育，在改革中与时俱进，并校后，全日制本科招生人数由并校前每年 20 人扩大到现在每年 120 人，从解放初期的中等教育到高等护理本科教育，再到 2000 年，我院被国务院学位委员会批准为护理学硕士学位授予点，2004 年，依托临床医学成为全国首批招收护理专业博士的单位，2011 年，护理学被新增为国家一级学科，我院成为国内首批护理学一级学科博士授权单位，2012 年被遴选为我国第一批护理学博士后科研流动站。实现了国内护理专业博士生教育本土化，填补了湖南省护理专业硕士研究生教育和我国本土培养护理博士研究生的空白，研究生招生人数由 2001 年仅有的 1 位到目前为止累计招生全日制护理学硕士研究生 492 人，毕业 348 人；累计招收护理学博士研究生 94 人（其中在职培养 32 人），已毕业 24 人；累计招生国际留学生11 人。特别是近 10 年来，在国家留学基金管理委员会"三名"（名校、名师、名生）的指导资助下，学院先后与美国耶鲁大学、加拿大多伦多大学、澳大利亚蒙纳西大学、弗林德斯大学、泰国清迈大学、香港中文大学等进行了博士的联合培养，建立了稳定的科研协作、人才学术交流关系。

第二，优秀人才脱颖而出。护理学是一门综合性应用型学科，以自然科学和社会科学为理论基础，它是现代医学科学的重要组成部分。我院以促进人类身心健康和满足人们身心方面的护理需要为任务和目的，培养了一批批优秀的护理人才。2003 年，我院第一位护理硕士研究生刘珊以优异的成绩考入美国耶鲁大学护理学院，成为中国大陆在该院攻读社区护理博士的第一人；在护理博士教育过程中，我院培养了我国第一位社区护理博士研究生王红红，现任护理学院副院长，教授，博士生导师；我院培养的谢日华博士在加拿大从事博士后研究期间，获得3 次加拿大国家级基金的资助，被誉为中国护理博士生中的佼佼者；2006 年本院硕士研究生谷灿毕业后考入香港中文大学攻读博士学位，并获得香港中文大学"优秀毕业生"荣誉称号。2007 年，李现红博士成为我国首批公派留学与美国耶鲁大学联合培养的博士生，同时是护理学科"吴瑞奖学金"的首位获得者；2010年，郭佳是教育部首批博士研究生学术新人奖获得者，也是我国护理专业博士生中首批获此奖项者；2013 年，刘民辉和陈三妹两位硕士生分别考入了美国华盛顿大学护理学院和日本九州大学护理学院攻读博士学位；2014 年，王婧是第一位被中南大学授予医学博士学位和澳大利亚弗林德斯大学授予哲学博士学位、两校联合培养双学位的获得者。

第三，学科研究填补空白。2001 年，曾慧教授与"亚洲老年培训中心"开展国际合作课题"老年慢阻肺患者自理能力培训"，为湘雅护理学科首个国际合作课题。截至目前，护理学科已与美国国立卫生院（NIH）、美国中华医学基金会（CMB）、美国雅礼协会、澳大利亚弗林德斯大学等开展了 282 项国际合作项目，进校经费达 800 万元。2002 年，黄金主任发表了湘雅护理学科的首篇 SCI 论文 *Changing Knowledge, Behaviors, and Practice Related to Universal Precautions Among Hospital Nurses in China*，2003 年王红红教授发表了护理学院首篇 SCI 论文 *A training programme for prevention of occupational exposure to bloodborne pathogens：impact on knowledge, behaviour and incidence of needle stick injuries among student nurses in Changsha, People's Republic of China*。目前我院发表的被 SCI 收录的论文有 84 篇，被 CSCD 收录的论文两百多篇。2007 年，何国平教授等申请的"护理技能调压针头"（专利号：ZL 2007 2 0065161.4）获得中华人民共和国国家知识产权局授予的实用新型专利，填补了我院专利发明的空白。2008 年，唐四元教授申报的"APJ 在骨代谢调控中的作用模式与机制研究（30872708）"首次获得国家自然科学基金 34 万元资助。2009 年，李映兰教授等申报的"湖南省护理人员对艾滋病的知识、态度及护理意愿研究分析"首次获得湖南省科学技术进步奖三等奖；2013 年，唐四元教授申报的"Apelin/APJ 在骨重建过程中的作用模式与机制"首次荣获湖南省自然科学奖二等奖。同年，罗阳教授申请的"女性流动人口生育健康公共服务均等化研究"首次获得国家社会科学基金 18 万元资助。综上所述，护理学科的科学研究已达到国家级水平，并与国际接轨。

第四，办学质量稳步提升。并校以来，我院共获得省级教学成果三等奖 6 项，中南大学教学成果一等奖 6 项，中南大学校级教学名师 2 人。2008 年"社区护理学"获得国家级精品课程。2013 年，"社区护理学"又获得国家级精品资源共享课，"社区慢性病患者的护理与管理"获得国家级精品视频公开课。"健康评估""基础护理学""内科护理学""老年护理学"被列为"中南大学精品示范课堂"建设课程。

第五，综合评价再创辉煌。在有关部门的支持下，教育部学位与研究生教育发展中心（简称：学位中心）按照《学位授予和人才培养学科目录》，对具有研究生培养和学位授予资格的一级学科进行整体水平评估（简称：学科评估），并根据评估结果进行聚类排位。学科评估工作于 2002 年首次在全国开展，至 2013 年已完成 3 轮评估。我院参评了第三轮学科评估，本轮评估一次性在 95 个一级学科中进行（不含军事学门类），共有 391 个单位的 4235 个学科申请参评。在本轮的护理学科评估中，我院获得综合评价第四名。中国校友会网最新编制的《2014 中国大学学科专业评价报告》显示，2014 中国大学医学学科专业排行榜中，医学门类有 8 个学科跻身 2014 中国六星级学科专业，35 个学科入围 2014 中国五星级学科专业。中南大学护理学入围五星级专业。

目前，学院在学科发展的理念上已经达成系列共识，那就是：中南大学护理学院在国内一流的基础上向世界一流高水平大学看齐。为此，我们坚持突出特色发展，依靠特色提升办学水平、提高科研水平、提升整体水平。在特色人才培养上，坚持突出行业服务特色：贴近病人，突出一个"情"字，真情对待每一位病人；贴近临床，突出一个"精"字，业务上以精益求精、娴熟精湛的技术完成每一项工作；贴近社会，突出一个"实"字，以务实的精神丰富护理服务的内涵，满足不同层次、多样化的健康服务需求。在教师的培养上，突出"请进来""走出去"相结合的方针；在学生的培养上，突出联合培养与自主培养相结合的方针；在学科研究上，突出多学科相结合、临床与基础相结合、硬件与软件相结合的方针。坚持追求卓越，举全院之力培养一流的护理人才、创造一流的科研成果、提供一流的社会服务，进一步推动高水平护理学科的发展。

2014年10月，在湘雅医学院"百年庆典"之际，为弘扬湘雅精神，传承湘雅文化，中南大学特将"护理学院"更名为"湘雅护理学院"。

第四章　管理新模式　教学新篇章

一、党政管理

1. 2014 年护理学院机构设置

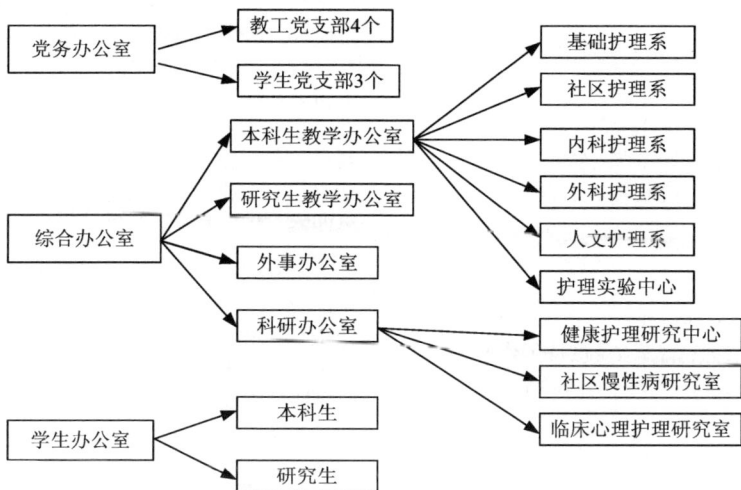

2. 合并后学院历任党政负责人及教职工名单（2000—）

表 4-1　合并后学院历任党政负责人及教职工名单

年份	党政负责人	教职员工
2000	院长：何国平 书记：陈进伟（兼副院长） 副书记：冷晓红	杨敏、廖淑梅、周乐山、王红红、肖江龙、朱建伟、徐五二、林楠、丁水珍、梁银辉、任小红、易巧云、邓瑞姣、夏永灵、曹和安、郑建文、喻坚、朱念琼、唐四元、胡小平、唐维维、曾慧、阳爱云、张静平、李淑珍、林文晶、巫爱琳、黄惠、伍敏华、方金莲、罗丹

续表 4-1

年份	党政负责人	教职员工
2001	院长:何国平 书记:陈进伟(兼副院长) 副书记:冷晓红	杨敏、廖淑梅、周乐山、王红红、肖江龙、朱建伟、徐五二、林楠、丁水珍、梁银辉、刘丹、张静平、任小红、易巧云、罗阳、唐四元、邓瑞姣、夏永灵、曹和安、喻坚、刘丹、郑建文、朱念琼、胡小平、唐维维、曾慧、阳爱云、周维、方金莲、伍敏华
2002	院长:何国平 副书记:曾玉华(主持工作) 副院长:冷晓红、张静平	宋妍、毛婷、周维、杨敏、廖淑梅、周乐山、肖江龙、朱建伟、徐五二、林楠、王红红、刘丹、任小红、易巧云、罗阳、邓瑞姣、夏永灵、曹和安、郑建文、喻坚、朱念琼、唐四元、胡小平、唐维维、曾慧、阳爱云
2003	院长:何国平 副书记:曾玉华(主持工作) 副院长:冷晓红、张静平	宋妍、毛婷、周维、杨敏、廖淑梅、周乐山、肖江龙、朱建伟、徐五二、林楠、王红红、刘丹、任小红、易巧云、罗阳、邓瑞姣、夏永灵、曹和安、郑建文、喻坚、朱念琼、唐四元、胡小平、唐维维、曾慧、阳爱云
2004	院长:何国平 副书记:曾玉华(主持工作) 副院长:冷晓红、张静平	毛婷、杨敏、廖淑梅、周乐山、唐四元、肖江龙、朱建伟、徐五二、林楠、刘丹、任小红、易巧云、罗阳、周维、邓瑞姣、夏永灵、曹和安、郑建文、喻坚、胡小平、唐维维、宋妍、曾慧、阳爱云、王红红、朱念琼
2005	院长:何国平 书记:冷晓红 副院长:张静平、唐四元	毛婷、杨敏、冯辉、廖淑梅、周乐山、肖江龙、朱建伟、徐五二、林楠、姚菊琴、刘丹、任小红、易巧云、罗阳、周维、邓瑞姣、夏永灵、曹和安、郑建文、喻坚、胡小平、唐维维、宋妍、曾慧、阳爱云、王红红
2006	院长:何国平 书记:冷晓红 副院长:张静平、唐四元	毛婷、杨敏、冯辉、廖淑梅、周乐山、肖江龙、朱建伟、徐五二、林楠、姚菊琴、刘丹、任小红、易巧云、罗阳、周维、邓瑞姣、曹和安、郑建文、喻坚、王秀华、王红红、胡小平、唐维维、宋妍、曾慧、阳爱云、夏永灵
2007	院长:何国平 书记:冷晓红 副院长:张静平、唐四元	毛婷、杨敏、冯辉、廖淑梅、周乐山、肖江龙、朱建伟、徐五二、林楠、姚菊琴、刘丹、任小红、易巧云、罗阳、周维、邓瑞姣、郑建文、喻坚、王秀华、曹和安、王红红、胡小平、唐维维、宋妍、曾慧、阳爱云

续表 4 - 1

年份	党政负责人	教职员工
2008	院长：何国平 书记：冷晓红 副院长：张静平、唐四元	毛婷、杨敏、冯辉、廖淑梅、周乐山、肖江龙、朱建伟、徐五二、林楠、姚菊琴、刘丹、任小红、易巧云、罗阳、周维、邓瑞姣、郑建文、喻坚、王秀华、王红红、胡小平、唐维维、宋妍、曾慧、阳爱云
2009	院长：何国平 书记：冷晓红 副院长：张静平、唐四元	毛婷、杨敏、冯辉、廖淑梅、周乐山、肖江龙、朱建伟、徐五二、林楠、姚菊琴、刘丹、任小红、易巧云、罗阳、周维、邓瑞姣、郑建文、喻坚、王秀华、王红红、胡小平、唐维维、宋妍、曾慧、阳爱云
2010	院长：何国平 书记：冷晓红、唐四元 副院长：张静平、王红红	毛婷、谷灿、杨敏、王秀华、冯辉、廖淑梅、周乐山、李现红、陈嘉、喻坚、肖江龙、朱建伟、徐五二、林楠、姚菊琴、刘丹、任小红、易巧云、罗阳、胡小平、唐维维、宋妍、曾慧、阳爱云、邓瑞姣、郑建文
2011	院长：何国平 书记：唐四元 副院长：张静平、王红红	毛婷、谷灿、杨敏、王秀华、冯辉、廖淑梅、周乐山、郭佳、李现红、陈嘉、肖江龙、朱建伟、徐五二、林楠、姚菊琴、刘丹、任小红、易巧云、罗阳、喻坚、唐维维、宋妍、曾慧、阳爱云
2012	院长：何国平 书记：唐四元 副院长：张静平、王红红	毛婷、谷灿、杨敏、王秀华、冯辉、廖淑梅、孙玫、周乐山、郭佳、李现红、陈嘉、肖江龙、朱建伟、徐五二、林楠、姚菊琴、刘丹、任小红、易巧云、周雯娟、罗阳、唐维维、宋妍、曾慧、蒋岳霞、喻坚
2013	院长：何国平 唐四元 书记：罗军飞 副院长：张静平、王红红	毛婷、谷灿、杨敏、刘新娥、王秀华、冯辉、廖淑梅、孙玫、周乐山、郭佳、李现红、肖江龙、朱建伟、徐五二、林楠、姚菊琴、刘丹、任小红、易巧云、周雯娟、罗阳、唐维维、宋妍、曾慧、蒋岳霞、陈嘉
2014	院长：唐四元 书记：罗军飞 副书记：袁世平 副院长：王红红、陈嘉、李现红	何国平、毛婷、谷灿、杨敏、刘新娥、王秀华、冯辉、廖淑梅、孙玫、周乐山、张静平、郭佳、肖江龙、朱建伟、徐五二、林楠、姚菊琴、刘丹、任小红、易巧云、周雯娟、罗阳、唐维维、宋妍、曾慧、蒋岳霞、廖萍、刘伟、李文、郭慧玲

二、师资队伍

三校合并之前，原湖南医科大学护理学院(1999 年，湖南医科大学附设卫生学校与湖南医科大学护理学系合并成立"湖南医科大学护理学院")有教职员工 60 余人，2000 年合并以后，原湖南医科大学护理学院改名为中南大学护理学院，学院教师对口分流到相应学院科室，最后留下专任教师和管理人员 34 人(未含三所附属医院临床护理教师)，其中正教授及相应职称 3 人，副教授及相应职称 9 人，讲师及相应职称 12 人，有护理硕士 5 人(中泰联合培养)，之后学院狠抓师资队伍建设，师资队伍的质量逐年得到提升。2001 年，学院开始招收护理专业硕士研究生，发展研究生导师 10 人。2004 年，学院开始招收护理专业博士研究生，发展博士生导师 1 人。到 2013 年，学院有教职工 31 人(未含临床护理师资)，其中教授及相应职称人员 7 人，在岗博士生导师 4 人，副教授及相应职称人员 9 人，讲师及相应职称人员 14 人，拥有博士学历的师资达到 16 人，绝大部分师资具有出国访问学习的经历。目前我院有硕士生导师 30 人和博士生导师 8 人(含临床护理导师)。

护理学院 2000 年至 2014 年师资队伍基本情况详见下表。

表 4-2　护理学院师资队伍基本情况(2000—2014)

年份	合计	职称											
		教授		副教授		其他		博士		硕士		其他	
		人数	百分比	人数	百分比	人数	百分比	人数	百分比	人数	百分比	人数	百分比
2000	34	3	9	9	26	22	65	0	0	3	9	32	91
2001	33	3	9	9	27	22	64	0	0	3	9	30	91
2002	30	4	14	9	30	17	57	0	0	4	14	26	86
2003	30	5	17	11	37	14	46	0	0	4	14	26	86
2004	30	6	20	9	30	15	50	0	0	4	14	26	86
2005	30	4	14	10	34	16	52	0	0	5	17	25	83
2006	31	4	13	10	32	17	55	2	6	7	23	22	71
2007	30	4	13	11	37	15	50	3	10	9	30	18	60
2008	29	5	17	10	34	14	49	3	10	11	38	15	52
2009	29	6	20	9	31	14	49	6	21	11	38	12	41
2010	31	6	19	10	32	15	49	10	32	9	29	12	38
2011	28	5	17	10	35	13	47	12	43	9	32	7	25
2012	30	7	24	8	26	15	50	15	50	9	30	6	20
2013	31	7	23	9	29	15	48	15	48	9	29	7	23
2014	36	8	22	8	22	20	56	17	47	9	25	10	28

三、教学组织（各系或组的概况、教学基地建设、校外实习）

2000 年：

护理学院有在校生 1106 人，其中本科生 162 人，专科生 90 人，成教本科生 256 人，成教专科生 210 人，普通中专生 388 人。学院下设两个教研室（基础护理、临床护理）、两个教学组、教学办公室、自学考试辅导站、学生科、院办公室等机构。本年度共完成本科、专科、中专、专升本、夜大、JNFF 班及社区护理岗位师资班等各层次教学 8303 学时。筹建了康复护理实验室，在广西柳州市建立了护理专科函授点。

2001 年：

有各层次学生 1106 人；学院下设学院办公室、教学办公室、学生科、7 个教研室（组）及《国际中华护理杂志》编辑部。完成了中专、新高职、本科、自考、夜大、专升本、研究生、在职培训等层次的教学工作，2001 届护理本科班英语六级通过率为 100%，就业签约率为 100%。2001 年与广西柳州市卫校联合培养护理专科生，这是支持国家西部大开发战略方针的重要举措。

2002 年：

有各层次学生 1587 人。学院下设院综合办公室、基础护理学系、临床护理学系、社区护理学系、护理研究室、中心实验室及《国际中华护理》杂志编辑部。完成了中专、新高职、本科、自考、夜大、专升本、研究生及研究生课程进修班各层次的教学工作，2002 年扩大招生达 90 名，改革了生源结构，护理专业本科生第一次招收男生 14 名，占招生人数的 16%，2002 届毕业生就业签约率为 100%。学院被评为中南大学 2002 年度学生创业计划大赛优秀组织单位。

2003 年：

有各层次学生 1565 人；学院下设院综合办公室、基础护理学系、临床护理学系、社区护理学系、护理研究室、中心实验室及《国际中华护理》杂志编辑部。通过学校二级学院教学评估，教学优良率达 100%。建立了社区护理教学基地——咸嘉湖社区。完成了本科、自考、夜大、专升本、研究生及研究生课程进修班各层次的教学工作。

2004 年：

有各层次学生 620 人，其中本科生 349 人，硕士生 64 人，博士生 1 人，成教生 96 人。学院下设院综合办公室、基础护理学系、临床护理学系、社区护理学系、护理研究室、护理实验中心。重新修订了人才培养方案，建立、健全了各项质量保障体系，教学档案齐全，通过了学校二级学院教学评估，教学优良率达 100%。本科教学毕业实习走出了省门，将北京协和医院作为专业实习点，同时建立了社区实习基地，将全国优秀社区望月湖社区作为我院社区护理实习基地。

完成了本科、研究生、自考、成教等各层次的教学工作。

2005 年：

有各层次学生 413 人，其中本科生 354 人，成教生 84 人，硕士生 75 人，博士生 4 人。在校研究生居全国同类专业之首位。在国家统招研究生的同时，学院还招收高校教师在职攻读硕士学位研究生 60 人。学院下设院综合办公室、基础护理学系、临床护理学系、社区护理学系、护理研究室、护理实验中心。"护理学基础"课程通过了校级精品课程建设的验收，"社区护理学"被列为校级精品课程建设项目，已开 2 门双语教学课程。继续扩大本科生实习基地，与北京协和医院、上海交通大学附属第一医院、全国优秀社区望月湖社区等签订了实习基地的协议。本科毕业生一次就业率 100%，用人单位对毕业生评价优良率达 96.6%，2004 级学生的"社区护理进入农村发展的前景调查"课题被列为在校大学生创新教育项目并获 4000 元资助。获省教育厅教改课题 1 项。完成了本科、研究生、自考、成教等各层次的教学工作。

2006 年：

有各层次学生 596 人，其中本科生 393 人，成教生 56 人，硕士生 82 人，博士生 6 人。在校硕士生、博士生居全国同类专业之首位。在国家统招研究生的同时，学院还招收高校教师在职攻读硕士学位研究生 77 人。加强了实验室建设和实习基地建设，为扩大对外实习学生的交流，将上海市和中山市的三甲医院作为毕业实习点。本科毕业生一次就业率达 100%。在教育部本科教学评估中护理专业获得优秀。

2007 年：

有各层次学生 578 人，其中本科生 392 人，成教生 56 人，硕士生 60 人，博士生 10 人。在校硕士生、博士生居全国同类专业之首位。在国家统招研究生的同时，学院还招收高校教师在职攻读硕士学位研究生 60 人。重新修订护理本科专业培养方案。本科毕业生一次就业率达 100%。

2008 年：

在校博士生 14 人，硕士生 150 人，本科生 286 人，自考本科生近 2000 人。学院下设综合办公室(含教学办、科研办、自考办)、基础护理学系、临床护理学系、社区护理学系、护理研究室、护理实验中心。"社区护理学"被批准为国家级精品课程，本年度，学院又重新修订了本科生的培养方案和教学大纲，并且编写了本科生的实习和见习手册。本科毕业生一次性就业率达 100%。2008 年被学校评为毕业生就业先进单位、先进教学组织单位。

2009 年：

在校博士生 19 人，硕士生 138 人，本科生 325 人，自考本科生近 2000 人。学院下设综合办公室(含教学办、科研办、自考办)、基础护理学系、临床护理学系、社区护理学系、护理研究室、护理实验中心。2006 级的学生施丽冰等同学的"社区中年人健康商数与其生存质量相关性研究"被批准为 2009 年国家大学生创新性实验计划立项资助项目。本科毕业生一次性就业率达 97.3%。2009 年被学校评为毕业生就业先进单位、先进教学组织单位。

2010 年：

有在校博士生 17 人，硕士生 154 人（其中 2010 年，招收了 1 名国外全日制护理硕士研究生），本科生 306 人，自考本科生近 2000 人。学院下设综合办公室（含教学办、科研办、自考办）、基础护理学系、临床护理学系、社区护理学系、人文护理学系、护理研究室、护理实验中心。2010 年在教学管理、课程体系构建、教材建设、教学实践、教学研究与改革等方面取得了新进展，制订了"护理学院考试管理有关规定"；在充分调研和论证的基础上改五年制护理本科教育为四年制。我院现有国家级及湖南省精品课程"社区护理学"；"内科护理学"被列入 2010 年中南大学精品课程建设立项。2010 届本科毕业学生 75 人，本科毕业生一次性就业率达 100%。

2011 年：

有在校博士生 21 人，硕士生 109 人（其中 2011 年，招收了 8 名国外全日制护理硕士研究生），本科生 299 人，自考本科生近 2000 人。学院下设综合办公室（含教学办、科研办、自考办）、基础护理学系、临床护理学系、社区护理学系、人文护理学系、护理研究室、护理实验中心。制订并完善了"中南大学护理学院教学管理制度"，配合本科生院修订了"中南大学护理专业本科教学大纲""中南大学护理专业四年培养方案"；并与澳大利亚签订了本科生联合培养协议。学院现有国家级及湖南省精品课程"社区护理学"。2011 届本科毕业学生 73 人，本科毕业生一次性就业率达 98.6%。

2012 年：

有在校博士生 24 人，硕士生 114 人，本科生 356 人，自考本科生近 2000 人。学院下设综合办公室，另设教学办、科研办、自考培训办；专业教学设基础护理学系、临床护理学系、社区护理学系、人文护理学系、护理研究室、护理实验中心。2012 年在本科教学管理、课程体系构建、教材建设、教学实践、教学研究与改革等方面取得了新进展。教授和副教授授课率达到 100%，学生评价优秀教师率达 90% 以上。学院获 2010—2011 年度本科教学评估优秀单位称号，本科教学质量得到了稳步提高。2012 届本科毕业学生 74 人，本科毕业生一次性就业率达 100%。

2013 年：

有在校本科生 273 人，硕士生 134 人，博士生 26 人，自考本科生近 2000 人。学院下设综合办公室，另设教学办、科研办、自考培训办；专业教学设基础护理学系、临床护理学系、社区护理学系、人文护理学系、健康护理研究中心、护理实验中心。2013 届本科毕业学生 14 人(含福建中医药大学交流生 9 人)。2012 年在本科教学管理、课程体系构建、教材建设、教学实践、教学研究与改革等方面取得了新进展。教授和副教授授课率达到 100%,学生评价优秀教师率达 90% 以上。学院现有实习医院 5 所和 2 个社区实习基地,分别是我校 3 所附属医院、北京中日友好医院和武汉协和医院、岳麓区的望月湖社区和三真社区是社区教学实践基地。新建立实习基地广东省人民医院。实习基地合格、稳定,建设有成效,实习内容有保证,实习效果好。本科毕业生一次性就业率达 100%。

2014 年:

有在校本科生 312 人。硕士生 137 人,博士生 30 人。学院下设综合办公室,另设教学办、科研办、自考培训办;专业教学设基础护理学系、临床护理学系、社区护理学系、人文护理学系、健康护理研究中心、护理实验中心。本科教学管理、课程体系构建、教材建设、教学实践、教学研究与改革等方面取得了新进展。教授和副教授授课率达到 100%,学生评价优秀教师率达 90% 以上。学院现有实习见习医院 8 所和 2 个社区实习基地,分别是我校 5 所附属医院(湘雅医院、湘雅二院、湘雅三院、湘雅肿瘤医院、湘雅口腔医院)、北京中日友好医院、广东省人民医院和武汉协和医院、岳麓区的望月湖社区和三真社区是社区教学实践基地。新建立综合实习基地中山大学附属第一医院和社区实习基地西湖社区医院。实习基地合格、稳定,建设有成效,实习内容有保证,实习效果好。本科毕业生一次性就业率达 94%。

四、学历学位

(1)历年本科招生及毕业人数

表4-3 历年本科招生及毕业人数统计表

年级	招生人数	毕业年限	毕业生人数	医院就业人数及百分比(%)	学校就业人数及百分比(%)	读研人数及百分比(%)	其他就业人数及百分比(%)	总就业率(%)
1995 级	21 人	2000	21 人	21 人(100)	0(0)	0(0)	0(0)	100
1996 级	19 人	2001	19 人	12 人(63.2)	3 人(15.8)	4 人(21.0)	0(0)	100
1997 级	20 人	2002	20 人	6 人(30.0)	13 人(65.0)	1 人(5.0)	0(0)	100
1998 级	19 人	2003	19 人	13 人(68.4)	2 人(10.5)	4 人(21.1)	0(0)	100
1999 级	68 人	2004	68 人	49 人(72.1)	10 人(14.7)	6 人(8.8)	3 人(4.4)	100
2000 级	53 人	2005	53 人	33 人(62.3)	6 人(11.3)	12 人(22.6)	2 人(3.8)	100
2001 级	52 人	2006	52 人	36 人(63.4)	8 人(15.4)	8 人(15.4)	0(0)	100
2002 级	79 人	2007	79 人	62 人(78.5)	3 人(3.8)	13 人(16.4)	1 人(1.3)	100
2003 级	84 人	2008	84 人	47 人(55.9)	18 人(21.4)	8 人(9.5)	11 人(13.2)	100

续表 4 - 3

年级	招生人数	毕业年限	毕业生人数	医院就业人数及百分比(%)	学校就业人数及百分比(%)	读研人数及百分比(%)	其他就业人数及百分比(%)	总就业率(%)
2004 级	75 人	2009	75 人	45 人(60)	7 人(9.3)	3 人(4)	18 人(24)	97.3 (2 人放弃就业)
2005 级	76 人	2010	76 人	58 人(76)	0(0)	18 人(24)	0(0)	100
2006 级	73 人	2011	72 人	58 人(79.4)	0(0)	14 人(19.2)	0(0)	98.6 (1 人放弃就业)
2007 级	78 人	2012	78 人	59 人(76)	1 人(1)	18 人(23)	0(0)	100
2008 级	14 人	2013	14 人	12 人(86)	1 人(7)	1 人(7)	0(0)	100
2009 级	74 人	2014	74 人	54 人(73)	0	17 人(22)	2 人(0.02)	95.02 (1 人放弃就业)
2010 级(四年制)	68 人	2014	68 人	48 人(70)	0	15 人(22)	4 人(0.06)	92.06 (2 人放弃就业)
2011 级	64 人							
2012 级	52 人							
2013 级	53 人							
2014 级	115 人							

(2)历届本科生名录

1995 级：

王黎青、王惠平、陈晓凤、钟凯、康丹、康新、陈华、彭华、朱文娟、曾冬阳、冯木兰、谭小芳、刘翔宇、王茂林、晏碧波、刘华华、罗成蓉、杨翠兰、唐峥杰、喻淑香、卓金华

1996 级：

邬巧玲、刘立平、邹颖、冯琼、傅卓华、刘丹、邓露、陈翊、郭征、张帆、刘珊、汤华清、朱杰敏、黄云南、欧必珍、庄艳云、曾洁、管骅、甘哲

1997 级：

宋妍、付蕾、李艳敏、吴健珍、何红珍、孙晓辉、祝凯、唐丽安、蒋丽华、王蓉、胡美霞、马雪芩、邬维娜、张桂林、张锦玉、毛婷、万峰静、朱雅芝、王小燕、李小平

1998 级：

张建影、卜秀梅、李萍、刘秋红、葛萍、赵静、张晓愈、黄艳芬、刘慧、庄金颜、彭霞、胡咏梅、罗艳芳、林霞、刘跃华、李霞、陈红胜、刘静蓉、唐娅哲

1999 级：

李赢、邬娟、徐丽、吕美华、潘丽、卢慧勤、吴林静、詹爱丁、梁秀凤、周雯、

陈欣欣、段嫄、夏海霞、熊蓉、许虹、刘卓华、韩玉娟、张韶瑾、陆萍、代玉、徐龙华、黄海珊、李丹梅、周凤霞、李建辉、胡红玲、杨姣、刘丽、邓妍、张小丹、任玉嘉、彭芳、周瑜、曾春艳、梁玮伦、区秀丽、康简、郑丹艺、黄丽、刘一琳、杨静、林元媚、卢恬、刘硕、叶东红、杨玄、王颖、蔡吉萍、方俐、陈艾华、李颖娟、田银娣、陈贤、韩旎、黎茵、韦宇宁、单文姣、印琼、刘红、刘欢欢、钟平、李水红、陆婷、陈慧丽、彭丽娟、曾元丽、龙慧、刘满凤

2000 级：

李珊珊、张娟、袁筱华、邱菊、贾红红、苏丽珍、秦跃红、陈红梅、张杪、史秋雯、王岩、李亚静、陶红梅、屈霞、陈英、朱丽贞、卢蓉、李林、杨红、刘佳、何英霞、潘娇、杨卫林、戢芳、张莉、彭华、杜立敏、霍然、刘丽琼、曹颜芳、李丽娟、刘宇、孙淑娟、赖娟、何丽君、张玲玲、李玮琪、司徒明镜、张雪梅、阳芳、高炀、施文、万文锦、陈美姿、黄惠、向文娟、杨晶晶、徐珊、李现红、周宇莲、凌银婵、赵兴娥、叶曼

2001 级：

林彩萍、耿春密、郭佳、何瑛、秦玉菊、金敬红、孙敏、晏春丽、李姝、叶碧容、李莉、代玲莉、邓淑红、黄珑、柯枰玲、姜淑玲、龚苏苏、李旭华、廖燚、秦芳芳、黄泽香、廖和平、杨眉舒、段会霞、李蕊、郇晶晶、何嫣、刘静、张捷、黎贵、周艳红、赵姗娟、周建蕊、翁亚娟、张伟云、凌瑛、王雨雪、宋玉云、邓述华、张媛、张媛媛、陈玲、杨如希、冯超、王建敏、李丹、丁燕、李晓玉、杨晓、王秋霞、郭莹、胡燕妮

2002 级：

刘自娜、邰红妍、许丽娜、郑显贺、张柯珍、王敏、张丽、陈柳进、陈一川、李芸、邵翠翠、刘彩霞、阚静、周雨、张娜、黄丽华、刘卉芳、许叶华、刘芳、刘齐、肖翠红、马德亚、王振、孟重芳、王莎莎、许瑛、陈晶晶、郑启聪、羊淑英、孙军妹、孙玫、关凤影、孙士昌、韩婷、汪健健、施婧、黄进利、吴丹、刘君香、文环、李学兰、彭娟、黄薇、方芳、钟琼、吴小云、梅娟、覃菲、马海龙、赵小燕、彭竞、金舒静、魏安妮、孙燕、葛瑾、高婧、魏丽娜、肖四平、黄玉婷、肖南、赵彤、彭学勤、方娟、周雯娟、黄玲、曾凯、袁小琼、黄立森、陈玲、谢东华、贺子夏、汪晶、陈谊月、吕丹、刘萌、田彬、张丽娟、林荣秋、李海霞

2003 级：

白颖、张海苗、张艳、应淑颖、沈小群、赵琼、王燕林、王玉玺、任慧、张海燕、钱云、贺巧玲、邓美艳、陈珊、杨金娥、张慧娟、赵丹、陈海华、王可奕、高婷婷、张燕青、李琰、陈敏谊、王丹华、崔媛媛、张萃、张文、李倩、张娜、廖艳芳、谢姗姗、龙艳芳、唐倩、柳海燕、靳慧、王婧、赫中华、吴春妮、覃金莲、李文琴、尹沙、颜钰淞、聂可树、刘娅琳、张琼、李艺、李婉莹、蒋荣华、杨彦君、石洁、雷

静秋、马丽、郭丽利、王晓琳、罗雪姣、张崇静、张星星、夏园园、董娟娟、刘文蔚、陈珊珊、张洋、杨晓梅、王学峰、师红艳、李林艳、张明、蒋芬、左艳、柳妍、张伟伟、周道娟、郭玉苹、马彩莉、汪姣姣、李沛霖、梁籹宁、吴丹、李小云、张秦豫、谢媛、蓝春晗、王燕、吴沁娟

2004 级：

林玉芬、何苏平、蒋海燕、黄梅贤、孙翠芳、张金凤、秦颖、夏晓晨、肖银芬、石杏、喻俊、张颖新、唐婧琼、彭梅琳、龚言红、王滨琳、李文霞、何婧、杜文杰、祖静茹、康静雅、谭旭芳、段梦娟、焦晶晶、范超、刘丽霞、杨树平、苏丹、耿雪、龙桂珍、孙杨、唐娇艳、张小燕、马捷、刘新元、邓慧、江红、吉彬彬、张坤玲、陈若蝉、彭立、杨小仙、邢圆圆、吴冬梅、余欣、李晓娜、薛鹤、韩玮、王瑞娇、许婷、赵增阳、马春燕、钟亚萍、李红花、钱彩燕、穆娟、吴海燕、杨颖、李蓓、郭赛金、朱光影、赵文娟、李佳梅、李文明、李明、李灵、陈孜孜、舒杰容、于姗姗、彭康琳、熊文燕、余婕、李筠、李艳、饶思琪、袁锐杨、李爱松、陈昌来

2005 级：

周林玉、和晓娟、李富荣、潘雪开、谢晓炜、何晓丹、张丽伟、徐维芳、侯利惠、刘薇、张娜、宋歌、彭威、林琴、朱莉、顾恒、常赛男、邵春、汪暑萍、李晶、黄娟、王凤、刘伟娜、吕娟、王国妃、骆荣耀、焦泽艳、林瑶、唐慧婷、徐晶、周晓熙、张丽娣、彭芳、李天宝、段伶伶、白镜敬、刘华、朱鸿飞、罗琼、梅梅、聂智樱、王银香、陈三妹、周金阳、蔡娟、曹阳、汪牡丹、李晓莉、任秀玲、陈娜、王花芹、娄华玲、兰军礼、谈永芳、王梓熙、唐梦、俞映霞、郑婧、陈彦、吴翠焕、吴燕妮、钟隽镌、陈琼云、王晶晶、史文鹏、余京华、夏聪、徐燕、李欣、黄桑、李春艳、王淼、汤江浯、黄芝玲、周佳、陆希冉、黄棋、刘晓丽、王月、赵素娟、李亮亮、贺淑娇、罗玉红、王喆、代丽君、陶秀英

2006 级：

李春晓、邹文琴、王红燕、傅晓金、刘柳妹、熊国林、张彦卿、王婷婷、张莹、鲁烈、刘文佩、范黎、李娟、姚敏、罗艳、闫晓娟、熊莉、邹健、李佳莲、颉芳璨、提凯、贾晓茜、王庆妍、王辉、王红玉、穆楠楠、韦思、陈贤妹、杨义江、张珊珊、李丹、杨杨、杨萍、陈珊珊、孔贺芳、刘芬、谢娟玉、杨思、刘俊、曾素英、林惠婧、杨洋、张玫倩、石红、鞠瑶、刘丹、施丽冰、李丞凤、丁慧思、王玙璠、刘晓萍、邓飞飞、王金、刘雨、董阳阳、高凯、张六一、姜宜君、陈浩、王娟、李免花、张之龙、罗珊、罗琴红、贺艳、吴萍、杨同男、段娟、雒瑶、刘丽、王燕、何姗、黄慧娟、王文梅

2007 级：

高艳莹、罗赛赛、秦晓洁、潭蓉、张传蔚、张瑜、雷阳、何晴晴、苏尧钊、韦敏顿、黄兰青、梁让、陈颖、刘莹莹、刘禹辰、费冬雪、胡丽霞、李柳凤、苏丽、何扬、

姜鲜银、董雪、蔡虹霞、王莉、李霞、祁小玲、陈佳睿、吴海燕、赵倩倩、赖丽珍、曾玉香、农海琳、张演、曾洁、李莎、连文琼、楚利君、李亚培、邹淑巧、梅文秀、刘玉凤、欧美军、肖霖、蔺盼、夏美玲、杨慧娟、包蕾、杨臻、黎勤、刘楠、刘晓鑫、郑喧、师蕊婷、李家乐、孙寒丽、刘小凤、侯婧、周小良、何少玲、王媛媛、梁凝曦、张晓芳、王静芳、陈秋荣、胡云云、罗彦嗣、陈美容、肖燕、刘萍、童萌、沙苗、朱永光、贺婉、蒋玉立、乔媛、田婷婷、李慧文、刘欢、周顺花、纪海涛、曾煜

2008 级：

成琴琴、赵雯、李晶晶、段应龙、闵杰、胡香、黄丽娜、黄思婷、李春兰、何珍金、万家丽、苏彩珠、荆冬勤、李嫚嫚、林雅玲

2009 级：

陈熙、李倩、陈颖、樊景春、肖丽佳、许世铭、刘姝第、陈梦越、张玻薛、姬伟芳、严梓毓、汪迪、苗晓慧、崔璨、段向春、赵乾、邵青青、谢惠兰、徐清香、李利、彭操、师亚、廖晓群、薛婉彤、雷鹏、孙向荣、何明琴、张永莉、黄武峰、王琳琳、刘娜、张白雪、闫宝铜、霍斯、赵凯丽、朱代美子、喻薇、梁冰、潘长艳、邓成强、杨艳雪、粟丽、刘珮、周茜、袁丹、李黎、张少颖、刘美佟、贡觉德吉、次旦玉珍、韦露云、袁麟、陈亚利、杨慧、姚爱红、尚帅、刘源、甘莉琴、张耀君、汪艳、鲁丰华、王丹青、林郁芬、郭丹、姚亚飞、蒋军移、廖小利、张亚英、张珣、许欣怡、王红、乔小青、拉姆次仁

2010 级：

姬书瑶、刘雅楠、王灵芝、王罡、马星、彭朝丽、耿旭、潘珊、付翠翠、何汶偿、曾剑清、曾滟杰、白杨、谢玮、杨玉堂、陈晓露、陈瑶、梁佩云、罗雅之、许伟、王诗瑶、陈彦妃、黄倩楠、王颖、次旦央宗、王妍、孙燕、李海英、张文汇、黄媛媛、吴岳、刘璐、张红叶、花文哲、杨静文、程锦、周乔、刘静、彭舟媛、肖娟、肖锦南、贺腊姑、吴玲茜、方馨悦、冯秀、普布曲尼、格桑曲珍、郭延辉、王丽丽、高群、王韵、朱晓茜、陈灵妹、王蒙蒙、王悦、朱晓雯、沈如月、张丽、李蓓、胡男、欧丹、宋义美、陈湘钰、张雯、刘倩宝、赵雪、陈童瑶、付西娜、其米曲珍、次仁白姆

2011 级：

黄冰、邹梁、时刘、鄢芳、刘莉、张丽雪、戚孟雯、孙欣悦、徐雪婷、雷蕾、吴云阳、靳银欣、章孟星、华清钟、田钰聃、关月姣、史一蓝、胡烨、王晓洁、卓玛、任慧子、渠佳宁、王珍、任安霁、曹瀛、李瑶、侯剑媚、范靓靓、张椰、曾敏敏、孙怡菲、张冬冬、何程华、金轩、杨筱雨、谭倩、王聪聪、吴娟、汤雪艳、卢金水、黄蓉、陈凯月、王丹丹、李信欣、杨竹、王丽佳、安靖华、赤列曲珍、达娃曲吉、玉珍、甘婷、黎慧、赵欣、茅未、罗婧舒、闫晓晨、杨吉莉、马霞、米玛卓玛、普布央吉、曲尼桑姆、钱淑兰、林小芳、宋晓燕

2012 级：

黄嵩、郭蕊、程宇琳、胡文娟、张梦琴、徐云飞、李琦、吴雨星、胡胜英、田英瑞、黄婷、秦小芬、杜方、钟婕、李建伟、卢杨杨、罗雅婷、马俊、钱容、李靖杜冉、胡文华、冯晓芳、许荷花、李竹梅、王伏雨、任新琰、青雪、张仕豪、黄航瑜、高航、徐怡君、苏婷、李立玉、张霞、谢婉莹、蓝晓霞、张苗苗、李祯、李慧、石莹、谢菲婷、黄甜珍、冉文静、杨晨曦、闫慧超、肖雯、江梦婷、赵元萍、赵雅、锁彤晖、王馨、王婷、皇甫磊磊

2013 级：

白华、赵婷、吴小花、周建宇、湛士林、滕桂佳、王菁菁、黄耳、管梓瑶、王彤、王梦泉、曾佳琪、潘思、罗佩佩、王小凤、王连萍、周仕霜、周佳、张静、姚维、王尊、郭佳丽、邓洁、戴婷、肖娴、傅乐乐、李怡轩、谭芸馨、易铭、谭行、李媛媛、刘斯禹、杨琪、娄银、赵攀红、汪嘉琪、贺迪佳、王雪晴、杨景炜、谢惠芳、万凌燕、梁婕、万星琦、周雅琴、周楚仪、黄雅澜、刘磊、江琴、李娟、王倩、孟叠、毛雨巷、王丽倩、孔晓笛

（3）历届本科毕业生毕业合影

中南大学护理学院首届（2000 届）本科生毕业合影

中南大学护理学院 **2001** 届本科生毕业留影

中南大学护理学院 **2002** 届本科生毕业留影

中南大学护理学院 2003 届本科生毕业留影

中南大学护理学院 2004 届本科生毕业留影

中南大学护理学院 2005 届本科生毕业留影

中南大学护理学院 2006 届木科生毕业留影

中南大学护理学院 2007 届本科生毕业留影

中南大学护理学院 2008 届本科生毕业留影

中南大学护理学院 2009 届本科生毕业留影(1)

中南大学护理学院 2009 届本科生毕业留影(2)

中南大学护理学院 2010 届本科生毕业留影

中南大学护理学院 2011 届本科生毕业留影

中南大学护理学院 **2012** 届本科生毕业留影

中南大学护理学院 **2013** 届本科生毕业留影

中南大学护理学院 2014 届本科生毕业留影(2009 级)

中南大学护理学院 2014 届本科生毕业留影(2010 级)

(4)硕士研究生教育

中南大学是全国最早培养护理学硕士研究生的学校之一。护理学院始终将人才培养质量视为生命线，坚持以培养具有国际视野和创新精神，实践能力强的应用创新型高级护理专门人才为目标，人才培养质量逐年提高。从2001年开始招生护理学硕士研究生以来，招生人数逐年增长，目前达到每年50人左右。到2014年为止，累计招生护理学硕士研究生492人，毕业348人，为国家医疗卫生事业特别是护理事业的发展做出了较大贡献。

年度	招生人数	毕业人数
2001	1	
2002	5	
2003	16	1
2004	21	0
2005	37	5
2006	53	16
2007	47	21
2008	45	42
2009	55	46
2010	28	47
2011	47	44
2012	38	51
2013	49	23
2014	50	50
总计数	492	348

2001年：刘珊

2002年：冯辉、沈波涌、李亚平、刘宇、吴健珍

2003年：张彩虹、朱诗林、谷灿、王秀华、朱雅芝、王卫红、张银华、晏晓颖、谢日华、王霞、旷焱平、余晓波、唐莹、符丽燕、康丹、陈丹

2004年：吴林静、黄海珊、毛婷、刘丹、宋妍、罗碧华、朱海利、邓露、王小艳、肖美莲、于杨、何丽芳、亓秀梅、赵晓敏、邓小梅、王娟、李丽、王湘、王琴、陈亚梅、蒋小剑

2005年：张丽平、李春艳、曾清、林莉、刘丽华、周阳、邹爱丽、黄笑燕、刘

虹、郭晓红、王曙红、周乐山、柳丰萍、雷俊、李青、彭晓玲、蒋玉琼、廖晓春、郑悦平、曹晓霞、岳丽青、张慧琳、林琳、李现红、王井霞、孙水英、蒋海兰、何嵘、李敏、刘宇、周建伟、李艳、袁美莲、赖娟、姜萍岚、肖友平、叶曼

2006 年：郑蔚颖、陈华、谢似平、雷芬芳、易宜芳、苏银利、韩辉武、周秋红、雷琼琼、郭飏、曹岚、李贞、彭华、杨丽、易智华、于平平、吴辽芳、张礼宾、蒋晓蓉、卢敬梅、吴英、周维、马文岚、尹心红、刘静、谢伏娟、李建群、刘立芳、陈偶英、贺吉群、蒋岳霞、陈翙、贺丽春、张侠、杨卉、刘志青、韩扬扬、姜娜、李慧、宋春霞、宋丽淑、王颖、谢丽琴、杨冰香、杨芬、杨晓敏、张开利、张莉芳、周俊、周丽娟、郭佳、何瑛、秦玉菊

2007 年：赵竞飞、谭凤林、张群、万晶晶、丁郭平、钟平、刘翔宇、吕冬、王惠平、袁素娥、晏碧波、龙飞艳、刘华、邓桂元、李贞、谭小芳、彭罗方、赵丽群、李君、邱会利、莫伟、黄惠、毕瑞雪、戴旻晖、彭伶丽、廖魏魏、黄玲、高婧、孙玫、刘萌、刘芳、曾凯、晋溶辰、郭巧红、焦娜娜、杨如美、徐凤娇、袁群、李晖、孙瑞婧、范东、刘琳、彭芳、王丽、周雯娟、陈小芳、李志辉

2008 年：敖琴英、肖欢、罗迎春、刘佳、张娟、张展筹、周昔红、向亚华、刘雁、毛平、陈琼妮、彭小贝、胡佳梅、郑乐知、赵玲、彭利军、胡红玲、陈嘉、谌静、谢平丽、郑瑞双、王婧、刘立珍、许兴芳、夏杰琼、白春燕、晏春丽、朱姝娟、梁敉宁、罗姣、龙艳芳、刘明婷、阳晓丽、田艳珍、许景灿、熊琼、陈井芳、高艳纳、赵会芳、程亮、康佳迅、王平、张海苗、李小云、梁钟仁

2009 年：石泽亚、易琦峰、周雯、高华、刘跃华、康丽阳、邹颢宇、吴橙香、黄辉、张红辉、谢鑑辉、吴静芬、戴薇薇、高美华、邓雪英、焦迎春、康虹、吴斌、冯晓敏、黎欢、贺采英、李琛琛、秦楠、张艳、李克佳、丁燕、尹诗、尹志科、刘凤兰、任玉嘉、周艳芳、秦颖、张艳、石焜、周志红、陈丽、向桂萍、焦晶晶、于海静、姚慧、黄伶智、戴云云、蒋志、蒋萍萍、苏丹、焦杰、李灵、付丽、段梦娟、吉彬彬、张颖新、周丹丹、杨姣、曾翠、程丽

2010 年：蒋芬、王瑶、王云、李海洋、梅媛、孙景贤、张素霞、易容芳、陈瑞芳、张雪晴、刘萍、谢晓炜、陈三妹、张娜、王国妃、彭司森、张丽娣、林琴、周晓熙、黄树源、荆海红、刘穗玲、吴小花、朱莉、魏容容、唐漫漫、刘玉梅、麦琪

2011 年：赵静、杨丽君、田刻平、罗艳、张卓婧、邹健、李倩、牛林艳、汤观秀、李娟、田凌云、陈玲、吴德芳、阮叶、曾纯、曹希、张茜、王晓松、刘梦姣、张六一、郭玉芳、张雪燕、刘亚琪、许湘华、谢建飞、秦春香、仇铁英、曹逸、周艳红、张莹、李九红、刘民辉、王庆妍、熊杨、夏晓晨、张平、杨国莉、文莎丽、马丽丽、阿布哈、波比、卡丽、莎克亚、莫阿奇、加森、卡巴尼、谭金莲

2012 年：李腾腾、潘露、文益江、王媛媛、付冰、姜鲜银、田含章、廖昕宇、任璐、肖霖、王唯、李贞贞、周露、唐懿芳、朱素翠、李晶、盛丽娟、李晓敏、陈思

思、张岸辉、郑凤、刘万里、孙翠芳、廖寒冰、胡进、何洁、欧美军、刘晓鑫、黎艳华、彭静、胡美玲、钱云、谭思敏、唐婧琼、雷阳、汪健健、彭德珍、雷娅

2013年：林清、吕晓凡、朱宏锐、成琴琴、王莎、杨云帆、张艳、尹航、李怡萱、李梦玲、李华艳、时春红、赵晓营、丁金锋、黄重梅、师正坤、陈晓、杨洪华、张爱迪、李婷、陈佳睿、苏盼、王安妮、张杰、孙欣、李幸、李艳伟、刘自娜、易开桂、朱丽明、王滨琳、张欣欣、赖冰玉、王丽萍、戴昕、卢锦阳、伍沛、肖扬帆、刘莉、贺海燕、张丹、雷云霄、王璐、肖雪玲、王潇、王霞、黄仕瑛、徐莉莉、吴萍

（5）博士研究生教育

2004年护理学院在全国率先招收护理学博士研究生，我院教师王红红成为中国本土培养的第一批护理学博士。十年来，我院博士招生稳步增长，截至2014年，共招收护理学博士研究生94人（其中在职培养32人），其中已毕业24人。

2004年：王红红

2005年：谢日华、王秀华、冯辉

2006年：张彩虹、唐维维

2007年：刘宇、晏晓颖、雷俊、周乐山、李现红

2008年：郭佳、罗阳、王曙红、蒋小剑

2009年：任小红、王卫红、周钰娟、曾颖、孙玫、周雯娟

2010年：张银华、宋妍、张华、李春艳、毛婷、叶曼、段梦娟

2011年：汪惠才、王婧、吉彬彬、陈丹

2012年：王瑶、李强、刘丹、林小玲、陈三妹、石泽亚、黄菲菲、张庆华、胡红娟、约翰

2013年：罗艳、黄延锦、黄伶智、陈小芳、赵丽群、王井霞、李旭英、王连红、张六一、李树雯、雷芬芳、徐艳

在职培养：

朱诗林、刘佳、莫伟、刘华、张京慧、袁美莲、蒋晓蓉、李建群、何晓璐、孔令磷、张会敏、秦月兰、张红辉、邹颖宇、权明桃、陈嘉、黄辉、易琦峰、姜萍岚、沈波涌、周莲清、刘翔宇、张开利、袁素娥、韩扬扬、李艳、程利、邱泽安、谢鑑辉、龙飞艳、张慧琳、贺丽春、高红梅

2014年：杨姣、郭玉芳、张侠、林琳、谢建飞、张晓飞、任璐、朱爱群

五、教研教改

学院一贯重视教学，强化教学意识、完善日常教学管理、重视师资培养，在保证教学质量、加强教材建设，以及科研促进教学等方面取得了显著成绩。主编教材100余种，共获教学成果奖20余项，其中主编人民卫生出版社出版的《预防医学》获全国高等护理专业教材优秀教材二等奖，《社区护理学》获湖南省教学成

果三等奖，《现代护理学》获中南地区大学出版社优秀教材二等奖；公开发表教学研究论文 70 余篇，其中 SCI 收录论文 1 篇。

1. 教改课题

序号	课题名称	课题负责人	课题来源	时间
1	华夏基金资助护理教育项目	何国平	国家卫生部	2001—2002
2	本科护理专业人才培养模式研究	张静平	中南大学	2003—2007
3	CGFNS 国际高级护理人才培训项目	何国平 冯辉	美国亚洲基金会	2005—2008
6	中泰两国 POHNED 教育项目	何国平	美国中华医学基金会	2005—2008
7	护理本科毕业学生能力评价的方法研究	张静平	湖南省教育厅	2005—2008
8	我国社区护理课程体系及人才培养模式研究	何国平	教育部博士点基金	2006—2009
9	医学生沟通需求评估及课程改革研究	李映兰	美国中华医学基金会	2006—2010
10	护理本科生《健康评估》实践教学模式及考核评价系统研究	周乐山	中南大学	2006—2008
11	研究生人才培养规格、模式、方案的研究与实践	罗阳	中南大学	2007—2009
12	多元化途径发展湖南省社区护理教育	何国平	美国中华医学基金会	2008—2011
14	健康管理师人才培养模式的研究与实践	冯辉	湖南省教育厅	2009—2012
15	国内护理学硕士研究生质量社会评价指标体系构建	唐四元	中南大学	2009—2011
16	以循证护理为切入点探讨护理本科生的教学模式	唐四元	中南大学	2009—2012
17	护理专业研究生社区科研实践模式的探讨	唐四元	中南大学	2009—2011
18	新生儿科疼痛管理现状及疼痛管理课程教育效果的研究	李乐之	湖南省自然科学基金	2009—2012
19	护理健康网网站模式的建立——护理健康网工作室	唐四元	中南大学	2010—2013
21	护理本科生临床课程研究性学习的研究与实践	罗阳	中南大学	2010—2013
23	护理研究生社区实践模式的构建	唐四元	中南大学	2011—2013
24	"学校—医院—社区"护理专业实践体系构建	王红红	中南大学	2012—2014
25	护理研究生培养过程质量监控体系的构建	周乐山	中南大学	2012—2013
26	综合测评在《基础护理学》课程评价中的应用	杨敏	中南大学	2013—2014
27	基于护理专业本科生核心能力培养的课程设置研究	陈嘉	湖南省教育厅	2014—2017
28	护理学专业课程体系改革研究	张静平	湖南省教育厅	2014—2017
29	本科《社区护理学》课程考试改革的研究	冯辉	中南大学	2014—2015

续上表

序号	课题名称	课题负责人	课题来源	时间
30	远程教育护理本科教材体系建设	王红红	湖南省普通高等学校教学改革研究项目	2014—2016
31	护理学科硕士研究生课程体系建设	王红红	中南大学	2014—2016
32	护理本科毕业学生能力评价的方法研究	张静平	湖南省教委	2006—2008
33	护理学专业学位与学术学位培养模式的比较研究	张静平	中南大学	2012—2014
34	护理专业临床带教老师培养模式的改革研究	张静平	湖南省教育厅	2010—2012
35	基于学生能力培养的本科护理学特色专业建设的研究与实践	张静平	湖南省教育厅	2003—2005

2. 教学成果奖

序号	成果名称	参与人员	单位	时间
1	《社区护理学》教材获湖南省教育厅教学成果三等奖、中南大学教学成果二等奖	何国平	湖南省教育厅 中南大学	2001
2	《实用护理学》获湖南省护理学会教材一等奖	何国平	湖南省护理学会	2002
3	《实用社区护理》获湖南省护理学会优秀著作奖	何国平	湖南省护理学会	2003
4	师德先进个人	何国平	中南大学	2004
5	"护理学创新人才培养模式及实践教学体系的研究与改革"获湖南省教育厅教学成果三等奖、中南大学教学成果三等奖	张静平	湖南省教育厅 中南大学	2006
6	湖南省高等学校多媒体教育软件大奖赛获湖南省教育厅二等奖	何国平	湖南省教育厅	2006 2007
7	主编的规划教材《生理学》获湖南省护理学会优秀著作奖	唐四元	湖南省护理学会	2007
8	《现代护理学》获中南地区大学出版社优秀教材二等奖	张静平		2007
9	师德先进个人	何国平	中南大学	2007
10	《外科护理学》(五年制高等职业教育专业教学用书)获湖南省护理学会第六届优秀著作奖	李乐之	湖南省护理学会	2008
11	"社区护理学"获国家级精品课程	何国平、廖淑梅、张静平、唐四元、冯 辉、王红红、肖江龙	教育部	2008

续上表

序号	成果名称	参与人员	单位	时间
12	"我国社区护理专业人才培养与课程体系建设的研究"获中南大学教学成果一等奖、湖南省高等教育省级教学成果三等奖	何国平、唐四元、冯　辉、廖淑梅、刘　丹	中南大学湖南省教育厅	2008 2009
13	中南大学护理学院优秀教师	冯辉	中南大学	2009
14	主编的规划教材《生理学》获中南大学优秀教材奖	唐四元	中南大学	2009
15	人机对话考试对护士执业资格考试的启示获中国素质教育成果一等奖中国素质教育先进工作者	何国平	湖南省教育厅	2009
16	基于学生能力培养的本科护理学特色专业建设的研究与实践获中南大学教学成果一等奖、湖南省教育厅教学成果三等奖	张静平、周乐山、何国平、任小红、邓瑞姣	中南大学湖南省教育厅	2010
17	"护理本科生'健康评估'实践教学的创新研究获"中南大学教学成果二等奖、湖南省教育厅教学成果三等奖	周乐山、张静平、何国平、雷　俊、王秀华	中南大学湖南省教育厅	2010
18	《精神科护理》获中南大学高等教育教学成果奖一等奖	何国平	中南大学	2012
19	"社区慢性病患者的护理与管理"入选国家级精品视频公开课	唐四元、冯　辉	教育部	2012
20	以循证护理为切入点的护理本科生教学模式研究与改革获中南大学教学成果一等奖	唐四元	中南大学	2012
21	湖南省护理学会急症专科护理获湖南省优秀著作奖	李映兰	湖南省教育厅	2012
22	"社区护理学"入选国家级精品资源共享课	唐四元、冯　辉、何国平、王秀华、孙　玫、谷　灿	教育部	2013
23	"说课在内科护理学教学中的应用研究"获湖南省教育教学改革发展优秀成果三等奖	曾　慧	湖南省教育厅	2013
24	中南大学湘雅医学院最佳课件设计奖	周乐山	中南大学	
25	中南大学研究生教学质量优秀奖	周乐山	中南大学	

3. 主编著作

序号	著作名称	主编、副主编	出版社	出版时间
1	传染病护理学	朱念琼	江苏科学技术出版社	1997
2	整体护理程序与操作	蒋冬梅	湖南科学技术出版社	1998
3	整体护理系列丛书	蒋冬梅	湖南科学技术出版社	1999
4	病人健康教育指导	蒋冬梅	湖南科学技术出版社	2000
5	儿科护理学	朱念琼	湖南科学技术出版社	2001
6	当代教育学理论与护理教育题库	易巧云、曾　慧	湖南电子音像出版社	2001
7	实用护理学	何国平、喻　坚	人民卫生出版社	2001
8	医学分子生物学	廖淑梅	人民卫生出版社	2001
9	预防医学	何国平	人民卫生出版社	2002
10	卫生保健	何国平	高等教育出版社	2002
11	实用社区护理	何国平	人民卫生出版社	2002
12	ICU 护士必读	蒋冬梅	湖南科学技术出版社	2003
13	21 世纪护士实习手册	张静平、蒋冬梅	湖南科学技术出版社	2003
14	社区护理学	何国平	湖南科学技术出版社	2003
15	内科护理学	张静平	湖南科学技术出版社	2003
16	护理科研设计	王红红	湖南科学技术出版社	2003
17	常用护理英语词汇手册	何国平、冯　辉	高等教育出版社	2004
18	护患沟通技巧	谌永毅	湖南科学技术出版社	2004
19	护理心理学	李映兰	人民卫生出版社	2004
20	现代护士职业安全	李映兰	湖南科学技术出版社	2004
21	生物化学	廖淑梅	北京大学出版社	2004
22	妇产科护理学	王红红	中国协和医科大学出版社	2004
23	妇产科学应试指南	罗　阳	人民军医出版社	2005
24	健康评估	曹和安	湖南科学技术出版社	2005
25	现代护理学	张静平	中南大学出版社	2005
26	实用手术配合全书	蒋冬梅	湖南科技出版社	2005
27	家庭护理与保健	何国平	高等教育出版社	2005
28	社区护理学	何国平	湖南科学技术出版社	2005
29	康复护理学	廖淑梅	湖南科学技术出版社	2005
30	内科护理学(第 2 版)	张静平	湖南科学技术出版社	2005
31	健康评估	张静平	湖南科学技术出版社	2005

续上表

序号	著作名称	主编、副主编	出版社	出版时间
32	心理与精神护理	曾　慧	高等教育出版社	2005
33	护理科研设计	王红红	湖南科学技术出版社	2005
34	外科护理学(第4版)(全国护理本科规范教材)	李乐之	人民卫生出版社	2006
35	生理学(第2版)，卫生部规划教材(供本科护理学类专业用)	唐四元	人民卫生出版社	2006
36	生理学学习指导及习题集，全国高等学校配套教材(供本科护理学类专业用)	唐四元	人民卫生出版社	2006
37	医学临床三基训练技能图解(护士分册)	张静平	湖南科学技术出版社	2006
38	妇产科护理学应试指南	罗　阳	人民军医出版社	2006
39	护理学基础应试指南	任小红	人民军医出版社	2006
40	生物化学应试指南	廖淑梅	人民军医出版社	2006
41	人际沟通学	冷晓红	人民卫生出版社	2006
42	生理学应试指南	唐四元	人民军医出版社	2006
43	难产诊疗学	周昌菊	湖南科学技术出版社	2006
44	实习护士手册	阳爱云	人民军医出版社	2006
45	现代护理学	张静平	中国大学出版社	2007
46	卫生保健	何国平	高等教育出版社	2007
48	老年护理学	何国平、曾　慧	湖南科学技术出版社	2007
49	实用专科护士丛书	蒋冬梅	湖南科学技术出版社	2007
50	实用专科护理丛书——急救分册	李映兰	中南大学出版社	2008
51	老年健康照护	李映兰	中南大学出版社	2008
52	急救护理	李映兰	中南大学出版社	2008
53	社区护理	李映兰	中南大学出版社	2008
54	护理技能分册	谌永毅	湖南科学技术出版社	2008
55	肿瘤护理分册	谌永毅	湖南科学技术出版社	2008
56	护士用药指南	严　谨	人民卫生出版社	2008
57	新编临床护理常规	黄　金	人民卫生出版社	2008
58	外科护理学(五年制高等职业教育专业教学用书)	李乐之	湖南科学技术出版社	2008
59	社区康复护理学习指导	何国平	中南大学出版社	2008
60	护理健康教育与健康促进	何国平	浙江大学出版社	2008
61	健康来自1分钟的好习惯	刘翔宇	中国理工大学出版社	2008

续上表

序号	著作名称	主编、副主编	出版社	出版时间
62	护理论文写作指导	何国平、冯 辉	国家科技文献出版社	2009
63	内科护理学	张静平	人民卫生出版社	2009
64	老年护理学（国家"十一五"规划本科教材）	黄 金	高等教育出版社	2009
65	实用临床护理"三基"训练	李乐之	湖南人民出版社	2009
66	护理学研究	王红红	中南大学出版社	2009
67	老年护理学学习指导	王秀华	中南大学出版社	2009
68	从内到外说百病	刘翔宇	中国言实出版社	2009
69	健康评估	张静平	中南大学出版社	2010
70	内科护理学	雷 俊 李 兵 丁四清 毛 平	中南大学出版社	2010
71	社区护理技能学	何国平	中南大学出版社	2010
72	肿瘤护理分册（专科护士培训教材）	谌永毅	湖南科学技术出版社	2010
74	现代妇产科护理模式（第2版）	严 谨	人民卫生出版社	2010
75	精神科护理	曾 慧	高等教育出版社	2010
76	重症监护	王曙红	高等教育出版社	2010
77	社区护理学	何国平	湖南科学技术出版社	2010
78	移植护理学	严 谨	湖南科学技术出版社	2010
79	急诊专科护理	李映兰	湖南科学技术出版社	2010
80	重症监护专科护理（湖南省专科护理领域岗位规范化培训教材）	李乐之	湖南科学技术出版社	2010
81	护理健康教育与健康促进	何国平	浙江大学出版社	2010
82	护理专业英语	何国平 冯 辉 曾 颖	中南大学出版社	2011
83	常见临床护理案例	王曙红 张京慧	中南大学出版社	2011
84	三基训练外科护理学分册	蒋冬梅	湖南科学技术出版社	2011
85	临床护理"三基"实践指导	李映兰	化学工业出版社	2011
86	中医临床"三基"训练——护士分册	黄 金	湖南科学技术出版社	2011
87	呵护心脏	丁四清	中南大学出版社	2011
88	健康评估	何国平、王秀华	中南大学出版社	2011
89	急诊专科护理	谌永毅	湖南科学技术出版社	2011
90	饮食营养与肿瘤预防和康复	谌永毅	湖南科学技术出版社	2011
91	社区护理理论与实践（"十二五"规划研究生教材）	何国平	人民卫生出版社	2012

续上表

序号	著作名称	主编、副主编	出版社	出版时间
92	常用临床护理技术操作并发症的预防及处理	李乐之	人民卫生出版社	2012
93	外科护理学	李乐之	人民卫生出版社	2012
94	护理科研设计	王红红	湖南科技出版社	2012
95	医院护理管理学	蒋冬梅	湖南科学技术出版社	2012
96	急救护理学（教育部高职高专教材）	李映兰	湖南科学技术出版社	2012
98	老年护理学（第2版）	黄　金	湖南科学技术出版社	2012
99	护理管理学	任小红	中南大学出版社	2012
100	生理学（高等医药院校"十二五"规划教材）	唐四元	中南大学出版社	2012
101	急诊护理学（第2版）	李映兰	中南大学出版社	2012
102	临床护理工作标准流程图表	谌永毅	湖南科学技术出版社	2012
103	精神科护理学实践与学习指导	杨　敏	人民卫生出版社	2012
104	护理学研究（二）学习指导	李现红	中南大学出版社	2012
105	急危重症护理学（第3版）	李映兰	人民卫生出版社	2012
106	优质护理，我们并肩前行	赵丽萍	湖南人民出版社	2012
107	现代护理学（第2版）	张静平	中南大学出版社	2012
108	生理学（第3版）（卫生部"十二五"规划教材）	唐四元	人民卫生出版社	2012
109	生理学学习指导及习题集（全国高等学校配套教材（供本科护理学类专业用））	唐四元	人民卫生出版社	2012
110	内科护理学（第2版）	张静平	湖南科学技术出版社	2012
111	护理学基础	喻　坚	湖南科学技术出版社	2012
112	儿科护理学	周乐山	湖南科学技术出版社	2012
113	护理美学	任小红	湖南科学技术出版社	2012
114	护理伦理（普通高等教育"十二五"规划教材）	杨　敏	清华大学出版社	2012
115	心理护理理论与实践	张静平	人民卫生出版社	2012
116	老年护理学（双语教材）	黄　金	人民卫生出版社	2012
117	诊断学基础	周乐山	高等教育出版社	2012
118	社区护理学	周乐山	中国医药科技出版社	2012
119	临床护理工作标准流程图表	谌永毅	湖南科学技术出版社	2012
120	肿瘤整形外科学	谌永毅	浙江大学出版社	2012
121	图说肺癌手册	张京慧	湖南科技出版社	2012
122	常用护理技术操作并发症的预防及处理	黄　金	人民卫生出版社	2013
123	内科护理查房手册	毛　平	化学工业出版社	2013
124	医学临床三基训练试题集	张静平	湖南科学技术出版社	2013

4. 教学论文

序号	名称	作者	发表刊物	发表时间
1	批判性思维与护理本科教学	王红红	当代护士	2000
2	成人高等教育校外办学之探索	唐四元	中国现代医学杂志	2003
3	医学实践教学改革的几点认识	唐四元	中国现代医学杂志	2003
4	参与式艾滋病知识培训在护理本科生中的应用	王红红	护士进修杂志	2003
5	新型医学模式呼唤人文素质教育	罗 阳	西北医学教育	2004
6	计算机辅助教学在妇产科临床教学中应用	罗 阳	中国医学教育研究进展	2004
7	WTO环境下护理人力资源培养的国际化趋势	何国平	中华医护杂志	2004
8	本科生参与社区护理实践的自信心培养与思索	廖淑梅	中华医学教育与实践杂志	2004
9	论临床教学中护生医疗纠纷防范教育	罗 阳	中华现代护理杂志	2005
10	强化人文素质教育 适应医学模式发展	罗 阳	医学与哲学	2005
11	护生培养模式的探索	张静平	现代护理	2005
12	加强和改进医学院校大学生思想政治教育工作方法的几点思考	何国平	中国高等医学教育	2005
13	我国医院护士长岗位培训的现状与展望	何国平	现代护理	2005
14	医学生人格及其相关因素的研究进展	张静平	解放军护理杂志	2005
15	我国大学生人格教育的现状	张静平	西北医学教育	2005
16	高等护理教育应注重社区护理人才的培养	张静平	西北医学教育	2005
17	护生就业中存在的问题及对策	张静平	现代护理	2005
18	大学生心理健康影响因素及其干预措施	张静平	护理学杂志	2005
19	不同学历护生的应对方式分析	张静平	中国行为医学科学	2005
20	"探究式学习"理论在高等护理临床带教中的运用	罗 阳	现代护理	2006
21	试论评判性思维与试物学习理论	唐四元	护理学杂志	2006
22	Peplan人际关系模式在本科护生实习带教中的应用	何国平	护理研究	2006
23	Internet护理教育研究	何国平	世界医药杂志	2006
24	角色扮演在《社区护理》教学中的应用	何国平	护理研究	2006
25	论医学教学实施创新教育 培养创新人才的必要性	唐四元	中华医护杂志	2006
26	社区护理教育应对医疗改革相关问题的思考	何国平	解放军护理杂志	2007
27	社区护理人才培养的若干思考	何国平	解放军护理杂志	2007
28	中国医疗体制改革与高等护理教育发展策略的探讨	何国平	中华护理教育	2007
29	个案管理对我国护理专业教育的启示	何国平	解放军护理杂志	2007

续上表

序号	名称	作者	发表刊物	发表时间
30	多种教学方法在护理心理学教学中的应用	何国平	护理研究杂志	2007
31	医学科技哲学对医学的影响	唐四元	医学与哲学	2007
32	护理本科实习生心理健康状况及应激性事件变化的相关性研究	罗　阳	中国行为医学科学	2008
33	我国护理研究生培养现状及思考	罗　阳	中华现代护理杂	2008
34	护理本科生"健康评估"实践教学模式探讨	何国平	护理研究	2008
35	床位负责制在护理本科生"健康评估"实践教学中的应用	何国平	解放军护理杂志	2008
36	社区护理教育如何适应社区护理发展的需要	廖淑梅	现代护理	2008
37	高等职业院校护理人文素质教育的现状调查	何国平	中华现代护理杂志	2008
38	我国护理专业硕士研究生培养的回顾与展望	唐四元	中华现代护理杂志	2008
39	不同实践教学模式对护理本科生交流沟通能力的影响	张静平	中国行为医学科学	2008
40	护理本科生从事社区护理意愿调查	何国平	护理研究	2008
41	个案管理对我国护理专业研究生教育的启示	何国平	解放军护理杂志	2008
42	以问题为基础的学习在我国临床护理教学中的应用现状	曾　慧	中国实用护理杂志	2008
43	社区护理课程体系构建的系统方法观	何国平	西北医学教育	2008
44	护生实习前社交焦虑与惧怕否定、自尊水平的关系	何国平	中国实用护理杂志	2008
45	160名护理本科生专业思想调查分析	张静平	护理研究	2008
46	我院护理伦理学教学现状调查分析	何国平	护理研究	2008
47	本科护生实习期间认知失调的探讨	张静平	现代护理	2008
48	护理本科生职业期望与专业观探讨	张静平	护理教育研究	2008
49	对当代护生创业教育初探	何国平	护理研究杂志	2008
50	医学生沟通技能态度及相关因素分析	李映兰	西北医学教育	2009
51	"社区护理学"精品课程的建设与特色	冯　辉	中华护理杂志	2009
52	护士职业应激影响因素的研究	张静平	中华行为医学与脑科学杂志	2009
53	人文素质培养与专业课教学相结合的实践与体会	周乐山	中国现代医学杂志	2009
54	护理本科生"健康评估"实践教学考核评价体系探讨	周乐山	中国医学工程	2009
55	社区护理教学必须走进社区	何国平	护理研究	2009
56	PBL教学模式在护理研究生教育中的应用探讨	廖淑梅	中华现代临床护理学杂志	2009

续上表

序号	名称	作者	发表刊物	发表时间
57	新时期下高等社区护理教育的思考	廖淑梅	现代临床护理	2009
58	"社区护理学"精品课程的建设与特色	何国平	中华护理杂志	2009
59	护理本科实习生沟通技能态度及行为评估	李映兰	护理学杂志	2010
60	内隐教学在护生技能培养中的应用	唐四元	护理学报	2010
61	护理学研究所评判性思维的现状及影响因素分析	唐四元	中华护理杂志	2010
62	试论我国护理研究生社区实践的必要性	唐四元	护理学杂志	2010
63	Perceptions of nursing profession and learning experiences of male students in baccalaureate nursing program in Changsha	王红红	China Nurse Education Today	2011
64	教育环境测量在我国护理学专业教育教学中的应用分析	唐四元	护理研究	2011
65	QCC模式在改善健康管理中心护理实习生综合素质中的效果研究	罗 阳	中国医药导报	2012
66	从国内外社区护理现状谈我国社区护理教育的改革	唐四元	齐齐哈尔医学院学报	2012
67	浅析护理专业本科生媒介素养教育	唐四元	护理研究	2012
68	护理教育的行动研究进展	唐四元	护理学杂志	2012
69	浅谈护理信息网站的设计与建设	唐四元	计算机光盘软件与应用	2012
70	我国护理学硕士研究生社区护理课程学习现状及需求分析	唐四元	护理研究	2012
71	本专科实习护生心理健康影响因素的相关性研究	罗 阳	中国行为医学科学(CSCD)	2012
72	说课在内科护理学教学中的应用研究	曾 慧	护理学杂志	2012
73	医学本科生不同阶段学习变化及影响因素研究	罗 阳	中华护理教育	2013
74	社会认知学理论指导下护生自主学习影响因素分析	罗 阳	护理学杂志	2013
75	护理专业学生对以问题为中心教学认知现状调查	罗 阳	中华护理教育杂志	2013
76	护理本科生评判性思维倾向与心理自立的相关性研究	罗 阳	中华行为医学与脑科学杂志(CSCD)	2013

5. 精品课程建设

1995年我校开办护理专业本科教学,社区护理学被确定为本科护理教学中的必修课程,并于1996年成立社区护理教研室,将长沙市开福区麻园岭社区作为社区护理实践教学基地;2001年随着学院的西迁,又将全国优秀示范社区——长沙望月湖社区作为我院社区护理教学的第二个实践教学基地。我院于1997年、

2001 年先后组织编写、出版了《社区护理学》和《实用社区护理》两种本科教材，教学的内容也作了大量的改革，从我国社区卫生服务的要求出发，从理论到实践增加了实践的课时数，强调社区卫生实践必须走出校门，走进社区，走进家庭。在教学的考核过程中，从单一的试卷考试到社会实践的调查报告，对学生社区护理课程的考核进行了综合评价。教师的人数也由 2 位增加到目前的 10 位，并成立了社区护理学系本科生招生人数从 1995 年每年 20 人增至每年 120 人。

2000 年我院护理专业被列为学校的重点学科。同年国务院学位办授予我院为护理学硕士授权点，其中社区护理是研究方向之一。2001 年，被列为湖南省重点建设专业。2005 年获湖南省重点专业，同年获社区护理学博士授予权，是我国率先招收社区护理方向博士研究生的院校之一。2005 年"社区护理学"被评为学校精品课程，2006 年"社区护理学"被评为湖南省精品课程。2008 年"社区护理学"被评为国家级精品课程。2010 年，"社区护理学"课程负责人何国平教授主编了人民卫生出版社的"十二五"规划研究生教材《社区护理理论与实践》。

2012 年，我院成为国家首批护理学科博士后流动站之一，研究的主要方向为社区常见慢性病的护理与管理。"社区慢性病患者的护理与管理"是"社区护理学"精品课程的重要章节之一，学科带头人唐四元教授在学院主持了精品视频公开课"社区慢性病患者的护理与管理"的建设，2013 年，被教育部列入国家级精品视频公开课。其授课内容主要包括有高血压、糖尿病、冠心病、骨质疏松症、脑卒中、老年痴呆等社区常见慢性病的护理与管理，分别从病因、预防、自我管理及居家护理等方面进行详细介绍，旨在帮助社区慢性病患者群体提高对疾病的自我管理和自我监测能力，同时，提供患者居家护理的相关知识与技能，增强家庭照顾患者的意识，从而控制慢性病的发病率、致残率和死亡率，改善和提高患者的生活质量，减轻家庭疾病负担。视频课程内容通俗易懂，在形式上为学习者喜闻乐见，易于传播，易于接受。唐四元教授、青年骨干教师冯辉副教授为本公开课的主讲教师。

2013 年，在原来国家级精品课程基础上，根据学校的统一建设规划和技术指导，学院社区护理学系全体教师对"社区护理学"课程进行了转型升级，并成功申报了国家级精品资源共享课。由于资源共享课的学习对象和学习方式与在学校学生的学习方式不同，现有的课堂和社区实践基地的教学方式不一定都适合网络学习方式，因此，"社区护理学"资源共享课的建设其实是对讲课方式和授课内容的"再创作"。针对理论教学和实践教学对视频材料要求的不同，参考了国内外兄弟院校网络共享方式和内容，在前几年视频资料积累的基础上，将其中部分内容重新组合，按教育部要求的方式呈现。重拍了几乎所有的课堂理论教学和实践教学的视频。同时，由于社区护理专业理论、知识与技能的发展，教材的改版，以及课程负责人的变更，对课程教学大纲、授课教案、电子课件、习题集和参考文献目录等基本教学资源和试题库进行了补充和更新。拓展资源则主要完善了案例库、素材资源库、试题库系统、作业系统、在线自测/考评系统等。

2013年，课程负责人唐四元教授主持开发了"社区护理学"MOOC课程，并于2014年初完成了本课程30多个知识点的拍摄和后期制作，供学生课堂和课外学习使用。该课程具备交互式和情景化学习、多媒体支持、学习评价、智能答疑等功能，并有专人维护和管理，实行"全天候"开放。

2013年，我院"健康评估"（课程负责人王秀华）、"基础护理学"（课程负责人杨敏）、"内科护理学"（课程负责人张静平）、"老年护理学"（课程负责人曾慧）被列为"中南大学精品示范课堂"建设课程。其中，"健康评估"获得中南大学18万元的课程建设经费资助。

第五章　学科上平台　科研结硕果

自 2000 年 4 月组建中南大学护理学院以后，护理学科呈现出了跳跃式发展，在科研课题、科研论文、科研获奖、专利授权方面都取得了显著成绩。

一、科研课题

2000 年，护理学院仅有省级和校级科研课题 9 项，科研经费 9 万元；2001 年在研课题 8 项，并获得首个与亚洲老年培训中心合作的国际合作课题"老年慢阻肺患者自理能力培训"（主持人曾慧教授）；2002 年，有 6 项省级和校级科研课题中标，获得科研课题经费 13 万余元；2003 年获得第二个国际合作科研项目，即"国际助老会——亚太地区发展中心与中国西部老年人及其社区扶贫项目"，获进校经费 47 万余元；2004 年，申报科研课题 6 项，其中国际课题 2 项，获得资金 40 万元，省级、校级课题各 2 项；2005 年，中标科研课题 8 项，其中国际协助课题 3 项，省部级项目 5 项，总经费 20 余万元；2006 年，中标科研课题 11 项，其中湖南省自然科学基金 2 项，国际协助课题 2 项，省部级项目 4 项，总经费 21.21 万元；2007 年，中标科研课题 9 项，其中国际协助课题 1 项（NIH 课题），省部级及其他项目 8 项，总经费 22.5 万元。2008 年，获得国家自然科学基金 1 项（唐四元教授主持），实现该领域零的突破，获美国中华医学基金（CMB）1 项（经费 17.5 万美金），总经费 140 多万元；2009 年获得国内外科研项目 6 项，其中国家疾控中心 1 项，CMB 基金 2 项，省级课题 3 项，完成科研进校经费 30 余万元；2010 年获得国内外科研项目 16 项，其中国际合作项目 1 项（NIH 课题）；省级科研课题 6 项，完成进校经费 46.8 万余元；2011 年获得国内外科研项目 16 项，其中国际合作项目 1 项、省级科研课题 6 项，完成进校经费 50 余万元；2012 年共承担科研课题 13 项，其中国际合作项目 3 项、省级科研课题 10 项；5 项专利获得授权，科研经费达 100 多万元；2013 年共获得课题 27 项，国家级课题 2 项，其中国家自然科学基金课题 1 项、国家社会科学基金 1 项，国际合作课题 5 项（其中 NIH 课题 1 项），进校经费 260 多万元。

表 5-1 2005—2013 年省级以上部分科研课题列表

年份	项目编号	项目、课题名称	项目来源	科研经费（万元）	负责人
2005	K051098-32	艾滋病高危人群的行为干预及效果评价指标体系研究	长沙市科技局	4	何国平
2005	C2005-006	糖尿病病人社区护理干预研究	湖南省卫生厅	0.3	唐四元
2005	05C0163	CCSP 抗肺纤维增生的作用及机制的研究	湖南省自然科学基金	2.0	唐四元
2005	B2006-067	湖南省社区人群安全用药现况调查及护理网站建设	湖南省科技厅	2.0	严谨
2006	1U2RIW006918-01	HIV/AIDS 患者依从性与治疗结局研究	中国疾病预防控制中心 China ICOHRTA Program	4	王红红
2006		中药益气解毒片提取物促进肺组织损伤修复中 MMP-2、MMP-9 表达的作用分子机制研究	湖南省卫生厅	2.0	唐四元
2006	20070410995	Apelin/APJ 在骨重建过程中的作用模式与机制研究	中国博士后科学基金	3.0	唐四元
2006	06JJ4045	结构方程模型在留守儿童心理健康状况中的应用研究	湖南省自然科学基金	1.0	张静平
2006	20060533014	我国社区护理人才培养模式及课程体系的研究	国家教育部"高等学校博士学科点专项科研基金"	6.0	何国平
2006	C2006—019	护士职业应激与职业素质相关因素的研究	湖南省卫生厅项目	0.3	丁四清
2006	1U2RTW006918-01	艾滋病患者抗逆转录病毒治疗及治疗结局	中国疾病预防控制中心	4.0	王红红
2007		社区肥胖儿童生理心理状态分析及干预模式研究	省科技厅	2.1	周乐山
2007	2007OR17	提高吸毒感染 HIV 人员的抗逆转录病毒治疗依从家庭护理干预模式应用性研究	中国全球艾滋病基金会	10.0	王红红
2007	C2007002	护士标准预防知识、健康信念及防护行为依从性的研究	湖南省卫生厅课题	1.0	罗阳
2007	2007FJ3083	社区肥胖儿童生理心理状况分析及干预模式研究	湖南省科技厅	3.0	周乐山
2007	B2007001	住院病人心理护理模式制订及其应用研究	湖南省卫生厅项目	0.8	张静平

续表 5 - 1

年份	项目编号	项目、课题名称	项目来源	科研经费（万元）	负责人
2007	K1009020 - 31	Apelin - APJ 对成骨/破骨细胞的作用模式及机理研究（2008RS4012）	湖南省博士后科学基金	3.0	唐四元
2007	B2007084	肾移植术后抑郁相关因素及干预模式探讨	省卫生厅科研基金项目	4.0	雷俊
2007	2007SK3045	急性疼痛对腹部手术患者心理应激水平影响与机制的研究	湖南省科技厅	8.4	李乐之
2007	湘发改高技〔2007〕8	住院病人心理护理模式构建及其应用开发研究	湖南省发改委项目	5.0	张静平
2008	2008JT3007	老年冠心病抑郁状态的心理社会因素及炎症机制的相关研究（2008JT3007）	湖南省科技厅	5.0	王秀华
2008	2008SK3112	探讨肾移植术后抑郁的干预模式	湖南省科技厅	3.0	雷俊
2008	2008SK3120	女性艾滋病毒感染、母婴传播调查及相关影响因素和干预模式研究	湖南省科技厅课题	3.0	罗阳
2008	〔2008〕479 号 - 107	《医院急诊护理规范》制订	湖南省质监局	3.0	张静平
2008	〔2008〕479 号 - 106	《医院门诊护理规范》制订	湖南省质监局	3.0	张静平
2008	30872708	APJ 在骨代谢调控中的作用模式与机制研究（30872708）	国家自然科学基金	34.0	唐四元
2008	2008FJ3150	慢性疼痛患者疼痛与心理应激相关性及机制的研究	湖南省科技厅	2.0	李乐之
2008	08FJ3180	社区艾滋病信息资源的供需现状及健康教育干预效果的调研	湖南省科技厅	2.0	李映兰
2008	2008SK3117	健康教育对社区冠心病患者知识、态度、行为的干预效果研究	湖南省科技厅	2.0	丁四清
2008	〔2008〕69	在校大学生身心健康状况调查及教育对策研究	湖南省教育厅	3.0	任小红
2008	08SK3106	绝经期乳癌患者生活质量的相关性研究	湖南省科技厅	2.0	王曙红
2008	107101014	湖南省电力外线工人心理健康状况的分析与促进	湖南省电力厅	20.0	任小红
2009	09JJ5013	新生儿科疼痛管理现状及疼痛管理课程教育效果的研究	湖南省自然科学基金	1.0	李乐之
2009	08FJ3182	以 JNK2 接头蛋白 SH2 - B 为靶分子的肥胖症治疗分子机制研究	湖南省科技厅	5.0	苏涛
2009	2008 - Ⅲ - 3	医学生参与降低艾滋病家庭内歧视干预	国家艾滋病工作办公室	13.0	王红红

续表 5-1

年份	项目编号	项目、课题名称	项目来源	科研经费（万元）	负责人
2009	09SK3164	家庭参与的行为改变模式对城市中年男性健康促进生活方式的干预研究	湖南省科技厅	2.0	李映兰
2010	10JJ3069	吸气肌锻炼对改善 COPD 患者肺通气功能及生活质量的干预研究	湖南省自然科学基金	2.0	李映兰
2010	卫规财函(2011)1 号	国家临床重点专科护理	卫生部	400.0	李映兰
2010	2010C0046	不孕症女性患者心理干预模式探讨	省科技厅科研基金	3.0	雷俊
2010	2010YBB339	长沙市老年期痴呆的疾病负担调查与健全的社会支持系统建构研究	湖南省哲学社会科学基金项目	0	曾慧
2010	2010FJ6112	居民急救技能知信行流行病学调查及培训管理模式	湖南省科技厅	2.0	李丽
2010	2010FJ3129	城市社区健康管理服务模式的构建及应用研究	湖南省科技厅	2.0	冯辉
2010	B2010-002	对乳腺癌患者术后焦虑及抑郁状况的护理干预研究	湖南省卫生厅	1.0	任小红
2010	B2009-021	非小细胞癌患者围手术期护理服务项目及其成本分析	湖南省卫生厅	0.8	叶曼
2010	2010SK3107	留置 PICC 导管对肿瘤化疗患者血液流变学影响及机制的研究	湖南省科技厅	2.0	赵丽萍
2011	卫办医政函(2011)873 号	国家临床重点专科护理	卫生部	300.0	李乐之
2011	11JJ6090	家庭访视反歧视干预对 HIV/AIDS 患者健康结局的综合评价	湖南省自然科学基金	2.0	李现红
2011	11JJ5057	非药物疗法对轻度认知功能障碍老年人认知功能的影响研究	湖南省自然科学基金	1.0	曾慧
2011	2011QNZT241	癌症患者家属支持系统的构建及效果评价	中南大学中央高校基本科研业务费青年教师助推专项课题	2.0	毛婷
2011	2011QNZT240	城市社区女性参与宫颈癌筛查的影响因素及干预模式构建	中南大学中央高校基本科研业务费青年教师助推专项课题	2.0	谷灿
2011	2011QNZT242	长沙市社区精神分裂症的精神科家庭教育课程的研究	中南大学中央高校基本科研业务费青年教师助推专项课题	2.0	宋妍

续表 5－1

年份	项目编号	项目、课题名称	项目来源	科研经费（万元）	负责人
2011	2011QNZT243	动机干预和网络支持在男男性行为人群艾滋病防治中的应用评价	中南大学中央高校基本科研业务费青年教师助推专项课题	2.0	李现红
2011	2011FJ6057	孕产妇母乳喂养认知、行为现状及影响因素和干预模式的研究	湖南省科技厅	2.0	罗阳
2011	湘教通〔2010〕243号	护理专业临床带教老师培养模式的改革研究	湖南省教育厅课题	1.0	张静平
2011	B2011－20	湿性敷料对糖尿病足溃疡渗出液中 TGF－β1 和 IL－1β 的动态影响及疗效观察	湖南省卫生厅课题	2.5	黄金
2011	B2011－091	临床护理服务质量评价体系的构建	湖南省卫生厅（一般）	1.0	刘翔宇
2011	C2011－013	护理人力资源配置与绩效考核在护理人力资源管理中的效果研究 C2011－013	湖南省卫生厅（一般）（指导）	1.0	谌永毅
2011	2011124	党参香菇粥在改善肠癌患者化疗后生活质量的应用研究	湖南省中医药管理局（一般）	1.0	谌永毅
2011	2011SK3247	湖南省留守儿童意外伤害相关因素研究	湖南省科技厅	2.0	毛平
2012	20120162110067	网膜素－1 通过调控 OPG/RANKL 表达拮抗血管钙化和骨质疏松的作用机制	2012 年度高等学校博士学科点专项科研基金（博导类）	12.0	唐四元
2012		发展中国家孕产妇保健护理技术培训	商务部援外项目	50.0	唐四元
2012	2012M521537	1 型糖尿病合并抑郁发生中 CRH－ACTH－CORT 轴的变化及其机制研究	中国博士后科学基金第 52 批面上项目二等资助	5.0	郭佳
2012	12－167	多途径干预减轻艾滋病患者家庭内歧视	中国全球艾滋病基金	10.0	王红红
2012	12－080	湖南省男男性工作者非商业性行为的行为特征及干预	中国全球艾滋病基金	12.0	严谨
2012		留守初中生心育网络平台构建	中国家庭教育学会	1.0	张静平

续表 5-1

年份	项目编号	项目、课题名称	项目来源	科研经费（万元）	负责人
2012	12JJ6095	提升自我效能感在肺癌术后肺康复方案中的研究	湖南省自然科学基金	3.0	张静平
2012	12JJ6088	儿童青少年肥胖超重 BMI 筛查的数学模型建立	湖南省自然科学基金	3.0	周乐山
2012	湘财建指[2011]473 号	湖南省商务厅养老护理员培训	湖南省商务厅	30.0	何国平，罗阳
2012	湘质监函[2012]291 号	手术室护理常规制订	湖南省质监局	5.0	张静平
2012	湘质监函[2012]291 号	月嫂等级评定标准的制订	湖南省质检局	3.0	周乐山
2012	湘质监函[2012]291 号	湖南省养老机构服务规范的制订	湖南省质检局	3.0	周乐山
2012	湘基金委字[2012]11 号	内脂素在腹型肥胖中致炎的分子机理研究	湖南省自然科学基金	2.0	王秀华
2012	2012WK3058	跨理论模型在中加两国肥胖儿童生活方式改变中的应用	湖南省科技厅	3.0	周乐山
2012	CX2012B083	自闭症儿童照顾者健康相关生活质量的行动研究	湖南省教育厅	1.0	吉彬彬
2012	CX2012B084	痴呆老人家庭照护者面临的挑战及对痴呆照护服务的期望	湖南省教育厅	1.0	何国平
2012	2012SK3224	寻常痤疮患者生活质量和抑郁情绪影响因素调查与干预研究	湖南省科技厅	2.0	安如俊
2012	2012FJ7004	医院-社区综合管理模式对高血压患者控压效果及服药依从性的影响	湖南省科技厅	2.0	安如俊
2012	2012FJ3085	湿性愈合在 miles 术后会阴延期愈合伤口中的研究	湖南省科技厅	2.0	谌永毅
2012	2012FJ3130	阿司匹林对预防肿瘤患者 PICC 相关纤维蛋白鞘形成及其机制研究	湖南省科技厅	2.0	赵丽萍
2012	2012WK3039	特发性脊柱侧凸致病及侧凸进展的微纳观机制研究	湖南省科技厅	5.0	邓露
2012	2012QNZT090	青少年 1 型糖尿病并发抑郁的神经内分泌机制及相应动物模型的创建	中央高校基本科研业务经费青年助推专项（自然科学类）	10.0	郭佳
2012	2012FJ3085	湿性愈合在 miles 术后会阴延期愈合伤口中的研究	湖南省科技厅计划一般项目	2	谌永毅
2012	S2012J5043	湖南省农村卫生服务机构护理安全管理现状及 RCA 应用研究	湖南省自然科学基金委	1.0	丁四清
2013	81370974	ER-α36 介导淫羊藿素的骨保护作用	国家自然科学基金	70.0	唐四元

续表 5 - 1

年份	项目编号	项目、课题名称	项目来源	科研经费（万元）	负责人
2013	13BRK010	女性流动人口生育健康公共服务均等化研究	国家社科基金	18.0	罗阳
2013	国卫办医函（2013）544	国家临床重点专科护理	卫生部	200.0	丁四清
2013	教外司〔2013〕693 号	TTM 在肥胖儿童体格锻炼中的应用	教育部留学基金	3.0	周乐山
2013	12YBB283	社区老年女性健康照护服务体系的研究	湖南省哲学社科规划基金	2.0	罗阳
2013	2013SK3072	产后抑郁症筛查量表研制	湖南省科技厅	4.0	罗阳
2013	2013SK3055	妇科恶性肿瘤患者自杀意念的干预模式探讨	湖南省科技厅（一般）	3.0	雷俊
2013	2013FJ4077	加速度记录仪联合电话支持对初发 T2DM 患者体力活动行为改变的效果评价	湖南省科技厅	2.0	李乐之
2013	B2013 - 090	肿瘤住院患者护理服务满意度模型研究	湖南省卫生厅一般项目	1	谌永毅

注：国际合作课题详见第六章。

二、科研论文

科研论文从数量到质量上都有显著增长。数量上，从 21 世纪头两年的 10 篇左右，到 2002—2003 年的 30 余篇，再到 2004 年的 42 篇，2005 年 74 篇，2006 年 94 篇，2007 年 65 篇，2008 年 73 篇，2009 年达到了 102 余篇，之后 2010—2013 年科研论文的总数控制在 60 余篇，但科研论文的质量有了长足的进步。2002 年，黄金主任发表了湘雅护理学科的首篇 SCI 论文 *Changing Knowledge, Behaviors, and Practice Related to Universal Precautions Among Hospital Nurses in China*，2003 年王红红教授发表了护理学院首篇 SCI 论文 *A Training Programme for Prevention of Occupational Exposure to Bloodborne Pathogens: Impact on Knowledge, Behaviour and Incidence of Needle Stick Injuries among Student Nurses in Changsha, People's Republic of China*。之后科研论文在高质量的杂志上发表的数量逐渐增加，2010 年以后，每年 SCI 和 EI 源论文数量在 10 篇左右，截至 2013 年底，护理学科共计发表 SCI/SSCI/EI 源论文共计 84 篇详见表 5 - 2。

表5-2 发表 SCI 源科研论文列表

序号	论文名称	作者(第一作者或通讯作者)	发表刊物（出版社）	发表（出版）时间
1	Changing knowledge, behaviors, and practice related to universal precautions among hospital nurses in China	黄金	The Journal of Continuing Education in Nursing	2002
2	A training programme for prevention of occupational exposure to bloodborne pathogens: impact on knowledge, behaviour and incidence of needle stick injuries among student nurses in Changsha, People's Republic of China	王红红	Journal of Advanced Nursing	2003
3	Quality of life and coping styles in Chinese nasopharyngeal cancer patients after hospitalization	何国平	Cancer Nurs	2005
4	Knowledge, attitude, behaviors, and perceptions of risk related to HIV/AIDS among Chinese University Students in Hunan, China	黄金	Aids Patient Care and STDs	2005
5	Study on the subjective well-being of chronic inpatients and its influential factors	张静平	Archives of Psychiatric Nursing	2007
6	Fetal gender and postpartum depression in a cohort of Chinese women	何国平	Social science & Medicine	2007
7	Insulin - like effects of visfatin on human osteoblasts	唐四元	Calcified Tissue International	2007
8	Apelin stimulates proliferation and suppresses apoptosis of mouse osteoblastic cell line MC3T3 - E1 via JNK and PI3 - K/Akt signaling pathways	唐四元	Peptides	2007
9	Bone mineral content and bone mineral density at lumbar spine and forearm in Chinese girls aged 6 - 18 years	唐四元	Journal of Endocrinological Investigation	2007
10	Factors influencing the subjective well being (SWB) in a sample of older adults in an economically depressed area of China	张静平	Archives of Gerontology and Geriatrics	2008
11	Depression of chronic medical inpatients in China	张静平	Archives of Psychiatric Nursing	2008
12	L - Carnitine protects against apoptosis of murine MC3T3 - E1 osteoblastic cells	唐四元	Amino Acids	2008
13	Smoking behavior, knowledge, attitudes and practice among health care providers in Changsha city, China	严谨	Nicotine & Tobacco Research	2008
14	Self-reported adherence to antiretroviral treatment among HIV - infected people in central China	王红红	AIDS Patient Care and STDS	2008
15	Pregnant women's awareness and knowledge of mother-to-child transmission of HIV in South Central China	罗阳	Acta Obstet Gynecol Scand	2008
16	Chinese nursing students' HIV/AIDS knowledge, attitudes, and practice intentions	李映兰	Applied Nursing Research	2008

续表 5 - 2

序号	论文名称	作者(第一作者或通讯作者)	发表刊物（出版社）	发表（出版）时间
17	Effects of bone morphogenetic protein - 2 (BMP - 2) on the secretion and activation of matrix metalloproteinases in Human A549 Lung Carcinoma Cell	唐四元	Cell Biology International	2008
18	E1A inhibits the proliferation of human cervical cancer cells (HeLa cells) by apoptosis induction through activation of HER - 2/Neu/Caspase - 3 pathway	陈嘉	Med Oncol	2008
19	Consistent ART adherence is associated with improved quality of life, CD4 counts, and reduced hospital costs in central China	王红红	Aids Research and Human Retroviruses,	2009
20	Music therapy to relieve anxiety in pregnant women on bedrest: a randomized, controlled trial	杨敏	MCN, American Journal of Maternal Child Nursing	2009
21	A study on the subjective well - being and its influential factors in chronically ill inpatients in Changsha, China	张静平	Applied Nursing Research	2009
22	Consequences of Drug Abuse and HIV/AIDS in China: Recommendations for integrated care of HIV - infected drug users	李现红	Aids Patient Care and STDS	2009
23	Stigma reported by people living with HIV in South Central China	李现红	Janac-Journal of the Association of Nurses in Aids Caee	2009
24	Correlation research on psychological health impact on nursing students against stress, coping way and social support	罗阳	Nurse Education Today	2009
25	Eating spring rice: the cultural politics of AIDS in Southwest China	王红红	Nursing Ethics	2009
26	Psychometric testing of the Health Quotient questionnaire: a measure of self - reported holistic health	郭佳	Journal of Advanced Nursing	2010
27	Effects of nurse-delivered home visits combined with telephone calls on medication adherence and quality of life in HIV - infected heroin users in Hunan of China	王红红	Journal of Clinical Nursing	2010
28	Factors impacting compliance with standard precautions in nursing, China	罗阳	International Journal of Infectious Diseases	2010
29	Omentin inhibits osteoblastic differentiation of calcifying vascular smooth muscle cells through the PI3K or Akt pathway	唐四元	Amino Acids	2010

续表 5 - 2

序号	论文名称	作者(第一作者或通讯作者)	发表刊物(出版社)	发表(出版)时间
30	Prevalence and related influencing factors of depressive symptoms for empty - nest elderly living in the rural area of Yongzhou, China	张静平	Community Mental Health Journal	2010
31	Factors that influence health quotient in Chinese college undergraduates	郭佳	JOURNAL OF CLINICAL NURSING	2010
32	Icaritin induces apoptosis of hepG2 cells via the JNK1 signaling pathway independent of the estrogen	唐四元	Planta Med	2010
33	The influence of knowledge and perception of the risk of cervical cancer on screening behavior in mainland Chinese women	谷灿	Psycho-Oncology	2011
34	Sociodemographic correlates of behavioral problems among rural Chinese schoolchildren	冯辉	Public Health Nursing	2011
35	Cesarean delivery for first pregnancy and neonatal morbidity and mortality in second pregnancy	雷俊	Eur J Obstet Gynecol Reprod Biol	2011
36	Teaching researches on the network curriculum of fundamental nursing based on lmplicit theories	唐四元	Advanced Materials Research	2011
37	Risk factors of obesity in preschool children in an urban area in China	周乐山	Eur J Pediatr	2011
38	Translation and validation of the Chinese version of the postpartum depression screening scale in Chinese mothers	李乐之	Nursing Research	2011
39	Preparation of a ligustrazine ethosome patch and its evaluation in vitro and in vivo	周乐山	International Journal of Nanomedicine	2011
40	Stigma mediates the relationship between self-efficacy, medication adherence, and auality of life among people living with HIV/AIDS in China	李现红	Aids Patient Care and STDs	2011
41	Cesarean section and postpartum depression in a cohort of Chinese women with a high cesarean delivery rate	雷俊	J Womens Health (Larchmt)	2011
42	The relationship between diabetes self-management and metabolic control in adolescents with type 1 diabetes: an integrative review	何国平	Journal of Advanced Nursing	2011
43	Perceptions of nursing profession and learning experiences of male students in baccalaureate nursing program in Changsha, China	王红红	Nurse Education Today	2011
44	Diabetes education in mainland China-A systematic review of the literature	吴辽芳	Patient Educ Couns	2011

续表 5 - 2

序号	论文名称	作者(第一作者或通讯作者)	发表刊物（出版社）	发表（出版）时间
45	Self-esteem situation and relative factor for obese and overweight children	周乐山	American Journal of Epidemiology	2011
46	Relationship between brain-derived neurotrophic factor and cognitive function of obstructive sleep apnea/hypopnea syndrome patients	谷灿	Journal of Tropical Medicine	2012
47	Depression and social support between China´ rural and urban empty – nest elderly	张静平	Archives of Gerontology and Geriatrics	2012
48	Addressing sexuality issues of women with gynaecological cancer: Chinese nurses' attitudes and practice	刘翔宇	Journal of Advanced Nursing	2012
49	Chinese women's motivation to receive future screening: The role of social-demographic factors, knowledge and risk perception of cervical cancer	谷灿	European Journal of Oncology Nursing	2012
50	Effect of a traditional Chinese medicine Liu Wei Di Huang Wan on the activities of CYP2C19, CYP2D6 and CYP3A4 in healthy volunteers	严谨	Xenobiotica	2012
51	Efficacy and tolerability of ziprasidone vs. olanzapine in naive first-episode schizophrenia: a 6 – week, randomized, open-label, flexible-dose study	李亚敏	Pharmacopsychiatry	2012
52	Self-relaxation training can improve sleep quality and cognitive functions in the older: a one-year randomised controlled trial	曾慧	Journal of Clinical Nursing	2012
53	Fibrocytes: a potential therapeutic cell population in chronic wounds.	雷俊	Journal of the Formosan Medical Association	2012
54	Shadow on my heart: a culturally grounded concept of HIV stigma among Chinese injection drug users	李现红	Journal of the association of nurses in AIDS care	2012
55	Self-efficacy, medication adherence, and quality of life among people living with HIV in Hunan Province of China: a questionnaire survey	王红红	Journal of the association of nurses in AIDS care	2012
56	Self-care practices of Chinese individuals with diabetes	何国平	Experimental and Therapeutic Medicine	2012
57	Diabetes self-management, depressive symptoms, quality of life and metabolic control in youth with type 1 diabetes in China	郭佳	Journal of clinical nursing	2012
58	Instrument translation and initial psychometric evaluation of the Chinese version of the self-management of type 1 diabetes for adolescents scale	何国平	Journal of advanced nursing	2012
59	Effects of patient education and progressive muscle relaxation alone or combined on adherence to continuous positive airway pressure treatment in obstructive sleep apnea patients	何国平	Sleep and Breathing	2012

续表 5 - 2

序号	论文名称	作者(第一作者或通讯作者)	发表刊物(出版社)	发表(出版)时间
60	Knowledge of stroke warning signs and risk factors among patients with previous stroke or TIA in China	何国平	J Clin Nurs	2012
61	Effects of an uncertainty management intervention on uncertainty, anxiety, depression, and quality of life of chronic obstructive pulmonary disease outpatients.	何国平	Research in Nursing & Health	2012
62	The effects of group reminiscence therapy on depression, self-esteem, and affect balance of Chinese community-dwelling elderly.	冯辉	Archives of Gerontology and Geriatrics	2012
63	A bayesian-method-based research on the Influence of Tai-Chi on the blood pressure of patients with hypertension	唐四元	International Journal of Digital Content Technology and its Applications	2012
64	Evaluation research on assessment of clinical nursing teaching quality based on fuzzy comprehensive evaluation method	唐四元	Journal of Convergence Information Technology	2012
65	Prevalence and factors associated with condom use among Chinese monogamous women attending sexually transmitted infection clinics in Hong Kong	严谨	Journal of Sexual Medicine	2012
66	Effects of progressive muscular relaxation training on anxiety, depression and quality of life of endometriosis patients under gonadotrophin-releasing hormone agonist therapy	赵丽萍	European Journal of Obstetrics & Gynecology and Reproductive Biology	2012
67	A social epidemiological study of HIV/AIDS in Henan Province, China	严谨	AIDS Care	2012
68	Effects of progressive muscle relaxation training on anxiety and quality of life of endometriosis patients under gonadotrophin-releasing hormone agonist therapy	张静平	Research in Nursing & Health	2012
69	Renal protective effect of Rosa laevigata Michx. by the inhibition of oxidative stress in streptozotocin-induced diabetic rats	何国平	Molecular Medicine Report	2012
70	An evaluation of nursing students' communication ability during practical clinical training	谢建飞	Nurse Education Today	2012
71	Prevalence of stress hyperglycemia among hepatopancreatobiliary postoperative patients	唐四元	Int J Clin Exp Med	2013

续表 5 - 2

序号	论文名称	作者(第一作者或通讯作者)	发表刊物(出版社)	发表(出版)时间
72	Evaluation and study on medical nursing teaching based on neural network	唐四元	International Journal of Digital Content Technology and its Applications	2013
73	Application of grey relational in analysis work satisfaction of nursing personel and influence factors	唐四元	International journal of applied Methematic and statistic	2013
74	Long-term effects of comprehensive interventional therapy on extremity osteosarcoma	唐四元	Health Med	2013
75	Study of fuzzy analytic hierarchy process in clinical nursing	孙玫	Informatics and Management Science I, Lecture Notes in Electrical Engineering	2013
76	Relationship between the depression status of patients with resectable non-small cell lung cancer and their family members in China	张静平	European Journal of Oncology Nursing	2013
77	Sodium valproate may be a treatment for sleep bruxism	唐四元	Journal of Child and Adolescent Psychopharmacology	2013
78	Sodium valproate-induced cnuresis in a pediatric bipolar patient	唐四元	NEUROPSYCHIATRIC DISEASE AND TREATMENT	2013
79	Life satisfaction of adolescents in Hunan, China: reliability and validity of Chinese brief multidimensional students' life satisfaction scale	叶曼	Soc Indic Res	2013
80	Preventive nursing of neonatal clavicular fracture in midwifery: A report of six cases and review of the literature	毛平	Clinical and Experimental Obstetrics and Gynecology	2013
81	Relationship between cancer-related fatigue and personality in patients with breast cancer after chemotherapy	何国平	Psycho-Oncology	2013
82	Family caregiver challenges in dementia care in a country with undeveloped dementia services	何国平	Journal of Advanced Nursing	2013
83	Development and validation of a chronic obstructive pulmonary disease self-management scale	王秀华	Respiratory Care	2013
84	Application of data mining technology in analysis of hierarchical nursing effects	唐四元	International Journal of Applied Mathematics and Statistics	2013

2000—2013 年护理学科发表的部分 CSCD/CSSCI 源论文清单如下。(以下文章列表按照中华人民共和国国家标准 GB 7714—87，即文后参考文献著录规则的要求编排，文章作者大于 3 人者，只列出了前 3 位，故个别通讯作者未在列表中显示，敬请谅解。)

1. 谌永毅，何德芳，谢燕平. 带蒂肌皮瓣修复头颈部肿瘤手术后组织缺损的护理[J]. 中华护理杂志，2001，36(5)：351 - 351.

2. 张静平，刘华容. 家庭支持对血液透析病人生活质量的影响[J]. 湖南医科大学学报，2001，26(4)：359 - 362.

3. 李映兰. 美国护士预防经血液传播疾病的意识和措施[J]. 中华护理杂志，2002，37(8)：633 - 634.

4. 李映兰. 内窥镜室人员职业安全探讨[J]. 中国内镜杂志，2002，8(12)：91 - 92.

5. 李映兰，邓红球. 肿瘤科医护人员职业安全防护[J]. 中国现代医学杂志，2002，12(15)：109 - 110.

6. 曹和安，郑建文. 住院病员护患互动过程中多因素分析[J]. 中国现代医学杂志，2002，12(14)：109 - 109.

7. 李映兰. 高危科室护士职业安全防护存在问题及对策[J]. 中华医院感染学杂志，2003，13(2)：198 - 200.

8. 王曙红，刘晶戎，周建辉. 手势对机械通气患者身心感受的影响[J]. 中华护理杂志，2003，38(5)：394 - 394.

9. 唐四元，周乐山. 医学实验教学改革的几点认识[J]. 中国现代医学杂志，2003，13(7)：111 - 112.

10. 刘宇，何国平. 护士工作压力源研究进展[J]. 中华护理杂志，2004，39(11)：852 - 854.

11. 唐四元，管茶香，周建华. 基质金属蛋白酶 MMP - 2 及 MMP - 9 在肺组织损伤修复中的表达[J]. 中国现代医学杂志，2004，14(12)：16 - 18.

12. 李亚平. 临床路径中的变异研究[J]. 中华护理杂志，2005，39(11)：859 - 860.

13. 周乐山，宋加荣. 头孢噻肟用于老年肺炎的疗效观察及分析[J]. 中国现代医学杂志，2005，14(21)：139 - 139.

14. 王曙红，蒋冬梅，欧阳植庭，等. 胃癌病人康复路径表的临床应用效果[J]. 中华护理杂志，2004，39(7)：515 - 516.

15. 李映兰，梁银辉，龙菊华. 细胞毒药物使用的安全管理[J]. 中国现代医学杂志，2004，14(4)：155 - 156.

16. 严谨，欧阳冬生，陶新陆，等. 循证护理教学及效果评价[J]. 中华护理杂志, 2004, 39(3): 224 - 225.

17. 周乐山, 朱念琼, 曹和安. 中药外敷用于小儿高热在社区的应用及分析[J]. 中国现代医学杂志, 2004, 14(10): 149 - 150.

18. 张静平, 姚树桥, 周乐山, 等. 322 例内科住院患者的心理状态分析[J]. 中华护理杂志, 2005, 40(4): 244 - 246.

19. 刘宇, 何国平. 北京市社区护士工作应激源与应对方式的相关性研究[J]. 中华护理杂志, 2005, 40(7): 530 - 532.

20. 周乐山, 张静平, 朱念琼, 等. 不同学历护生的应对方式分析[J]. 中国行为医学科学, 2005, 14(8): 720 - 720.

21. 周乐山, 曹和安, 朱念琼. 统招护理本科生与成教护理本科生的压力比较[J]. 西北医学教育, 2005, 13(3): 290 - 291.

22. 任小红, 朱海利, 易银沙, 等. 营养支持疗法在婴幼儿重症肺炎转归中的作用[J]. 中南大学学报(医学版), 2005, 30(6): 711 - 713.

23. 张静平, 姚树桥, 何国平, 等. 住院慢性病人的主观幸福感及其影响因素[J]. 中国心理卫生杂志, 2005, 19(4): 240 - 242.

24. 邓小梅, 张静平, 黄海珊. 心理测验在心理护理评估中的应用现状[J]. 中华护理杂志, 2006, 41(3): 259 - 261.

25. 谷灿, 何国平. 农村消化性溃疡病人治疗依从性分析及健康需求调查[J]. 中南大学学报(医学版), 2006, 31(6): 960 - 961.

26. 王红红, 何国平. 艾滋病患者抗逆转录病毒治疗依从性的研究进展[J]. 中华护理杂志, 2006, 41(10): 926 - 928.

27. 于杨, 何国平. 远程医疗在社区护理中的应用与前景[J]. 中华护理杂志, 2006, 41(10): 929 - 931.

28. 周乐山, 何国平. 婴儿辅食添加的研究[J]. 中国现代医学杂志, 2006, 16(13): 2066 - 2067.

29. 张彩虹, 曹和安. 护理本科女生人际归因风格特点[J]. 中国心理卫生杂志, 2006, 20(7): 447 - 450.

30. 任小红. 企业家的时代禀赋与生成内力[J]. 求索, 2007(10): 83 - 84.

31. 安如俊, 黄辉, 段丽萍, 等. 持续腰大池引流脑脊液治疗 34 例蛛网膜下腔出血患者的术后护理[J]. 中华护理杂志, 2006, 41(9): 789 - 790.

32. 黄金, 姜冬九. "医院管理年"督查三级医院护理方面存在的问题与对策[J]. 中华护理杂志, 2006, 41(9): 830 - 831.

33. 贺连香, 肖佩君, 邱赛男, 等. 利百素凝胶加地塞米松外敷治疗静脉输液渗漏效果观察[J]. 中国现代医学杂志, 2006, 16(19): 2974 - 2975.

34. 李映兰, 李丽. 医学实习生艾滋病知识、态度及照顾意愿现状研究[J].

中国现代医学杂志，2006，16（21）：3359－3360.

35. 罗阳. 现代辅助生育的伦理思考［J］. 中国现代医学杂志，2006，16（20）：3199－3200.

36. 郭佳，易巧云，何国平，等. 护理专业不同学历层次学生实习前的社交焦虑状况［J］. 中国行为医学科学，2007，16（11）：1035－1035.

37. 李现红，何国平，王红红. 艾滋病相关羞辱与歧视的研究［J］. 中华护理杂志，2007，42（1）：78－80.

38. 李现红，何国平. HIV 感染者，社会人群及医护人员在艾滋病预防控制中的相互作用［J］. 中华护理杂志，2007，42（2）：178－180.

39. 林琳，易巧云，何国平. 院前急救人员心理健康状况的研究现状［J］. 中华护理杂志，2007，42（10）：931－933.

40. 罗阳，何国平. 产后抑郁症相关性分析［J］. 中南大学学报（医学版），2007，32（3）：460－465.

41. 亓秀梅，罗阳，薛雅卓. 应激事件，应对方式和社会支持对实习护生心理健康状况的影响［J］. 中国行为医学科学，2007，16（5）：457－458.

42. 罗阳，郑乐知，周建伟，等. 产后抑郁症与雌激素及单胺递质水平的相关性研究［J］. 中华妇产科杂志，2008，42（11）：745－748.

43. 任小红，王小万，刘敬伟. 湖南省三县农村居民健康不平等研究［J］. 中国现代医学杂志，2007，17（9）：1141－1143.

44. 朱海利，陈洪华，任小红. 长沙市临床护理人员组织承诺的影响因素［J］. 中国行为医学科学，2007，16（6）：530－532.

45. 徐顺林，任小红. 实施心理干预对癌症病人生活质量的影响［J］. 中国临床心理学杂志，2007，15（4）：438－439.

46. 王秀华，蹇在金，欧阳敏，等. 综合干预对老年卧床不起患者生活质量的影响［J］. 中国老年学杂志，2007，27（9）：1702－1704.

47. 易巧云，朱海利，任小红，等. 临床护理人员离职意愿影响因素研究［J］. 中国行为医学科学，2007，16（8）：745－747.

48. 易巧云，周乐山，任小红，等. 急性心肌梗死患者住院后抑郁状态以及抗抑郁治疗的意义［J］. 中国现代医学杂志，2007，17（16）：2042－2043.

49. 张静平，姚树桥，唐莹. 护士工作应激源量表的编制及信效度检验［J］. 中华护理杂志，2007，42（5）：396－401.

50. 周乐山，易巧云，何国平. 儿童肥胖胎儿期和婴儿期的影响因素［J］. 中国行为医学科学，2007，16（10）：935－936.

51. 周乐山，何国平. 长沙市学龄前儿童肥胖的病例－对照研究［J］. 卫生研究，2007，36（6）：142－143.

52. 谌永毅, 谢燕平, 彭翠娥. 81 例游离股前外侧皮瓣修复口腔颌面部组织缺损患者的护理[J]. 中华护理杂志, 2007, 42(11): 993 - 995.

53. 张慧琳, 李乐之. 三种国外产后抑郁量表应用的比较分析[J]. 中华护理杂志, 2007, 42(2): 186 - 188.

54. 贺莲香, 张阳德, 何剪太, 等. 交变磁场介导下半乳糖化白蛋白磁性阿霉素纳米粒对兔 VX2 肝癌的影响研究[J]. 中国现代医学杂志, 2007, 13(7): 1556 - 1560.

55. 贺莲香, 张阳德, 何剪太, 等. 铁磁流体联合交变磁场对人肝癌细胞 HepG2 的影响[J]. 中国现代医学杂志, 2007, 17(9): 1041 - 1045.

56. 陈嘉. 四联液防治鼻咽癌患者放射性口腔黏膜反应的效果及其机制 中南大学学报, 2007, 32:527 - 530.

57. 蒋岳霞, 唐四元, 伍贤平, 等. 男性骨生化指标随年龄的变化及其与骨密度的关系[J]. 中南大学学报 (医学版), 2007, 33(1): 53 - 56.

58. 陈嘉, 申良方, 钟美佐, 等. E1A 抑制乳腺癌 MCF - 7 细胞增殖及其分子机制的研究中南大学学报医学版, 2008, 33: 582 - 586.

59. 陈嘉, 袁君, 周蓉蓉. 心理治疗改善年青鼻咽癌患者抑郁症状态疗效观察 中国现代医学杂志, 2008, 13:1933 - 1934.

60. 肖友平, 任小红, 陈炼红, 等. 154 名护理部主任心理健康水平与应对方式的相关性研究[J]. 中国行为医学科学, 2008, 17(7): 640 - 642.

61. 陈丹, 喻坚, 王卫红, 等. 体外受精 - 胚胎移植妇女的心理状况对治疗结局的影响[J]. 中国现代医学杂志, 2008, 18(12): 1781 - 1783.

62. 唐四元. 骨形成蛋白 2 诱导肝癌细胞凋亡及其机制[J]. 中国普通外科杂志, 2008, 17(1): 34 - 36.

63. 张静平, 叶曼, 朱诗林. 贫困地区老年人幸福感指数及其影响因素[J]. 中国心理卫生杂志, 2008, 22(2): 126 - 128.

64. 邓小梅, 张静平, 丁小容, 等. 住院患者心理评定量表的初步编制[J]. 中国行为医学科学, 2008, 17(9): 847 - 850.

65. 郭佳, 何国平, 王红红. 大学生健商现况及干预策略的研究进展[J]. 中国行为医学科学, 2008, 17(3): 285 - 286.

66. 何瑛, 王秀华, 何国平. 产后抑郁症及其社会因素研究进展[J]. 中国行为医学科学, 2008, 17(9): 859 - 861.

67. 罗阳, 亓秀梅, 邓瑞娇. 护理本科实习生心理健康状况与应激性事件的相关性研究[J]. 中国行为医学科学, 2008, 17(1): 59 - 61.

68. 唐四元. 骨形成蛋白 - 2 对肺癌 A549 细胞膜型基质金属 < BR > 蛋白酶 - 1 表达的影响[J]. 中南大学学报 (医学版), 2008, 33(07): 634 - 637.

69. 周俊，王红红. 吸毒艾滋病患者高效抗逆转录病毒治疗综合管理现状[J]. 中国药物依赖性杂志，2008，17(5)：330 – 333.

70. 王红红，周俊，黄玲，等. 艾滋病患者高效抗逆转录病毒治疗依从性及生活质量分析[J]. 中华护理杂志，2008，43(9)：776 – 779.

71. 张彩虹，何国平，王秀华，等. 3 所院校护理专业本科生从事社区护理工作的意愿及影响因素[J]. 中华护理杂志，2008，43(8)：757 – 760.

72. 王颖，何国平，王广平，等. 湖南省部分农村小学生早期问题行为及影响因素研究[J]. 中国行为医学科学，2008，17(10)：941 – 942.

73. 谢丽琴，张静平，杨冰香，等. 创伤性骨折患者心理应激与干预策略研究[J]. 2008，16(11)：64 – 66.

74. 杨芬，姜冬九. 艾滋病防治中的伦理问题及对策[J]. 中华护理杂志，2008，43(1)：72 – 74.

75. 杨敏，任小红. 护理本科生职业成熟度现状调查及分析[J]. 中国行为医学科学，2008，17(7)：649 – 650.

76. 叶曼，张静平. 农村留守初中生心理健康状况影响因素研究：家庭关怀度与社会支持[J]. 中国行为医学科学，2008，17(11)：1044 – 1047.

77. 叶曼，张静平. 农村留守初中生心理健康状况影响因素研究：应对方式，个性与自尊[J]. 中国行为医学科学，2008，17(11)：1041 – 1043.

78. 叶曼，张静平. 农村留守初中生心理健康状况影响因素研究：生活事件[J]. 中国行为医学科学，2008，17(11)：1048 – 1050.

79. 袁美莲，喻坚. 颅脑损伤患者 I 级亲属心理状况，需求及社会支持的相关性研究[J]. 中国行为医学科学，2008，17(8)：712 – 713.

80. 袁素娥，李映兰. 猫抓病的护理进展[J]. 中华护理杂志，2008，43(10)：953 – 955.

81. 张彩虹，何国平，王秀华，等. 行胶原酶溶解术患者术前心理状况分析[J]. 中国全科医学，2008，11(7)：594 – 595.

82. 黄润满，张静平，唐莹. 护士工作应激理论模型的构建[J]. 中国行为医学科学，2008，17(12)：1135 – 1137.

83. 张静平，叶曼，朱诗林. 贫困地区老年人幸福感指数及其影响因素[J]. 中国心理卫生杂志，2008，22(2)：126 – 128.

84. 周俊，王红红. 吸毒艾滋病患者高效抗逆转录病毒治疗综合管理现状[J]. 中国药物依赖性杂志，2008，17(5)：330 – 333.

85. 周乐山，张静平，何国平，等. 不同实践教学模式对护理本科生交流沟通能力的影响[J]. 中国行为医学科学，2008，17(7)：672 – 672.

86. 周乐山，何国平，彭月娥. 长沙市学龄前儿童营养不良及肥胖发生率分析

[J]. 广东医学, 2008, 29(11): 1890 - 1891.

87. 安如俊, 刘佳, 叶启发, 等. 5 例半离体部分肝切除自体肝移植的护理[J]. 中华护理杂志, 2008, 43(001): 37 - 38.

88. 郑乐知, 莫萍, 安如俊, 等. 重症监护病房金黄色葡萄球菌耐药性与流行病学分析[J]. 微生物学杂志, 2008, 28(3): 103 - 105.

89. 黄辉, 安如俊, 周建党, 等. 移植患者呼吸道金黄色葡萄球菌感染的分子流行病学[J]. 中华医院感染学杂志, 2008, 18(2): 189 - 191.

90. 丁四清, 刘佳, 阳玲. 104 例亲属活体肾移植的临床观察[J]. 中国现代医学杂志, 2008, 18(7): 929 - 935.

91. 黄金, 李乐之, 彭丹, 等. 三级医院聘用制护士工作满意度与离职意愿的现状调查[J]. 中华护理杂志, 2008, 43(6): 527 - 530.

92. 黄金, 秦玉菊, 周卫东, 等. 长沙市 4083 名成人代谢综合征患病状况调查及危险因素分析[J]. 中国现代医学杂志, 2008, 18 (23): 3509 - 3513.

93. 周阳, 李映兰, 郑悦平. 手术室护士锐器伤调查及标准预防的管理探讨[J]. 中华护理杂志, 2008, 43(8): 737 - 739.

94. 周俊, 王红红, 黄玲, 等. 静脉注射吸毒感染 HIV/AIDS 患者生活质量相关因素研究[J]. 中国药物依赖性杂志, 2009, 17(6): 469 - 472.

95. 王秀华, 王小清, 何国平. 老年冠心病抑郁患者血浆白细胞介素 - 17 水平的变化 [J]. 中国老年学杂志, 2009, 5(29): 1278 - 1279.

96. 冯辉, 刘宇, 廖淑梅, 等. "社区护理学" 精品课程的建设与特色[J]. 中华护理杂志, 2009, (7): 635 - 637.

97. 周建伟, 罗阳. 护士标准预防行为依从性及其影响因素分析[J]. 中华护理杂志, 2009, (1): 7 - 10.

98. 高婧, 袁群, 何国平. 老年抑郁症的治疗护理新进展[J]. 中国老年学杂志, 2009, 29(24): 3312 - 3314.

99. 何国平, 郭佳, 王婧. 基于面向服务架构的中国社区护理运营模式初探[J]. 中国全科医学, 2009, 12(3): 391 - 391.

100. 黄玲, 周俊, 王红红. 艾滋病感染者与艾滋病患者自我效能感的研究进展[J]. 中华行为医学与脑科学杂志, 2009, 18(3): 285 - 286.

101. 李现红, 何国平, 王红红. 艾滋病羞辱和歧视的概念及研究工具发展状况[J]. 心理科学进展, 2009, 17(2): 414 - 420.

102. 王秀华, 王小清, 何国平. 老年冠心病抑郁患者 C 反应蛋白的变化[J]. 广东医学, 2009, 1(30): 114 - 115.

103. 罗阳, 罗颖, 杨晓敏. 乙肝病毒携带孕妇生存质量及其相关因素的分析[J]. 中华行为医学与脑科学杂志, 2009, (12): 1120 - 1121.

104. 夏杰琼, 黄金. 围术期应激性高血糖的研究进展[J]. 中国普通外科杂志, 2009, 12: 1298 – 1300.

105. 谢丽琴, 张静平, 焦娜娜, 等. 农村空巢老人抑郁状况与社会支持, 应对方式关系的研究 [J]. 中国老年学杂志, 2009, 29(19): 2515 – 2517.

106. 易宜芳, 李映兰. 临床护士针刺伤及针刺伤低报告现象的原因综述[J]. 中华护理杂志, 2009, (2): 182 – 184.

107. 袁群, 何国平, 冯辉, 等. 老年人回忆功能影响因素研究进展[J]. 中国全科医学, 2009, 12(22): 2081 – 2084.

108. 张彩虹, 何国平, 王秀华, 等. 慢性阻塞性肺疾病患者自我管理行为的分析[J]. 中华护理杂志, 2009, (5): 427 – 431.

109. 张京慧, 唐四元, 陈北方, 等. 散步对糖耐量减低患者生活质量及成本 – 效果比的影响[J]. 中国全科医学, 2009, (10): 837 – 838.

110. 张静平, 姚树桥, 张侠, 等. 护士职业应激影响因素的研究[J]. 中华行为医学与脑科学杂志, 2009, 18: 442 – 444.

111. 张开利, 杨如美, 唐四元, 等. 住院与居家糖尿病患者主要照顾者的KAP调查分析[J]. 中华行为医学与脑科学杂志, 2009, (8): 730 – 731.

112. 郑瑞双, 李乐之. 妊娠末期孕妇睡眠障碍的研究现状[J]. 中华行为医学与脑科学杂志, 2009, 18(12): 1145 – 1146.

113. 周建伟, 罗阳. 护士标准预防行为依从性及其影响因素分析[J]. 中华护理杂志, 2009, (1): 7 – 10.

114. 黄辉, 陈颖, 安如俊, 等. MRSA中mecA及femB基因的检测与耐药相关性[J]. 微生物学杂志, 2009, (3): 54 – 56.

115. 黄辉, 安如俊, 易琦峰, 等. 氧疗过程中气溶胶产生与输送的实验研究[J]. 中华医院感染学杂志, 2009, (21): 2829 – 2831.

116. 丁四清, 莫萍. 重症监护病房医院感染因素分析及对策[J]. 中华医院感染学杂志, 2009, 19(1): 50 – 52.

117. 曹晓霞, 贺莲香. 三级甲等医院急诊科护士压力源的研究[J]. 中国现代医学杂志, 2009, 19(22): 3505 – 3507.

118. 黄凤毛, 雷俊, 刘香. 对门诊老年2型糖尿病患者进行生活方式干预的效果评价[J]. 中国现代医学杂志, 2009, (14): 2190 – 2192.

119. 雷俊, 晏晓颖, 何国平. 医学应对方式, 社会支持对肾移植患者生活质量影响的路径分析[J]. 中国现代医学杂志, 2009, 19(24): 3780 – 3783.

120. 夏春芳, 潘友兰, 雷俊. 不同剂量的吉西他滨和顺铂治疗老年晚期非小细胞肺癌临床观察 [J]. 中国现代医学杂志, 2009, 19 (24): 3797 – 3799.

121. 李乐之，梁籹宁，邓露，等. 肺癌患者疾病不确定感与生活质量的相关性研究[J]. 中华行为医学与脑科学杂志，2009，18(3)：235-237.

122. 李乐之，张慧琳，刘芳，等. 镇痛干预对腹部手术后患者疼痛与焦虑水平的影响研究[J]. 中国现代医学杂志，2009，19(21)：3336-3340.

123. 李映兰，郑悦平，周阳. 医护人员安全注射研究进展[J]. 中华医院感染学杂志，2009，(22)：3148-3150.

124. 周秋红，李映兰，李强翔. 不同等级医院糖尿病患者出院前胰岛素笔使用及相关知识掌握现状调查[J]. 中国全科医学，2009，(7)：588-589.

125. 周阳，李映兰，常青. 长沙市23家医院手术室护士应用个人防护用品的调查[J]. 中华护理杂志，2009，44(10)：874-876.

126. 刘志青，李乐之. 阻塞性睡眠呼吸暂停低通气综合征患者持续气道正压通气治疗依从性的影响因素及对策[J]. 中国老年学杂志，2009，29(8)：1036-1038.

127. 刘志青，李乐之. 阻塞性睡眠呼吸暂停低通气综合征患者抑郁情绪对生活质量的影响[J]. 中国老年学杂志，2009，29(21)：2724-2726.

128. 任小红，郭巧红，周丽娟，等. 214名医学生死亡教育认知情况调查分析[J]. 中华行为医学与脑科学杂志，2010，90(1057)：1057-1058.

129. 曾慧，姚树桥，蒋莉，唐细容. 中华成人智力量表老年常模的制订及信效度研究. 中国临床心理学杂志，2009，17(5)：521-525.

130. 冯辉，袁群，高婧，等. 455名社区老年人的怀旧功能及相关因素[J]. 中国心理卫生杂志，2010，24(7)：529-535.

131. 叶曼，张静平. 2406名农村初中生心理健康影响因素的分析[J]. 中华行为医学与脑科学杂志，2010，(6)：547-549.

132. 李慧，唐四元，宋爱芹，等. 护理学研究生评判性思维的现状及影响因素分析[J]. 中华护理杂志，2010，45(10)：919-921.

133. 李现红，何国平，王红红，等. HIV/AIDS相关羞辱和歧视量表的编制及评价[J]. 中华护理杂志，2010，45(6)：496-499.

134. 刘立珍，李现红，何国平，等. 成都市男性行为者艾滋病相关知识和高危性行为调查分析[J]. 中国全科医学，2010，13(26)：2970-2973.

135. 蒋小剑，何国平. 国外社区护理体系对我国社区护理发展的启示[J]. 中国全科医学，2010，13(10)：1062-1063.

136. 张海苗，张静平，彭芳，等. 急性白血病化疗患者焦虑，抑郁状况及其与生命质量的关系[J]. 中国全科医学，2010，13(34)：3906-3908.

137. 冯辉，高婧，袁群，等. 老年抑郁症的回忆治疗干预研究进展[J]. 中国老年学杂志，2010，30(7)：1920-1923.

138. 叶曼，张静平. 留守初中生心理应激模型的建立和验证[J]. 中华行为医学与脑科学杂志，2010，19：638-640.

139. 郑瑞双，李乐之. 脑瘤患儿睡眠障碍的研究现状[J]. 中华护理杂志，2010，45(5)：471-473.

140. 焦娜娜，张静平，谢丽琴，等. 农村空巢老人主观幸福感及影响因素分析[J]. 中国老年学杂志，2010，30(1)：86-88.

141. 李晖，晏春丽，朱姝娟，等. 女性不孕症患者羞辱感及相关影响因素调查研究[J]. 中国全科医学，2010，13(15)：1627-1629.

142. 郑瑞双，李乐之，李丹. 妊娠期妇女不宁腿综合征和睡眠障碍的研究进展[J]. 中华行为医学与脑科学杂志，2010，(3)：287-288.

143. 刘宇，何国平，秦月兰，等. 社区2型糖尿病合并抑郁患者生活质量影响因素研究[J]. 中国全科医学，2010，13(25)：2829-2833.

144. 刘宇，秦月兰，何国平. 社区2型糖尿病患者抑郁情况及其影响因素分析[J]. 中华护理杂志，2010，45(12)：1116-1118.

145. 王秀华，何国平，周文娟，等. 社区老年冠心病患者并发抑郁的影响因素[J]. 中国老年学杂志，2010，30(3)：385-387.

146. 雷俊，朱姝娟，晏晓颖，等. 肾移植患者的应对方式和社会支持与抑郁情绪关系的结构方程模型[J]. 中国全科医学，2010，13(14)：1511-1513.

147. 晏晓颖，曹碧云，钱耀荣，等. 生理，心理和社会因素对银屑病患者生活质量影响的路径分析[J]. 广东医学，2010，31(20)：2656-2658.

148. 冯辉，高婧，袁群，等. 团体回忆治疗对社区老年人抑郁症状的干预效果分析[J]. 中国全科医学，2010，(4)：422-424.

149. 彭芳，张静平，杨冰香，等. 医学研究生人际关系与焦虑情绪的相关研究[J]. 中华行为医学与脑科学杂志，2010，(4)：370-371.

150. 彭芳，张静平，杨冰香，等. 医学研究生拖延行为与焦虑抑郁情绪的相关分析[J]. 中华行为医学与脑科学杂志，2010，19(2)：171-173.

151. 周乐山，何国平，刘丹. 用 LMS 法建立长沙市 3~11 岁儿童身高生长曲线[J]. 中国现代医学杂志，2011，(23)：3651-3653.

152. 雷俊，晏晓颖，贺全勇，等. 长沙市儿童烧伤危险因素调查与分析[J]. 中国现代医学杂志，2011，20(2)：259-261.

153. 袁群，何国平，冯辉，等. 长沙市社区老年人抑郁症状影响因素分析[J]. 中国老年学杂志，2010，30(6)：746-748.

154. 贺连香. 浅谈护士长如何提高年轻护士综合素质[J]. 中国现代医学杂志，2011，20(2)：318-320.

155. 夏春芳,潘友兰,黎静,等. 腹腔灌注和全身热疗治疗非根治术后晚期胃癌 56 例临床分析[J]. 中国现代医学杂志,2011,20(3):461 – 463.

156. 李乐之,李艳群,邓露,等.280 例肺癌患者的疾病不确定感及其影响因素分析[J]. 中华行为医学与脑科学杂志,2010,(6):499 – 500.

157. 李乐之,姚树桥. 慢性疼痛患者生活质量影响因素的路径分析[J]. 中华行为医学与脑科学杂志,2010,19(4):319 – 321.

158. 刘芳,李乐之. 不同心理治疗方法对产后抑郁症干预效果的 Meta 分析[J]. 中华行为医学与脑科学杂志,2010,19(10):923 – 926.

159. 王丽,李乐之. 肠易激综合征患者的心理状态及对策[J]. 中华护理杂志,2010,45(1):89 – 91.

160. 周昔红,李乐之. 家庭式分娩模式的临床应用[J]. 中国现代医学杂志,2010,(8):1237 – 1239.

161. 周昔红,李乐之,周阳. 孕妇心理压力状况及其与焦虑水平的相关性研究[J]. 中国现代医学杂志,2011,20(7):1079 – 1082.

162. 周昔红,李乐之,肖娟. 普贝生用于足月促宫颈成熟和引产的临床观察[J]. 中国现代医学杂志,2010,(14):2221 – 2223.

163. 刘志青,梁籹宁,李乐之. 阻塞性睡眠呼吸暂停低通气综合征患者抑郁状况研究进展[J]. 中国老年学杂志,2010,30(6):866 – 869.

164. 苏丹,张静平,吴显宁. 人格特征对肺癌围手术期患者心理健康状况的影响[J]. 中华行为医学与脑科学杂志,2011,20(10):901 – 903.

165. 吴显宁,陈名久,苏丹,等. 肺癌围手术期患者家属焦虑,抑郁状况对患者一般心理状况的影响[J]. 中国肺癌杂志,2012,14(12):908 – 911.

166. 高婧,冯辉,袁群,等. 怀旧团体心理干预对社区老年人抑郁症状和生活满意度的影响[J]. 中国老年学杂志,2011,31(3):386 – 388.

167. 张海苗,张静平,彭芳,等. 渐进性肌肉放松训练对急性白血病化疗患者焦虑,抑郁的影响[J]. 中国全科医学,2011,(22):2574 – 2576.

168. 周厅,何国平,刘丹. 肥胖及超重小学生的自尊水平及相关因素[J]. 中国心理卫生杂志,2011,25(5):365 – 368.

169. 李晖,晏春丽,朱姝娟,等. 不孕症女性应对方式,社会支持与负性情绪的关系[J]. 中南大学学报(医学版),2011,36(2):138 – 142.

170. 赵会芳,李现红,高艳纳,等. 参与式培训降低医学生对 HIV 感染者的歧视[J]. 中华护理杂志,2011,46(8):794 – 797.

171. 王平,曾慧. 高血压患者服药依从性研究进展[J]. 中国全科医学,2011,(7):772 – 775.

172. 王平,曾慧. 高血压与认知功能关系研究进展[J]. 中国全科医学,

2011,(6):677-679.

173.晋溶辰,杨玲凤,黄金,等.个体化健康指导用于 42 例糖尿病足高危患者的效果评价[J].中华护理杂志,2011,46(6):563-566.

174.戴云云,周雯娟,何国平.宫颈癌患者生活质量评定量表的研究进展[J].中国全科医学,2011,(21):2367-2369.

175.李克佳,廖淑梅,向桂萍.护士工作家庭冲突的研究进展[J].中华护理杂志,2011,46(8):834-836.

176.张静平,姚树桥,张侠,等.护士工作应激源量表全国常模的制订及相关研究[J].中华行为医学与脑科学杂志,2011,20(5):471-474.

177.王丽,李乐之.护士情绪劳动的研究进展 [J].中华护理杂志,2011,46(3):314-316.

178.钟竹青,丁四清,谢建飞,等.临床实习生压力水平与应对方式[J].中国现代医学杂志,2011,21(13):1562-1564.

179.李小云,张静平,彭芳,等.认知心理干预对急性白血病化疗患者情绪管理及治疗的影响[J].中国全科医学,2011,(1):84-86.

180.李小云,张静平,彭芳,等.认知心理干预提高急性白血病化疗患者的生活质量[J].中国心理卫生杂志,2011,25(5):332-333.

181.康佳迅,曾慧,王平.社区老年人睡眠质量与认知功能的相关性研究[J].中国全科医学,2011,(4):439-441.

182.李小云,张静平,彭芳,等.应激中介变量与急性白血病化疗患者负性情绪的关系[J].中国全科医学,2011,(11):1194-1196.

183.王丽,李乐之.中文版护理工作环境量表的信效度研究[J].中华护理杂志,2011,46(2):121-123.

184.张江华,康佳迅,曾慧,等.认知训练和自我按摩对老年人认知功能的影响比较[J].中国临床心理学杂志,2011,19(3):394-397.

185.袁素娥.肝素在分子吸附再循环治疗肝衰竭中的应用及对凝血指标的影响[J].中南大学学报(医学版),2011,36(9):830-835.

186.龙艳芳,李映兰,郭燕红.我国护理不良事件报告现况调查及分析[J].中国护理管理,2011,11(5):16-20.

187.李映兰,范学工,周阳,等.基层医院医护人员安全注射知识,态度,行为调查分析[J].中国护理管理,2011,11(7):50-53.

188.谢建飞,丁四清,刘爱忠.用药环境重现在病房药品贮存管理中的应用[J].中华护理杂志,2011,46(8):809-810.

189.谢建飞,丁四清,钟竹青,等.操作分级模式对提高护理专业学生临床护理能力的效果[J].中华护理杂志,2011,46(9):935-937.

190. 张秋香，丁四清，牛英，等. 我国儿童烧伤危险因素的文献回顾性分析[J]. 激光生物学报，2012，21(6)：551–556.

191. 张秋香，丁四清，牛英. 湖南省长株潭地区儿童烧伤流行病学调查研究[J]. 激光生物学报，2012，21(4)：370–373.

192. 谢建飞，丁四清，易琦峰，等. 综合评价法在病区护士长评优考核中的应用[J]. 中华护理杂志，2012，47(6)：514–517.

193. 谢建飞，丁四清，易琦峰，等. 预制工作表在提高护理工作效率中的作用[J]. 中华护理杂志，2012，47(8)：720–723.

194. 田凌云，李映兰，张莹，等. 危重病病情评价系统在急诊分诊中的应用现状[J]. 中华护理杂志，2012，47(10)：956–960.

195. 田凌云，李映兰，张莹. 护护暴力现状及"零容忍"政策应用的探讨[J]. 中国全科医学，2012，15(29)：3424–3427.

196. 李小云，张静平，彭芳，等. 急性白血病化疗患者应对及效能认知干预评价[J]. 中国公共卫生，2012，28(8)：1124–1126.

197. 张娜，郭玉芳，张静平. 宫颈癌围术期患者 C 型行为特征和焦虑抑郁的相关性研究[J]. 中国全科医学，2012，15(23)：2662–2663.

198. 彭芳，张静平，张海苗，等. 不同心理干预方法对急性白血病化疗患者社会支持状况的影响研究[J]. 中国全科医学，2012，15(7)：792–794.

199. 彭芳，张静平，李小云，等. 急性白血病化疗患者生活质量的影响因素研究[J]. 中国全科医学，2012，(2)：139–141.

200. 苏丹，张静平，张颖新，等. 我国农村与城镇空巢老人抑郁状况与社会支持的比较[J]. 中国老年学杂志，2012，32(2)：359–361.

201. 曾慧，王平，康佳迅. 穴位按摩训练对改善老年人睡眠质量及认知功能的效果[J]. 中华护理杂志，2012，47(9)：773–776.

202. 孙景贤，曾慧. 轻度认知功能障碍的危险因素研究进展[J]. 中国全科医学，2012，15(15)：1668–1670.

203. 孙景贤，曾慧. 轻度认知功能障碍的干预研究进展[J]. 中国全科医学，2012，15(15)：1681–1683.

204. 陈三妹，蒋芬，岳雄华，等. 维持性血液透析患者疾病不确定感与社会支持的相关性研究[J]. 中国全科医学，2012，15(13)：1510–1512.

205. 吉彬彬，易容芳，孙玫，等. 孤独症儿童照顾者健康相关生活质量与家庭功能的相关性[J]. 广东医学，2012，33(15)：2327–2329.

206. 吉彬彬，唐四元，易容芳. 孤独症儿童照顾者照顾负担及其影响因素[J]. 中华行为医学与脑科学杂志，2012，21(9)：850–852.

207. 蒋芬，杨如美，孙玫，等. 老年期痴呆患者照顾者照顾感受研究进展

[J]. 中国老年学杂志, 2012, 32(009): 1994 – 1996.

208. 冯辉, 罗艳, 何国平, 等. 长沙市社区医务人员及居民对医保门诊统筹的认知情况调查[J]. 中国全科医学, 2013, 16(7): 815 – 818.

209. 刘凤兰, 王曙红, 冯晓敏, 等. 轻度认知功能障碍与认知干预研究进展[J]. 中国老年学杂志, 2012, 32(007): 1535 – 1537.

210. 王卫红, 何国平, 王美蓉, 等. 健康教育联合渐进性肌肉放松训练对阻塞性睡眠呼吸暂停低通气综合征患者持续气道正压通气治疗依从性的影响[J]. 中国全科医学, 2012, 15(22): 2559 – 2563.

211. 麦琪, 何国平, 王红红. 营养补充对中国艾滋病儿童的影响(英文)[J]. 中南大学学报(医学版), 2012, 3: 019.

212. 周乐山, 李琛琛, 何国平, 等. 用 LMS 法建立长沙市 3 ~ 11 岁儿童体质指数生长曲线[J]. 中国现代医学杂志, 2012, 22(10): 73 – 75.

213. 王卫红, 何国平, 肖旭平, 等. 阻塞性睡眠呼吸暂停低通气综合征患者认知功能与焦虑情绪相关研究[J]. 中国全科医学, 2012, 15(13): 1513 – 1515.

214. 张彩虹, 何国平, 李继平, 等. 慢性阻塞性肺疾病患者自我管理现状及其影响因素研究[J]. 中国全科医学, 2012, 15(10): 1120 – 1123.

215. 张银华, 何国平, 刘敬伟. 生育保险参保产妇住院分娩期间抗菌药物使用研究[J]. 中国卫生统计, 2012, 29(2): 247 – 248.

216. 李丽. 湖南省基层医护人员安全注射实验性干预研究[J]. 中南大学学报(医学版), 2012, 38(7): 748 – 753.

217. 谷灿, 王秀华, 何国平. 社区老年人运动水平和自测健康状况的相关性研究[J]. 中国现代医学杂志, 2012, 22(19): 90 – 95.

218. 王卫红, 何国平, 王美蓉, 等. 健康教育联合渐进性肌肉放松训练对阻塞性睡眠呼吸暂停低通气综合征患者持续气道正压通气治疗依从性的影响[J]. 中国全科医学, 2012, 15(22): 2559 – 2563.

219. 王婧, 郭佳, 周智广, 等. 儿童青少年 1 型糖尿病患者抑郁症状及影响因素[J]. 中华行为医学与脑科学杂志, 2012, 21(9): 781 – 783.

220. 罗阳, 孙瑞婧, 范东, 等. 育龄女性生殖道感染知信行量表的初步研制[J]. 中国卫生统计, 2012, 29(4): 548 – 550.

221. 王庆妍, 唐四元, 蒋芬, 等. 老年期痴呆照顾者虐待行为研究进展[J]. 中国老年学杂志, 2013, 33(004): 988 – 991.

222. 王庆妍, 蒋芬, 陈三妹, 等. 应对过程理论在我国老年期痴呆患者照顾者干预中的应用[J]. 中国老年学杂志, 2013, 33(7): 1712 – 1715.

223. 王庆妍, 康虹, 肖霖, 等. 消毒供应中心锐器伤发生现状及影响因素

[J]. 中华护理杂志, 2013, 48(5): 432 – 435.

224. 王曙红. APACHE Ⅱ 评分对心脏大血管外科术后患者病情与预后的评估[J]. 中南大学学报 (医学版), 2012, 38(4): 419 – 424.

225. 张彩虹, 何国平, 李继平, 等. 慢性阻塞性肺疾病患者自我管理的相关因素[J]. 中国老年学杂志, 2013, 33(2): 381 – 384.

226. 袁群, 易霞, 陈燕, 等. 长沙市社区老年人怀旧功能的影响因素[J]. 中国老年学杂志, 2013, 33(16): 3941 – 3943.

227. 段梦娟, 段绩辉, 何国平. 华支睾吸虫病居民知信行调查问卷的制订[J]. 中国媒介生物学及控制杂志, 2013, 24(6): 516 – 519.

228. 郭玉芳, 张娜, 张静平. 护生在校学习期间积极心理品质的现状调查[J]. 中华护理杂志, 2013, 48(1): 52 – 55.

229. 张六一, 王建才, 张静平. 不同年龄组结肠造口患者生存质量随访及分析[J]. 中国老年学杂志, 2013, 33(8): 1787 – 1790.

230. 何国平, 刘立珍, 李现红, 等. 成都市男男性行为者艾滋病相关羞辱和歧视的现状研究[J]. 中国全科医学, 2011, (13): 1475 – 1478.

231. 曾慧. 老年期痴呆疾病负担评价研究进展[J]. 中国现代医学杂志, 2013, 23(21): 60 – 63.

232. 孙景贤, 曾慧, 张雪晴, 等. 社区老年轻度认知功能障碍患者的认知损害特点[J]. 中国老年学杂志, 2013, 33(10): 2331 – 2334.

233. 张雪燕, 周乐山, 李琛琛. 基于跨理论模型干预对提升肥胖儿童自尊的作用[J]. 卫生研究, 2013, 42(004): 585 – 588.

234. 易容芳, 吉彬彬, 唐四元. 自闭症儿童主要照顾者的生活质量及影响因素[J]. 中华行为医学与脑科学杂志, 2013, 22(1): 28 – 30.

235. 蒋芬, 李春艳, 王庆妍, 等. 老年期痴呆患者照顾者照顾负担与社会支持及相关性研究[J]. 护理学报, 2013, (4): 5 – 8.

236. 李现红, 刘博, 赵俊仕, 等. 艾滋病相关知识结构对男男性行为者安全套使用率的影响[J]. 中国全科医学, 2013, 16(10): 1170 – 1172.

237. 冯辉, 罗艳, 何国平, 等. 长沙市社区医务人员及居民对医保门诊统筹的认知情况调查[J]. 中国全科医学, 2013, 16(7): 815 – 818.

238. 王婧, 郭佳, 王瑶, 等. 儿童青少年 1 型糖尿病患者生活质量总体满意度的影响因素调查研究[J]. 中国全科医学, 2013, 16(27): 3221 – 3224.

239. 文益江, 郭佳, 何国平. 青少年 1 型糖尿病患者疾病自我管理能力现状及其干预的研究进展[J]. 中国全科医学, 2013, 16(30): 3594 – 3596.

240. 张红辉, 刘怡素, 何国平, 等. 长沙市省级综合三级甲等医院 ICU 护士职业倦怠现状及其影响因素分析[J]. 护理管理杂志, 2013 (4):

229 - 231.

241. 王卫红, 肖旭平, 何瑛, 等. 阻塞性睡眠呼吸暂停低通气综合征患者认知功能的变化[J]. 护理学报, 2013, (8): 66 - 68.

242. 郭玉芳, 张娜, 张静平. 农村与城镇生源护生积极心理品质及影响因素比较[J]. 中国公共卫生, 2013, 29(7): 1041 - 1045.

243. 文莎丽, 张静平. 直肠癌结肠造口患者家属焦虑, 抑郁状况及其影响因素研究[J]. 中国全科医学, 2013, 16(19): 2290 - 2292.

244. 张六一, 王建才, 李晶, 等. 肠造口患者社区护理现状及护理需求调查分析[J]. 中国全科医学, 2013, 16(11): 1273 - 1275.

245. 郭玉芳, 张娜, 张静平. 基于积极心理学改善护生心理健康水平的研究进展[J]. 护理学杂志(外科版), 2013, (1): 94 - 96.

246. 周乐山, 张雪燕, 李琛琛. 跨理论模型在改善肥胖儿童孤独感中的应用[J]. 广东医学, 2013, 34(7): 1059 - 1061.

247. 周乐山, 陈思思, 何国平. 用 LMS 法建立长沙市 3 ~ 11 岁儿童体质量生长曲线[J]. 中国现代医学杂志, 2013, 23(20): 94 - 98.

248. 蒋志, 陈伶俐, 周乐山. 跨理论模型应用于肥胖儿童体育锻炼的护理干预[J]. 护理学杂志: 综合版, 2013, 28(6): 34 - 36.

249. 周乐山, 张雪燕, 李琛琛. 跨理论模型在改善肥胖儿童社交焦虑中的应用[J]. 中华实用儿科临床杂志, 2013, (5): 377 - 379.

250. 张雪燕, 周乐山, 李琛琛. 跨理论模型在肥胖儿童行为改变中的应用[J]. 中华行为医学与脑科学杂志, 2013, (3): 266 - 267.

251. 王晓松, 曾慧. 实习护生针刺伤的原因及其预防对策研究进展[J]. 解放军护理杂志, 2013, 30(8): 36 - 38.

252. 吴德芳, 罗阳. 基于社会认知学理论的护生自主学习影响因素分析[J]. 护理学杂志: 综合版, 2013, 28(12): 75 - 77.

253. 曹希, 王秀华. 急性心肌梗死患者心脏康复依从性影响因素的研究进展[J]. 解放军护理杂志, 2013, 30, (5): 42 - 43.

254. 张平, 王秀华. 养老院老年人发生尿失禁的危险因素研究进展[J]. 护理学杂志: 外科版, 2013, (3): 92 - 95.

255. 谢建飞, 黄进, 周建大, 等. 全球卫生外交对护理发展的影响[J]. 中华护理杂志, 2013, 4(12): 1143 - 1145.

256. 秦春香, 丁四清, 潘辰, 等. 护理不良事件发生后护士的反应及不愿上报的原因分析[J]. 中国现代医学杂志, 2013, 23(17): 90 - 94.

257. 魏容容, 谢建飞, 丁四清, 等. 护理安全管理课程设置及应用[J]. 中华护理杂志, 2013, 48(6): 536 - 538.

258. 谌永毅, 刘翔宇, 林琴, 等. 从第三方测评结果分析影响肿瘤住院患者服务满意度的因素[J]. 中国现代医学杂, 2013, 23(10)：85-88.

259. 周莲清, 胡阳元, 谌永毅, 等. 三级医院对口支援县级医院护理服务的成效[J]. 护理学杂志, 2013, 28(19)：59-60.

260. 刘翔宇, 谌永毅, 许湘华, 等. 循证护理在预防 PICC 置管后并发症中的应用[J]. 中华临床营养杂志, 2013, 21(5)：309-312.

261. 谢建飞, 丁四清, 曾赛男, 等. 护理中断事件的概念分析和阐述[J]. 中华护理杂志, 2013, 48(2)：198-201.

262. 李现红, 刘立诊, 何国平, 等. 男男性行为 HIV 感染者艾滋病相关羞辱与歧视的调查分析[J]. 中华护理杂志, 2013, 48(2)：142-146.

三、授权专利

自 2008 年 1 月何国平教授发明的"护理技能调压针头"首个实用新型专利获得授权后, 截至 2013 年底, 已经有 50 项获得国家实用新型专利授权, 详见表 5-3。

表 5-3　专利授权列表

序号	专利名称	授权单位及时间	主要完成人（排名/总人数）
1	护理技能调压针头	中华人民共和国知识产权局, 200801	何国平(1/5)
2	一种输液器	中华人民共和国知识产权局, 200812	周乐山(1/3)
3	输液器	中华人民共和国知识产权局, 200912	周乐山(1/3)
4	一次性胸腔闭式引流装置	中华人民共和国知识产权局, 200901	何国平(1/5)
5	一种简易快速消毒、切割安瓿启用器	中华人民共和国知识产权局, 200901	何国平(1/5)
6	一种血管穿刺点按压贴	中华人民共和国知识产权局 201007	严谨(1/2)
7	泌尿外科肾镜或输尿管镜手术用防水垫帽	中华人民共和国知识产权局 201012	李映兰(1/3)
8	一种医用无线传呼系统	中华人民共和国知识产权局 201005	雷俊(1/8)
9	杜仲木脂素及其提取物在抗心血管重塑上的应用	中华人民共和国知识产权局 201007	严谨(3/8)
10	杜仲木脂素及其提取物在防治糖尿病并发症上的应用	中华人民共和国知识产权局 201007	严谨(3/8)
11	防压疮下肢皮牵引	中华人民共和国知识产权局, 201001	何国平(1/5)
12	婴幼儿体表湿度指示贴	中华人民共和国知识产权局, 201001	何国平(1/5)

续表 5 - 3

序号	专利名称	授权单位及时间	主要完成人 (排名/总人数)
13	直肠刺激器	中华人民共和国知识产权局，201001	唐四元(1/7)
14	手部静脉注射模型	中华人民共和国知识产权局，201005	唐四元(1/6)
15	一种控盐勺	中华人民共和国知识产权局，201005	唐四元(1/7)
16	多功能医用垫圈	中华人民共和国知识产权局，201001	何国平(1/5)
17	吸痰器橡胶管玻璃接头保护瓶	中华人民共和国知识产权局，201111	安如俊(1/4)
18	人体穴位银针发射装置	中华人民共和国知识产权局，201105	何国平(2/5)
19	一次性环保型雾化吸入管和口鼻罩	中华人民共和国知识产权局201102	罗阳(1/3)
20	空白药物载体贴膜	中华人民共和国知识产权局，201105	何国平(2/5)
21	多功能医用压迫短裤	中华人民共和国知识产权局，201111	谌永毅(1/3)
22	一种注射器	中华人民共和国知识产权局，201112	谌永毅(1/3)
23	多功能医用造口腹带	中华人民共和国知识产权局，201111	谌永毅(1/3)
24	一种可伸缩镇纸	中华人民共和国知识产权局，201203	郭佳(2/5)
25	一次性带消毒液、棉棒及污物带会阴消毒包	中华人民共和国知识产权局，201206	罗阳
26	一种防皮肤损伤的柔绒 PVC 便盆气垫	中华人民共和国知识产权局201207	唐四元(1/9)
27	一种扣盖式定量定位眼药水瓶	中华人民共和国知识产权局，201211	
28	一种定量定位的扣盖式滴眼药水瓶	中华人民共和国知识产权局，201211	唐四元(1/10)
29	一种病床专用防滑床垫	中华人民共和国知识产权局，201210	赵丽萍(1/1)
30	儿童血压计袖带	中华人民共和国知识产权局，201204	周乐山
31	婴幼儿腹部热敷按摩器	中华人民共和国知识产权局，201212	何国平(3/6)
32	种粘贴式夹层约束带	中华人民共和国知识产权局，201201	安如俊(3/6)
33	一种胃管固定装置	中华人民共和国知识产权局，201209	安如俊(3/9)

续表 5 – 3

序号	专利名称	授权单位及时间	主要完成人 （排名/总人数）
34	一种胶布	中华人民共和国知识产权局，201209	安如俊(4/7)
35	一种带加温装置的输液支撑架	中华人民共和国知识产权局，201209	丁四清(1/3)
36	一种便洁便盆	中华人民共和国知识产权局，201201	丁四清(2/4)
37	一次性人工气道护理包	中华人民共和国知识产权局，201209	丁四清(2/3)
38	哺乳座椅	中华人民共和国知识产权局，201303	丁四清(3/4)
39	一次性肝肾移植灌注管	中华人民共和国知识产权局，201305	丁四清(3/4)
40	腹透管道夹	中华人民共和国知识产权局，201305	丁四清(4/4)
41	一种医用翻身床专用床罩	中华人民共和国知识产权局，201306	丁四清(3/3)
42	一种简易洗胃装置	中华人民共和国知识产权局，201311	丁四清(4/4)
43	一种多头浇花器	中华人民共和国知识产权局，201307	郭佳
44	一种安瓿颈部消毒去屑用的含液棉式便捷取用装置	中华人民共和国知识产权局，201306	黄金(1/2)
45	可伸缩性颈椎依托器	中华人民共和国知识产权局，201310	何国平(2/6)
46	四肢骨折可伸缩性托板	中华人民共和国知识产权局，201310	何国平(1/6)
47	一种安瓿颈部消毒去屑用的含液棉包	中华人民共和国知识产权局，201307	黄金(1/2)
48	一种安瓿颈部消毒去屑含液棉块的便捷取用装置	中华人民共和国知识产权局，201307	黄金(1/2)
49	一种防感染针刺伤锐器桶	中华人民共和国知识产权局，201310	毛平(1/2)
50	一种加压静脉输液架	中华人民共和国知识产权局，201304	赵丽萍(1/2)

四、获奖情况

1. 教学科研人员科研获奖情况

截至 2013 年底，护理学科共获得省级科学技术进步奖 2 项，分别为李映兰、李丽等完成的"湖南省护理人员对艾滋病的知识、态度及护理意愿研究分析"

(2009)、以及何国平、王红红、李现红等完成的"湖南省艾滋病综合防治策略及应用"(2010),该项目同时获得湖南医学科学技术进步二等奖(2010)。获得湖南省自然科学奖二等奖1项,即唐四元教授完成的"Apelin/APJ在骨重建过程中的作用模式与机制"(2013)。其他获奖情况详见表5-4。

表5-4 科研成果列表(按时间顺利排列)

序号	项目名称	项目主要完成人	获奖时间	获奖类别名称和等级
1	SARS流行期间发热门诊隔离患者心理卫生的调查研究	何国平	2008	湖南省第12届自然科学优秀学术论文三等奖
2	98例鼻咽癌患者出院后生活质量与应对方式的相关性分析	何国平	2008	湖南省第12届自然科学优秀学术论文三等奖
3	论文《足浴按摩治疗60例糖尿病周围神经病变的疗效观察》	张京慧	2008	湖南省自然科学优秀论文三等奖3093-Y-106
4	中国湖南大学生有关艾滋病知识、态度、行为及感染危险性的现状调查	黄金	2008	湖南省第十二届自然科学二等优秀学术论文(证书编号3039-Y-110)
5	湖南省护理人员对艾滋病的知识、态度及护理意愿研究分析	李映兰李丽	2009	湖南省科学技术进步奖三等奖
6	湖南省艾滋病综合防治策略及应用	何国平王红红、李现红等	2010	湖南省科学技术进步奖三等奖
7	湖南省艾滋病综合防治策略及应用	何国平王红红李现红等	2010	湖南医学科学技术进步二等奖
8	长沙地区医院护士长工作满意度分析	李丽	2010	湖南省自然科学优秀学术论文三等奖
9	手术室护士标准预防现状分析	周阳、李映兰	2010	湖南省自然科学优秀学术论文三等奖
10	一次性医用固定床单的临床研发	安如俊毛平卜平元	2010	中南大学2010年度医疗新技术成果奖二等奖
11	湖南省护理人员对艾滋病知识、态度及护理意愿研究分析	李映兰	2011	中华护理学会科技奖三等奖
14	恶性肿瘤病人姑息护理模式的推广应用	谌永毅	2011	湘潭市科技进步奖二等奖
15	论文《骨形成蛋白2诱导肝癌细胞凋亡及机制》	唐四元	2011	首届全国医圣杯优秀医学论文大赛科研成果一等奖

续表 5 - 4

序号	项目名称	项目主要完成人	获奖时间	获奖类别名称和等级
16	Omentin inhibits osteoblastic differentiation of calcifying vascular smooth muscle cells through the PI3K/Akt pathway	唐四元	2011	湖南省生理科学会 2010 年度优秀学术论文一等奖(证书编号 2010 - Y - 22)
17	Icaritin induces apoptosis of HepG2 cells via the JNK1 signaling pathway independent of the estrogen receptor	唐四元	2011	湖南省生理科学会 2010 年度优秀学术论文一等奖(证书编号 2010 - Y - 23)
18	肺癌患者疾病不确定感及其影响因素的研究	李乐之	2011	中华现代护理杂志首届学术论文奖
19	一种可拆拼式病服在临床护理工作中的应用研究	毛　平 薛　娟 丁四清	2011	中南大学 2011 年度医疗成果奖三等奖
20	探究当代医学人文精神的重建	丁四清 谢建飞 易琦峰	2011	全国城市医院思政会第二十一次年会征文优秀论文二等奖
21	操作分级模式对提高护理专业学生临床护理能力的效果	谢建飞 丁四清 钟竹青	2012	湖南省第 14 届自然科学优秀论文三等奖
22	探索护理人员岗位管理 建立优质护理长效机制	朱晒红 丁四清 谢建飞	2012	湖南省医院协会护理管理专业委员会成立大会暨护理管理高峰论坛优秀论文一等奖
23	老年人卧床不起的临床研究	王秀华	2012	湖南省科技厅三等奖
24	影响乳腺癌术后身心康复多因素分析与研究	刘翔宇	2012	湖南医学科技奖二等奖
25	抗肿瘤药物性静脉炎的防护	谌永毅	2012	湖南医学科技奖二等奖
26	湖南省科技厅优秀成果奖	王秀华	2012	湖南省科技厅优秀成果奖三等奖
27	术后自控镇痛泵的临床应用效果与评价	刘翔宇	2012	湖南省第 14 届自然科学优秀学术论文三等奖
28	成立 PICC 护理小组对降低 PICC 并发症的作用	李旭英	2012	湖南省第 14 届自然科学优秀学术论文三等奖
29	心肺复苏中基础及进一步生命支持阶段优化实施的探讨	李亚敏	2012	湖南省第 14 届自然科学优秀学术论文三等奖

续表 5 - 4

序号	项目名称	项目主要完成人	获奖时间	获奖类别名称和等级
30	癌症患者姑息护理	谌永毅	2012	湘潭市科技进步奖二等奖
31	中华成人智力量表老年常模的制订及信效度研究	曾 慧	2012	湖南省护理学会第七届优秀论文一等奖
32	实用专科护士丛书肿瘤分册	谌永毅	2012	湖南省护理学会第七届优秀著作奖其他等级
33	人文素质与专业课教学相结合的实践与体会	何国平	2012	湖南省教育科学研究工作者协会首届优秀论文一等奖
34	人口老龄化背景下痴呆老人的社区管理策略	何国平	2012	湖南省社会科学界第三届学术年会"两型社会与文化建设"学术征文二等奖
35	SAFE - CARE 体系在护理管理中的应用及效果评价	李乐之	2012	湖南省医院协会护理管理专业委员会成立大会暨护理管理高峰论坛一等奖
36	健康来自 1 分钟的好习惯	刘翔宇	2012	湖南省第三届优秀科普奖
37	护理文化在护理管理实践中的应用	李乐之	2012	中国医院(卫生)文化论坛(2012)主题征文
38	Apelin/APJ 在骨重建过程中的作用模式与机制	唐四元	2013	湖南省自然科学奖二等奖

2. 研究生科研获奖情况

本学科点研究生在读期间亦取得了较好的科研成果。如李现红同学的博士学位论文"HIV/AIDS 相关羞辱和歧视的概念框架建立及评定工具研究"获得"2011年中南大学优秀博士学位论文",实现了本学科点优秀博士学位论文零的突破,袁群同学的硕士学位论文"老年人回忆功能量表的修订及其应用的研究"获得了2011 年中南大学优秀硕士学位论文,实现了本科学点优秀硕士学位论文零的突破。截至 2013 年底,共计 2 篇校级优秀博士论文,3 篇校级优秀硕士学位论文。李现红于 2009 年在读博士期间,获得美国吴瑞基金会的"首届研究生奖学金"(全亚洲共计 10 名获奖者);郭佳于 2010 年获得"教育部首批博士研究生学术新人奖",截至 2013 年底,我院共计 2 名博士生获得该项奖励。其他获奖情况详见表 5 - 5。

表5－5　研究生在读期间取得的重要科研成果及学位论文获奖情况(按时间顺序排列)

研究生姓名	导师姓名	成果或论文名称	鉴定单位或颁奖部门与等级、时间
谢日华	何国平	尿石症	第七届湖南省高等学校多媒体教育软件大奖赛二等奖,2006
谷灿	何国平	2006届优秀毕业生	湖南省教育厅,2006
谢日华	何国平	泌尿系统疾病	第六届湖南省高等学校多媒体教育软件大奖赛二等奖,2007
李现红	何国平	吴瑞奖学金	吴瑞基金会,2009
郭佳	何国平	儿童青少年1型糖尿病患者疾病适应模型的理论与实证研究	中南大学钻石奖,2009
郭佳	何国平	教育部首批博士研究生学术新人奖	教育部2340－7113400105,2010
李现红	何国平	HIV/AIDS相关羞辱和歧视的概念框架建立及评定工具研究	中南大学优秀博士学位论文,2011
袁群	何国平	老年人回忆功能量表的修订及其应用的研究	中南大学优秀硕士学位论文,2011
郭佳	何国平	儿童青少年1型糖尿病患者疾病适应模型的理论与实证研究	中南大学优秀博士学位论文,2012
郭佳	何国平	儿童青少年1型糖尿病患者疾病适应模型的理论与实证研究	优秀毕业研究生学术奖,2012
王婧	何国平	湖南省儿童青少年1型糖尿病患者抑郁症状及生活质量总体满意度的研究	中南大学优秀硕士学位论文,2012
李小云	张静平	跨理论模型及动机性访谈对住院冠心病患者抑郁管理的应用研究	中南大学优秀硕士学位论文,2012
郭佳	何国平	儿童青少年1型糖尿病患者疾病适应模型的理论与实证研究	中南大学优秀博士学位论文,2012
叶曼	张静平	教育部博士学术新人奖	教育部,2012

第六章　国际及国内港澳台交流与合作

一、国际及国内港澳台合作大事记

学院始终坚持对外开展人才与学术交流，尤其是近几年来，已与10多个国家和地区的学校、医院建立了学术交流与科研协作关系，先后邀请了几十名专家学者来院讲学，派出专业教师出国进修、考察与协作科研。

1992年至1998年，在美国CMB资助下，每年选派2名骨干教师参加由西安医科大学和泰国清迈大学进行的护理师资联合培养，共有16位专、兼职教师获得泰国清迈大学护理专业的硕士学位。

1997年至1999年，受世界艾滋病基金会的资助，耶鲁大学Ann Williams教授及其团队对我省护理人员开展多期艾滋病护理知识培训，取得了很好的效果。

1998年开始，在美国贾氏项目的资助下，每年选派1~2名教师赴美国耶鲁大学学习并进行科研协作。

1998年至2001年，受卫生部"联合培养护理师资奖学金班"项目的委托，我院连续3年为湖南、江西、广西、湖北、福建、重庆等省市区培养了护理师资52人。

1999年以来，中国香港、澳门、台湾等地区的高等院校护理专家来我校，进行了多方位交流与合作。2009年6月，台湾荣民总医院护理部冯荣妆主任访问湘雅二医院。2010年11月，香港造口伤口失禁护理专家、资深造口治疗师陈伟容、陈慕英老师来湘雅二医院指导ET的临床带教工作，并进行经验交流和分享。

2000年至2012年，受全球基金的资助，耶鲁大学Ann Williams教授科研团队针对我校三所附属医院护士，分期开展艾滋病职业防护培训，使我校附属医院关于职业防护的知识和理念在全国领先。

2003年至2006年，在欧洲国际助老协会亚太地区发展中心中国西部老年人及其社区扶贫项目和湖南省卫生人员培训项目的资助下，先后为湖南省贫困地区培养基层卫生人员30名，并为湖南省贫困地区1200位老年人进行了为期3年的健康教育和健康普查。

2006年，在美国CMB项目基金的支持下，学院获得与泰国清迈大学联合培养护理博士生的项目资助。

2007年，在美国雅礼协会的资助下，学院通过"钟氏合作项目"，每年选派

1~2名护理学教师到耶鲁大学访问学习。

2011年，学院与澳大利亚弗林德斯大学护理学院达成了合作意向。两院将以老年护理、精神健康和慢性病管理等相似科研领域为合作契机，以硕、博士研究生互换交流为先导，逐步深入开展本科生"2+2"交流学习的合作办学模式，实现双方互惠双赢的目标。

2011年10月14日至15日，"湘雅护理教育百年庆典暨2011中国长沙国际护理学术研讨会"在长沙湖南宾馆成功召开。

2011-2014年，湘雅二医院主管护师张慧琳和杨卉受到教育部选拔，到澳门镜湖护理学院担任客座讲师。

2013年在教育部国际合作司的批示下，我校"2013湘雅国际护理学术会议"于2013年6月28—30日在长沙金麓国际大酒店召开。

2014年NIH资助"湘雅-UCLA艾滋病相关行为研究培训项目"启动，此项目为期五年，将为我校培养20名研究人员，同时选送8名科研人员赴UCLA进行为期9个月的培训。2014年3位年轻专职教师分别通过国家教育部留学基金及CMB师资进修项目资助，赴美国进修，以提高科研和教学水平。

二、国际访学及进修

出国进修是培养护理师资最重要的途径，我校护理教师利用国家留学基金、国际合作项目等途径，奔赴发达国家，学习国际名校先进护理教育理念、方法及科学研究方法，详细信息见表6-1。

表6-1　近10年教师出国进修、访学3个月以上信息一览表

姓名	出国日期	回国日期	留学国家	留学学校	访学所获资助项目
王红红	2005.01	2005.07	美国	耶鲁大学	美国NIH FORGATY项目
李映兰	2005.09	2006.07	美国	华盛顿大学	美国中华医学基金会医学教育项目
刘　燕	2006.07	2007.02	美国	耶鲁大学	湘雅三医院专项基金
邓　辉	2006.05	2006.12	美国	耶鲁大学	湘雅三医院专项基金
雷俊	2008.07	2008.12	加拿大	渥太华大学	加拿大母婴健康项目
刘丹	2009.01	2009.05	美国	耶鲁大学	美国雅礼协会钟氏基金项目
赵丽萍	2009.01	2009.05	美国	耶鲁大学	美国雅礼协会钟氏基金项目

续表 6-1

姓名	出国日期	回国日期	留学国家	留学学校	访学所获资助项目
唐四元	2009.10	2010.05	美国	犹他大学	国家留学基金委青年骨干教师项目
罗阳	2010.09	2011.09	美国	肯塔基大学	国家留学基金委青年骨干教师项目
周乐山	2010.05	2011.05	加拿大	渥太华大学	加拿大母婴健康项目
冯辉	2012.01	2012.05	美国	密西根大学	美国中华医学基金会青年教师进修项目
彭伶丽	2012.05	2013.05	澳大利亚	弗林德斯大学	湘雅医院重点专科项目
谷灿	2014.01	2015.02	美国	耶鲁大学	国家留学基金委公派博士后项目
郭佳	2014.03	2014.09	美国	加州大学旧金山分校	美国中华医学基金会青年教师进修项目
钟竹青	2014.07	2015.01	美国	罗格斯大学	湘雅三医院重点专科项目
李现红	2014.09	2015.02	美国	加州大学洛杉矶分校	美国中华医学基金会青年教师进修项目
贺莲香	2014.09	2015.03	美国	加州大学洛杉矶分校	美国 NIH FORGATY 项目
刘佳	2014.11	2015.11	美国	纽约大学	国家留学基金委公派访问学者项目

注：此表不包含美国雅礼协会贾氏学者及 CMB 资助的 POHNED 项目(见专题介绍)。

三、国际及国内港澳台学术交流

(一)举办国际护理学术会议

1. 2011 中国长沙国际护理学术研讨会

在湘雅护理教育创办百年到来之际，在湖南省外事办的批示下，"2011 中国长沙国际护理学术研讨会"于 2011 年 10 月 14 日至 15 日在长沙湖南宾馆成功召开。该国际护理学术会议由中南大学护理学院主办，得到了海内外护理同仁的积极响应。大会以"关爱、创新、发展"为主题，迎来美国、加拿大、澳大利亚、泰国等多个国家和中国大陆及台湾、香港、澳门地区 100 多个单位的知名学者，围绕国际护理教育、护理科研、护理管理、临床护理以及社区护理的前沿和热点议题，采用主题报告、专题论坛、海报展示、论文汇编等多种交流形式，开展了丰富的学术和经验交流。此次盛会有海内外 500 多名护理同仁参与，共收到学术论文摘要 100 多篇。其中 19 位海内外护理知名专家进行了精彩的主题演讲和专题报告；20 名护理学者在两个分会场大会发言，一个围绕临床护理革新，一个围绕护理教育和护理管理策略，展示了我国护理的学术成果；大会还展出了 21 位海内外护理学者的学术海报。

2. 2013 湘雅国际护理学术会议

2013 年 6 月 28—30 日，"2013 湘雅国际护理学术会议"在长沙市金麓国际大酒店成功举办。此次会议得到了教育部国际合作司的批示。会议由中南大学护理学院、澳大利亚弗林德斯大学护理学院和湖南省护理学会联合主办，得到了海内外护理同仁的积极响应。大会以"关爱、仁术、传承、创新"为主题，邀请到了来自美国、加拿大、澳大利亚、泰国等多个国家和香港、台湾、中国大陆 60 多个单位的知名学者，围绕国际慢性疾病管理、老年人长期照护、高级临床护理实践、高等护理教育的改革等前沿和热点议题，采用主题演讲、大会发言、海报展示、论文汇编等多种交流形式，开展了丰富的学术和经验交流。

此次盛会吸引了海内外 300 多名护理同仁的参与，共收到学术论文摘要近 100 篇。其中 11 位海内外护理知名专家进行了精彩的主题演讲；28 名海内外护理学者，分 2 个分会场，分别用英文和中文针对慢性病管理、临床高级护理、护理管理和护理教育等研究领域做了大会发言，并进行了激烈讨论；另外有 12 位海内外护理学者的研究成果以海报的形式进行了交流。会议中，我院何国平教授以"中国社区护理的新挑战：失独父母的现状及护理策略探讨"的演讲获得与会者广泛好评。

大会的 2 个分会场的汇报交流，其中一个是全英文的汇报和讨论，充分体现了此次会议的国际化，以及我国护理的迅猛发展使得中国护理事业的人才成为国际化的人才。

（二）参加国际及国内港澳台学术会议

教师利用各种机会积极参加各地的学术大会，将自己的科研成果或者专科护理成果与其他国家学者分享，极大地扩大我校护理学在世界的影响，参加国际学术会议信息见表 6 - 2 和图 6 - 1 及 6 - 2。

表6-2 近五年参加国际及国内港澳台地学术会议做大会发言信息表

姓名	时间	会议名称及国别	大会发言题目
王红红	2011.06.03—04	第五届香港国际护理学大会	艾滋病患者抑郁症状及相关因素分析
李现红	2011.06.03—04	第五届香港国际护理学大会	中国吸毒感染 HIV 人员羞辱与歧视的扎根理论研究
吴辽芳	2011 年 10 月	内分泌科在中日韩护理学术会议，韩国	糖尿病专科护士的作用与培训
谌永毅	2013 年 11 月 21—24 日	第一届亚洲肿瘤护理专业委员会会议，泰国	中国肿瘤护理专业发展
谌永毅	2014.05.01—03	GAP 会议，韩国	中国 PICC 专科护士培训与临床实践
张静平	2013.12.02—06	国际护理、急诊医学会议，美国	肺癌患者及家属同步心理干预的效果研究
何国平唐四元李现红	2014.02.10—12	第三届国际生物科技大会，迪拜	湖南省艾滋病患者抗逆转录病毒治疗依从性及相关因素研究
罗 阳	2014 年 4 月 4—6 日	第五届亚太平洋生殖健康会议	中国流动妇女生殖健康的认知行为干预
谢建飞	2014 年 6 月 21—25 日	第十二届全球护理资讯研讨会，中国台湾	Application and Development of Global Nursing Information System
孙 玫	2014 年 6 月 22—25 日	第五届护理教育会议，荷兰	护理本科生通情培训效果评价

图6-1 2013 年护理学院教师参加第 8 届国际艾滋病治疗与预防依从性大会(美国迈阿密)

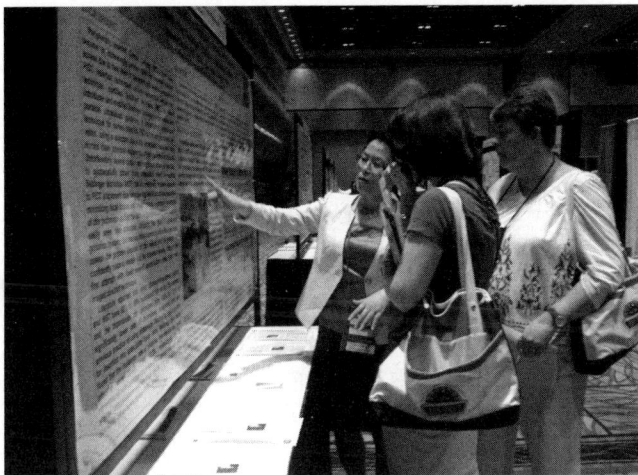

图 6 - 2　2012 年护理部贺连香副主任在 INS USA 做板报宣讲

四、国际基金会对湘雅护理学科的支持

（一）中华医学基金会

1. CMB 资助发展湘雅护理教育

（1）改善教学条件：利用 CMB 专项基金新建了用于护理本科和研究生培养的高标准实验室、计算机室和语音教室，补充更新了原有实验室，添置了"急救训练组合""呼吸机""安尼人"等贵重设备，为学生创造了良好的学习条件，提高了教学水平。

（2）充实了专业图书资料：护理学院与图书馆联合，新购了国内、外出版的护理学书籍，征订了国内相关杂志 30 余种，以了解世界护理的新动态，为不断改进护理教学内容、方法和模式，提供了良好的学习园地。

（3）主编或参与本科教材编写：由 CMB 护理专项基金支持参加全国护理本科教材的编写。最近几年我校主编了《社区护理学》《实用护理学》《护理心理学》《生理学》《精神科护理学》等教材或参考书籍，参加了《儿科护理学》《妇产科护理学》等教材的编写工作。

2. 培养高级护理师资

在 CMB 护理专项基金的资助下，加大了高级护理师资的培养力度，改变了师资学历结构，采用"派出去请进来"的方法，多途径、多形式地选送青年教师出国深造。CMB 的 POHNED 和延长项目共为我校培养 15 名教师攻读护理硕士学位（表 6 - 3），现已成为我校护理教学、科研的骨干力量，同时也是引领湖南护理事业发展的重要力量。

表6-3 CMB资助的POHNED及延长项目的护理师资

姓名	学习时间	现任职务、职称	工作单位
王红红	1994—1996	教授、副院长、博士生导师	护理学院
黄金	1994—1996	教授、护理部副主任	湘雅二医院
李乐之	1995—1997	教授、护理部主任、博士生导师	湘雅二医院
严谨	1995—1997	教授、护理部副主任、博士生导师	湘雅三医院
张静平	1996—1998	教授、博士生导师	护理学院
李映兰	1996—1998	教授、护理部副主任、博士生导师	湘雅医院
汤清平	1997—1999	副主任医师	湖南省脑科医院
贺莲香	1997—1999	教授、护理部副主任	湘雅医院
蔡益民	1998—2000	教授、护理部副主任	湖南省人民医院
曾慧	1998—2000	教授、实验中心主任	护理学院
杨敏	1999—2002	副教授、系主任	护理学院
唐维维	1999—2002	讲师	护理学院
曾淑贤	1999—2002	副教授、护理部主任	湖南省妇幼保健院
何彩云	2002—2004	副教授	湖南师范大学
施华芳	2002—2004	副教授	湘雅二医院
赵丽萍	2002—2004	副教授	湘雅二医院

在CMB护理教育项目的资助下,护理师资水平有很大提高,教学条件的改善直接推动了我校护理教育事业发展,促进提升了我校护理教育的影响力和学术地位,为我校成功获得护理硕士学位授予点及博士学位授予点打下了基础。

(二)美国雅礼协会贾氏学者项目

美国雅礼协会(Yale—China Association)是美国大学中最早也是唯一的一个专门推动学校同中国合作的非盈利机构,它创办了湘雅医院、雅礼护病学校和湘雅医学院,对湘雅医学和护理教育的支持有100年的历史。近年来通过雅礼奖学金、贾氏卫生学者、钟氏项目、贾氏社区卫生服务等项目,资助医学教育、卫生人才的培养。其中贾氏卫生学者项目始于1998年,为中南大学培养贾氏学者33名,其中护理学的教师占了近2/3(表6-4),大大提升了我校护理师资的科研能力,同时也为教师与耶鲁大学教授的交流合作提供了重要的平台。

表6-4　雅礼协会资助的护理学专业的贾氏学者

姓名	现任职务、职称	工作单位	赴美学习时间	贾氏课题	耶鲁大学导师
李乐之	护理部主任、教授	湘雅二医院	1998	长沙市老年人健康需求调查	Paula Milone-Nuzzo 教授
杨敏	系主任、副教授	护理学院	1998	长沙市高血压患者健康教育可行性研究	Paula Milone-Nuzz 教授
严谨	护理部副主任、教授	湘雅三医院	1999	卫生专业人员和非专业人员对吸烟危害的认知	Marjorie Funk 教授
黄金	护理部副主任、教授	湘雅二医院	2001	中国大学生对艾滋病认知、态度及危险行为研究	Ann Williams 教授
王红红	副院长、教授	护理学院	2001	护理学生艾滋病知识教育	Ann Williams 教授
蔡益明	护理部副主任、主任护师	省人民医院	2003	血源性病毒性肝炎患者家属的教育与咨询	Kathleen Knafl 教授
施华芳	副主任护师	湘雅二医院	2004	妊娠妇女乙型肝炎的预防知识、态度与实践	Heather Reynolds
曾慧	实验中心主任、教授	护理学院	2004	乙型肝炎患者的压力管理干预	Kristopher Fennie 博士
张琼	护师长、副主任护师	湘雅医院	2005	护士对针刺伤暴露后方案的依从性研究	Ann Williams 教授
林莉	护士长、主管护师	湘雅医院	2006	护士对艾滋病的职业防护研究	Kristopher Fennie 博士
张静平	教授	护理学院	2006	艾滋病患者的生活质量及相关因素研究	Ann Williams 教授
冯辉	主任、副教授	护理学院	2007	社区抑郁老师回忆疗法的教育干预	Juliette Shellman 教授
刘新春	主任、教授	湘雅三医院	2007	动机访谈在2型糖尿病行为干预中的应用	Elizabeth A. Magenheimer 教授
宋妍	支部书记、讲师	护理学院	2009	精神分裂症患者及家属的健康教育项目的编制及应用	Robert Rosenheck 教授
吴辽芳	护士长、主管护师	湘雅医院	2009	改良 AADE 糖尿病教育课程设置的修订及应用	Margaret Grey 教授
刘佳	护士长，主管护师	湘雅三医院	2010	生活技能培训在农村留守儿童不良行为干预中的应用	Linda Mayes 教授
李丽	护士长，副主任护师	湘雅医院	2011	儿童冒险行为的目标干预研究	Patricia Ryan-Krause 教授
谷灿	讲师	护理学院	2012	大学女生对 HPV 疫苗接种的认知、态度、接受性的研究	Linda Niccolai 教授
叶曼	主管护师	湘雅二医院	2012	从医院到家庭的过渡期肺癌患者的支持性护理需求及影响因素	Ruth McCorkle 教授
谢建飞	护士长，主管护师	湘雅三医院	2013	多学科团队心理干预在农村留守老人应用研究	Joanne DeSanto Iennaco 教授
晏春丽	主管护师	湘雅三医院	2013	妇女针对乳腺癌后的心理应对	Tish Knobf 教授
毛婷	主任、讲师	护理学院	2014	农村慢阻肺患者护理干预模式研究	

五、聘请国际名校客座教授

护理学院聘请国际或中国港澳台地区名校教授作为客座教授,定期为我校师生讲学、指导研究生,并开展课题合作。现学院聘请了三位客座教授,分别是:美国加州大学洛杉矶分校护理学院的教授、副院长 Ann Williams 教授、香港中文大学那打素护理学院院长李子芬教授、香港中文大学那打素护理学院车锡英教授。三位客座教授的介绍详见人物篇。

六、与国际及国内港澳台名校的合作

(一)与耶鲁大学护理学院合作

1.师资访问学习

每年学院将通过不同的途径选送年轻的教师赴美国耶鲁大学学习,从表6－1和表6－4可以看出,有近一半的护理师资有赴耶鲁大学访学的经历。此外,学院还通过课题合作的途径,选派师资访问。

图6－3 何国平教授率科研团队访问耶鲁大学和雅礼协会

图 6 - 4　罗军飞书记一行赴耶鲁大学护理学院开展科研伦理审查学术交流

图 6 - 5　社区慢性病管理项目组与耶鲁大学护理学院院长 Margaret Grey 会谈(右三)

2. 邀请耶鲁大学专家讲学

学院举办的 2 次国际学术会议都邀请了耶鲁大学专家来做大会主题演说。除此之外,学院还会通过雅礼协会的项目资助请耶鲁大学的专家讲学。受钟氏项目的资助,耶鲁大学护理学院 Nancy Reynolds 教授、Kristopher Fennie 博士来学院为教师和研究生开展高级科研培训,包括科研设计、测量、质性研究及数据统计分析,获得很好的效果。有一期培训班邀请到了 Robin Whittemore 教授进行讲座(图 6 -6)。雅鲁大学教授也会利用来华的机会将他们最新的科研和教学成果与我院教师分享。Linda Pellico 教授和 Thomas Duffy 先生(图 6 -7)将他们在耶鲁大学开展的将艺术

(音乐、艺术欣赏)应用于健康体查技能教学中的教学方法非常有创新性。

此外,附属医院也经常邀请耶鲁大学教授讲学:① 2012 年 10 月 19 日,美国耶鲁大学护理学院教授 Marge Funk 访问湘雅二院,并进行了题为"Alarm:It's Not Just the Noise"的学术讲座。② 2014 年 3 月 29 日,耶鲁医学院儿童医院护理专家、美国新生儿护理协会专业委员、美国输液护理学会学术委员、感染控制专业人士协会委员 Anne M. Swanson 来院访问,Anne 女士参观了湘雅二医院新生儿病房并作了"输液并发症的预防与管理"的专题讲座。

图 6-6 耶鲁大学教授 Nancy Reynolds, Robin Whittemore, Kristopher Fennie 为我院师生开展高级护理科研培训与学员合影

图 6-7 耶鲁大学 Linda Pellico 教授和 Thomas Duffy 先生及雅礼协会同事访问我院

（二）与澳大利亚弗林德斯大学护理学院的合作

自 2010 年 6 月，澳大利亚弗林德斯大学护理学院副院长 Steve Parker 教授和国际事务项目官 Paul Saeki 先生来访中南大学护理学院。我院何国平院长和王红红副院长于 2011 年 4 月赴澳大利亚进行回访。2012 年我校护理教师一行 10 人访问了弗林德斯大学。2011—2014 年两院以老年护理、精神健康和慢性病管理等相似科研领域为合作契机，以硕、博士研究生互换交流为先导，逐步深入开展本科生 2 + 2 交流学习的合作办学模式，实现双方互惠双赢的目标。现两校护理专业共开展的合作课题有 4 项，共同培养 Cotutelle 博士生 1 名。

图 6 - 8　澳大利亚费林德斯大学护理学院师生与我院师生学习交流

图 6 - 9　中南大学与弗林德斯大学联合培养的第一位 Cotutelle 博士生

图 6 – 10　我校赴澳大利亚学习的师生与 Paul Arbon 院长在一起

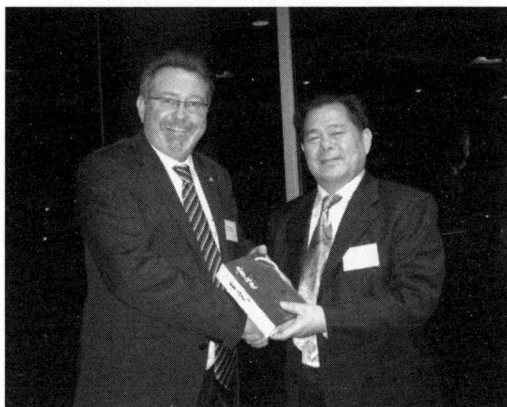

图 6 – 11　Paul Arbon 院长与何国平前院长互赠礼物

（三）与加州大学洛杉矶分校护理学院的合作

与加州大学洛杉矶分校护理学院的正式合作始于 2010 年 Ann Williams 教授从耶鲁大学调到该学院担任科研副院长后。2011 年 6 月 5 日至 10 日，由副院长、博士生导师 Ann Williams 教授带队的美国加州大学护理学院一行 5 人代表团到访我校护理学院。除实施双方合作的美国国立卫生研究院的科研课题"艾滋病治疗依从性干预研究"外，代表团还为我校举办了多场学术讲座。双方还就研究生合作培养、学生交换、科研合作等进行了多次商谈。Sally Maliski 副院长也多次为我校师生开展有关质性研究的讲座，并以她的科研课题为范例，为我院年轻教师科研生涯提供了启示。Sally Maliski 博士 2013 年被中南大学湘雅附属肿瘤医院聘任为客座教授，将开展有关肿瘤护理方向的课题合作。

为了更好地学习 UCLA 护理学院的先进科研和教学理念，我院也先后派出师资参观访问(图6－12，图6－13)。

图6－12　护理学院教师去 UCLA 参观

图6－13　护理学院张静平教授参观 UCLA

(四)与香港中文大学那打素护理学院的合作

年轻教师谷灿于2011年获得香港中文大学博士学位后，搭起了两校合作的桥梁。我院先后多次邀请香港中文大学那打素护理学院院长李子芬教授、副院长车锡英教授来长沙讲学，并于2014年4月聘请她们为我院客座教授。2013年11月18日湘雅二医院邀请车锡英教授举行"老年心血管病人的护理"主题讲座。

我院曾多次选送多名硕士和博士研究生赴香港中文大学学习。在 2013 年暑期，受李子芬院长的邀请，我院派出骨干教师赴香港参观学习，收益颇丰。两院将会对师生互换、课题协作等方面加强进一步的合作。

图6-14 护理学院骨干教师赴香港中文大学那打素护理学院交流学习(2013.08)

(五)与我院签署了长期合作协议的其他国际国内名校

除了与以上名校的密切合作，我校还与泰国清迈大学、中国台湾健康护理大学正式签署了长期合作协议。合作的主要内容包括学生互换、师资科研合作以及资源的共享。

七、国际合作课题

(一)国际合作课题概述

我校护理师资通过 CMB、美国雅礼协会、美国国立卫生研究院、欧盟等途径获得多项国际合作课题，进校经费近 800 万。

表 6 - 5　专职教师国际合作课题一览表(2003—2014)

姓名	合作单位	项目全称	经费来源	项目起止时间
何国平	欧盟－国际助老协会	中国西部老年人及其社区扶贫项目	欧盟项目	2003—2006
	美国中华医学基金会	多元化途径发展湖南省社区护理教育省社区护理教育	CMB	2008—2011
	美国中华医学基金会	Planning Project to Develop an Innovative Practice Model on Community Nursing in China (20100927)	CMB	2009—2012
	弗林德斯大学	A Comparative Study of Family Caregivers' Perceived Challenges When Caring for Family Members with Dementia and Expectations of Dementia Care Services in Adelaide and Changsha	弗林德斯大学	2012—2013
	弗林德斯大学	Strengthening Professional Collaboration in Dementia Education and Research via the Provision and Evaluation of a Dementia Train the Trainer Program	ACC	2012—2014
	美国中华医学基金会	The Development of the Chinese Innovative Practice Model of Community Health Nursing	CMB	2012—2015
王红红	耶鲁大学	Developing ART Adherence Intervention in South Central China (R34 MH 083564 - 01A2)	美国国立研究院(NIH)	2009—2014
	加州大学	Xiangya-UCLA HIV/AIDS Research Training Initiative(1D43TW009579)	美国国立研究院(NIH)	2013—2018
严谨	美国雅礼协会	社区精神卫生服务	美国雅礼协会贾氏基金	2006
	美国中华医学基金会	The Effects of Hospital Outreach Intervention on Decreasing Hospitalizations and Medical Cost of Patients with Chronic Obstructive Pulmonary Disease: A Randomized Controlled Trial	美国中华医学基金会	2012—2015
曾慧	亚洲老年培训中心	老年慢阻肺患者自理能力培训	亚洲老年培训中心	2001—2002
	欧盟－国际助老协会	中国西部老年人及其社区扶贫项目	欧盟项目	2003—2006
	美国雅礼协会	健康教育和心理干预对慢性乙型肝炎患者应激水平的效果研究	雅礼协会贾氏基金	2005—2006
	美国雅礼协会	认知训练和穴位按摩对老年人认知功能的效果研究	贾氏社区扩展基金	2008—2009

续表 6 – 5

姓名	合作单位	项目全称	经费来源	项目起止时间
杨敏	美国雅礼协会	社区老年人健康生活模式健康教育效果研究	雅礼协会贾氏社区扩展基金	2006 – 2008
	美国中华医学基金会	精神疾病患者家属情感表达对其照顾负担及患者复发率影响的随访研究	CMB 护理青年教师科研基金	2012 – 2015
张静平	美国雅礼协会	Quality of Life and Influencing Factors in People Living with HIV/AIDS in China	国际合作项目	2008
李映兰	WHO	医护人员不安全注射行为的干预研究	WHO	2008
	美国爱斯本	Comparision of Inelastic and Elastic Lumbosacral Orthoses on the Prevention of Low Back Pain in Hospital Nurses	美国爱斯本医疗产品研究会	2011
黄金	美国雅礼协会	低血糖指数食物对血糖血脂代谢的影响(2008CC02S)	美国雅礼协会贾氏项目	2008
	美国雅礼协会贾氏项目	认知干预对长沙市及昆明市社区 2 型糖尿病患者轻度认知功能障碍的影响	美国雅礼协会贾氏社区联合项目	2013
冯辉	美国雅礼协会	怀旧治疗对老年抑郁患者的干预效果研究	雅礼协会贾氏基金	2008—2009
	弗林德斯大学	发展湖南省社区卫生服务机构慢性病管理能力研究	澳大利亚弗林德斯大学	2013—2014
宋妍	美国雅礼协会	长沙市社区精神分裂症的家庭教育课程项目的研究.	美国雅礼协会和贾氏基金	2010—2012
周乐山	美国中华医学基金会	行为改变的跨理论模型在社区肥胖儿童体重控制中的应用	CMB 护理青年教师科研基金	2011—2013
李丽	美国雅礼协会	Impact of a Target Intervention on Childhood Risk Taking Behavior	雅礼协会贾氏基金	2011—2012
刘丹	哥伦比亚大学	Nursing Human Resources Allocation and Health Economic Analysis of the High – quality Care Demonstration Project in Hunan Province	CMB 种子基金	2012—2014
谷灿	美国雅礼协会	以实证和理论为基础的干预对中国大学女生 HPV 相关知识和 HPV 疫苗接受程度的影响	雅礼协会贾氏基金	2013—2015
彭伶丽	澳大利亚弗林德斯大学	Barriers and Enablers for the Implementation of a Training Program for the National Triage Guidelines in Hunan Province, China	澳大利亚弗林德斯大学	2013 –2014
李现红	美国中华医学基金会	长沙市男男性行为人群适应性艾滋病信息干预模式研究	CMB 护理青年教师科研基金	2014—2015

（二）部分国际合作课题简介

1. 发展社区护理教育模式（CMB 08 – 883）。由何国平教授主持的 CMB 项目，获得经费资助 17.5 万美元。该项目旨在探讨湖南社区护理教育模式，通过修订社区护理教育课程、培训社区护理师资、培训骨干社区护士以及建立全省社区护理教学网络途径，来完善社区护理教学及社区护理人才的培养。项目共培训了 64 位社区护理教师和 224 位骨干社区护士，并出版相关书籍 1 部，发表论文 6 篇，科研成效显著。

2. 湘雅 – UCLA 艾滋病相关行为研究人员培训项目（1D43TW009579 – 01）。本培训项目的设计是针对当前艾滋病合作性行为研究的需要，特别是针对我国艾滋病患者精神卫生及行为研究的热点。本项目将基于护理学和心理学的共同学术兴趣和方法，开展跨学科的研究，并与培训的研究人员建立合作性的、长期的、持续的指导和支持机制，帮助他们设计、开展、评价与中国艾滋病流行特点相适应的科研课题。通过本培训项目的开展，将增加开展艾滋病方面的精神卫生、行为领域研究的护理和心理的中青年科研人员数量及能力。科研能力的评价将通过以下方面进行：评估培训学员开展的课题数；在同行评审期刊中发表的论文数；专业汇报；申请项目外的科研经费；以及培训学员在科研方面承担的授课及指导人数。

3. 医院延伸服务对降低慢性阻塞性肺疾病患者住院率及减少医疗费用效果的随机对照研究（CMB 12 – 115）。该研究是严谨教授主持的 CMB OC 项目。课题采用随机对照设计，在慢性阻塞性肺病患者中开展医院延伸服务，包括戒烟干预、运动康复、自我管理教育、心理社会支持等，分析其在改善患者肺功能、运动耐力、生活质量，降低住院率的效果，最终达到减少医疗费用的目的。

4. 中国西部老年人及其社区扶贫项目。该项目为何国平、曾慧教授主持的欧盟助老项目，由国际助老会亚太地区培训中心和中国四川、陕西和湖南三省联合向欧盟申请的旨在帮助中国老年人脱贫和促进健康的项目，酝酿于 2002 年初，于 2003 年 8 月正式启动，历时 3 年，于 2006 年 7 月完成。中南大学护理学院为该项目的引进、申请和实施做出了贡献，并具体负责该项目的湖南助老健康项目，入校总经费近 50 万。为古丈、浏阳、汉寿三地农村项目点培训了 20 名村卫生人员，购买了基本的医疗器械，给 1000 多名老年人进行了身心全面评估并建立了健康档案，编写了《老年人健康手册》，与村卫生人员一道给项目点的老年人及其家属进行了相应的健康宣教，还加强了农村三级医疗网的联系，改善了项目点农村贫困老年人"看病难，看病贵"的状况，大大改善了老年人的精神面貌，促进了积极老龄化行为。

5. 英文版慢性病保健评估问卷（ACIC）的汉化及在湖南省社区卫生服务机构的初步应用。此课题是冯辉副教授与弗林德斯大学 Jeffery Fuller 教授合作的课题。该课题引进慢性病保健评估问卷 ACIC,进行翻译、回译及文化调试,最终修订为包含 6 个维度,34 个条目的 ACIC 简体中文版,采用多阶段分层整群随机抽样法在湖南省抽取 102 个社区卫生服务中心的 400 名基层医疗卫生机构医务人员进行问卷调查,对问卷进行了内部一致性、重测信度、内容效度、因子分析等信度及效度分析,并了解湖南省社区卫生服务机构慢性病管理能力现状。

图 6-15　湘雅-UCLA 艾滋病相关行为研究人员培训项目校领导及课题组成员合影

八、选派学生出国或去国内港澳台地区培养

派出优秀学生赴国际名校学习也是我校护理学人才培养的举措之一。近几年,我院派出的短期的学习有 2013 年 7—8 月派出本科生和研究生 6 人赴澳大利亚弗林德斯大学学习。2013 年 10 月至 2014 年 1 月派出 3 人赴中国台湾健康护理大学学习。通过国家留学基金委、CMB 新星学者项目和科研项目的资助,选送优秀生进行联合培养或者攻读学位,大部分学生已经学成回国,在工作岗位上发挥重要的作用,成为我校新一代护理学科后备人才。

表 6-6　学生公派留学一览表

姓名	年级	出国时间	出国目的	国家及学校	出国途径
刘珊	研 2001 级	2003.09—2008.05	攻读博士学位	美国耶鲁大学	获对方学校全额奖学金
李现红	博 2007 级	2007.08—2008.07	博士联合培养	美国耶鲁大学	国家留学基金委
郭佳	博 2008 级	2008.08—2009.07	博士联合培养	美国耶鲁大学	国家留学基金委

续表6-6

姓名	年级	出国时间	出国目的	国家及学校	出国途径
周雯娟	博2009级	2009.08—2010.07	博士联合培养	美国耶鲁大学	国家留学基金委
孙玫	博2009级	2010.08—2011.07	博士联合培养	澳大利亚蒙那西大学	国家留学基金委
段梦娟	研2009级	2010.08—2011.09	攻读学位	英国利物浦大学	CMB新星学者项目
杨娇	研2009级	2011.08—2012.09	攻读学位	英国玛格丽特皇后大学	CMB新星学者项目
黄树源	研2010级	2012.08—2014.08	攻读学位	美国 Emory 大学	CMB新星学者项目
王婧	博2010级	2013.09—2014.01	博士联合培养	澳大利亚弗林德斯大学	项目资助
王瑶	博2011级	2013.08—2014.09	博士联合培养	加拿大多仑多大学	国家留学基金委
陈三妹	研2008级	2013.08—	攻读博士学位	日本九州大学	国家留学基金委
刘民辉	研2011级	2013.08—	攻读博士学位	美国华盛顿大学	国家留学基金委
黄菲菲	博2012级	2013.05—2013.12	联合培养	美国耶鲁大学	NIH项目资助
吉彬彬	博2010级	2013.08—2014.05	联合培养	澳大利亚昆士兰大学	国家留学基金委

九、留学生访学或攻读学位

（一）短期访问学习

我校已与友好学校建立学生交换项目。2013年7月15—25日由Paul Seaki老师带队的6名澳大利亚弗林德斯二年级护理本科生来我校学习，他们与我校本科生交流学习护理的心得，参观社区，学习中医。美国耶鲁大学二年级本科生Tristen Y. Beeler于2010上学期来我校学习一学期，参加听课，并撰写了一篇关于中医实践的报告。2013年6月美国Marlboro大学Alison Wu来我校进行了6周的学习，期间参与我校本科生创新创业教育年会（图6-17）。2014年8月7日，我院迎来了澳门护士协会派出的14名护理本科学生参观访问（图6-18）。

（二）学位教育

我校护理学已经具有开设国际学位教育项目的能力。自2010年开始招收国际留学生，到目前为止共招生三届11人，已毕业8人（退学1人）（表6-7）。

表6－7　攻读护理学硕士或博士学位的国际留学生

姓名	学习时间	国别	校内导师	学位层次
Maggie Zgambo(麦琪)	2010.09—2013.06	马拉维	何国平、王红红	硕士学位
Abha Sharma(阿布哈)	2011.09—2014.06	尼泊尔	张静平	硕士学位
Alaa Alakabani(卡巴尼)	2011.09—2014.06	叙利亚	李映兰	硕士学位
Bobby Thapa(波比)	2011.09—2014.06	尼泊尔	李乐之	硕士学位
Ghassan Alhalabi(加森)	2011.09—2014.06	叙利亚	王红红	硕士学位
Kali kumara pun（卡丽）	2011.09—2014.06	尼泊尔	何国平王秀华	硕士学位
Muaath Al－Qashlan(莫阿奇)	2011.09—2014.06	叙利亚	王红红	硕士学位
Novlina Lestar(谭金莲)	2011.09—2014.06	印度尼西亚	张静平	硕士学位
Layal Hamze(雷娅)	2012.09—	叙利亚	何国平周乐山	硕士学位
John Kipsang（约翰）	2012.09—	肯尼亚	王红红	博士学位

图6－16　中南大学护理学院第二批国际硕士研究生毕业

图 6 – 17　美国 Marlboro 大学本科生 Alison Wu（第二排右五）参加学校本科生创新创业年会

图 6 – 18　澳门护士学会携 14 名护理本科生来院参观

第三篇　杰出校友　学科代表

一、主要领导

湘雅护士学校—中南大学（湘雅）护理学院主要领导名单

校（院）长

妮娜·盖治	（1911—1926）
曹典球	（1927—1929）
王子玕	（1929—1937）
张孝骞	（1937—1947）
刘泽民（代）	（1939—1946）
王泰元	（1947—1952）
杨传治（代）	（1952）
罗诗彬	（1952—1956）
彭仁山	（1956—1961）
张廷昌	（1979—1981）
李　任	（1981—1982）
王可嘉（兼）	（1982—1984）
陈服文（兼）	（1984—1989）
朱敬琮	（1989—1992）
陈本悦	（1992—1995）
周昌菊（系主任）	（1995—1999）
何国平	（1995—2013）
唐四元	（2013—）

党总支（支部）书记

王　凯	（1979—1984）
朱敬琮	（1984—1992）
陈本悦	（1992—1995）
何国平	（1995—1999）
陈进伟	（1999—2002）
曾玉华	（2002—2004，主持工作）
冷晓红	（2005—2010）
唐四元	（2010—2013）
罗军飞	（2013—）

二、知名校友

妮娜·盖治（N. D. Gage）（? —1946. 10），女，1905 年获美国威莱士理工大学学士学位，1908 年获纽约大学护士学士学位。同年由美国雅礼协会派遣来华，于湖南长沙从事护理工作并创办长沙雅礼护病学校（湘雅护士学校前身），任校长多年。1909 年作为创始人之一于江西牯岭创建中华护士会。1912 年作为发起人召集代表于牯岭集会，讨论中国护理事业发展计划并当选会长。1915 年在上海主持召开我国有史以来第一次中华护士代表会，厘定"护士"一词，出任第一任中华护士会会长，使中国成为国际护士学会成员国，制订中国护士教育、培养注册规范。她积极筹划护士学校注册及中国护士统一考试，为中国护理教育事业的发展奠定了基础。1925 年至1929 年任万国护士会会长（国际护士会前身）。曾代表中国护士出席国际护士会会议，并介绍中国护理事业的发展情况。曾游历中国及欧美各国，作为当时国际护理界知名人士，对中美两国护理事业贡献颇大。1927 年回美，曾任纽约某医院护士教育主任和护理部主任。1928 年任美国护士教育联合会干事。1946 年 10 月 8 日逝世，其遗嘱是将图书赠与中华护士会图书馆，并由司徒雷登大使监印代总干事接受。

曹典球（1877. 07—1960. 04），男，湖南长沙县人，湘雅医学校初创人之一，教育家。1903 年，应谭嗣同、唐才常的老师欧阳中鹄先生之邀，到谭、唐的故乡浏阳任小学堂总教习，从此他开始了教育生涯。1904 年，少年同窗好友熊希龄推荐他为湖南西路师范学堂教习，兼常德篇学堂教习，后又到湖南高等实业学堂以及衡阳、长沙等地各中学任教。1908 年秋，任湖南高等实业学堂监督，在职四年，首次创办了矿业、土木、机械、化学、铁路等专科，为湖南高等工业专科教育打下了基础。1912年春，蔡元培委任曹为教育部主事。同年秋范源委任曹为教育部秘书。1914 年曹受谭延闿之邀，参与湖南育群学会，与美国雅礼协会合办湘雅医学专门学校，被推选为湘雅医学会董事部部长、干事部部长。1917—1929 年任湖南育群学会会长、湘雅医学会董事长，1926—1928 年任湘雅医科大学董事长。1926 年湖南省省长唐生智委任曹为教育司司长。北伐开始后，任国民革命军第八军秘书长，参加北伐。1929 年，谭延闿委任曹为湖南省政府委员；1930 年兼任湖南大学代理校长。新中国成立以后，曹先后任湖南省军政委员会顾问，省人民政府参事，湖南

省文史研究馆副馆长，第一、二届湖南省人大代表，第一、二届湖南省政协常委。1960年4月5日病逝于长沙。

张孝骞（1897.12—1987.08），男，湖南长沙人，博士，院士，内科专家，医学教育家，中国消化病学的奠基人。1914年9月考入长沙湘雅医学专门学校。1921年7月，在湘雅医学院专门学校取得学业成绩和毕业论文两个第一名，被美国康州政府授予医学博士学位。毕业后，留校担任内科学助教，兼任湘雅医院住院医师，总住院医师。1937年6月，张孝骞代理湘雅医学院院长。1938年5月，以代理院长身份撰写《私立湘雅医学院概况》。1939年8月16日，湘雅校董会公选代理院长张孝骞教授继任院长。12月9日，赴重庆向教育部接洽湘雅医学院国立事项等公要。1940年8月13日，民国政府教育部颁发（高字第26404）训令，湘雅医学院由私立改为国立，但湘雅医院与护校仍维持私立体制。1945年10月中旬，向教育部部长朱家骅面呈《国立湘雅医学院请求将临床医学生提前迁湘缘由的报告》并获准。1948年4月，辞去湘雅医学院院长职务。1955年被选为中国科学院首批学部委员（院士）之一。1962年以后长期任中国协和医科大学（即原协和医学院）副校长。从1978年起，一直担任中国医学科学院副院长，并被补选为全国政协委员。1985年12月18日张孝骞加入中国共产党。1987年8月8日，张孝骞因肺癌病逝于北京协和医院，终年90岁。

王子玕（1880—1963），又名王光宇，男，江西永新人，医学教育家、公共卫生学家，1929—1937年出任湘雅医科大学第二任校长。期间在湘雅医科大学开办了三年制的湘雅助产学校。曾编写"天花""免疫学""消毒""睡比吃更为重要""战地救护""公医制度"等小册子。

刘泽民，1916年，刘泽民被选送到湘雅医学专门学校学习，1923年毕业并获得博士学位。1928年4月回到母校从事内科临床和教学工作。1939年被任命为沅陵湘雅分院院长，兼任湘雅护士学校校长。当时，工作、生活条件极其艰苦，困难重重。为解决师生员工生活用房，恢复教学、医疗等正常工作，他亲自设计并带领民工修筑房屋，木工、泥工、篾工的活样样都干。他处处为人师表，身体力行，深受师生员工的拥戴。尽管条件差、生活苦、政治环境复杂，但

湘雅的各种规章制度仍得到贯彻执行，保持着良好的校风与学风。当沅陵一代流行霍乱、痢疾、脑炎等烈性传染病的时候，在医疗设备奇缺的情况下，他带领医务人员全力以赴，创造了奇迹般的临床效果，并使沅陵湘雅医院受到国际联盟霍乱委员会的特别嘉奖。抗战胜利后，他带领全体院校职工与师生，将医院和护校师生完整地复原长沙，使湘雅很快走上正常工作的轨道。

李振翩（1914—1918 年在校），男，湖南湘乡人，美籍华人，教授。1918 年毕业于湘雅护校，1925 年毕业于湘雅医科大学。在校期间，他曾参与湘雅校报《新湖南》周报和《湘江评论》的编辑出版工作，并加入了新民学会，积极参加爱国运动，成为毛泽东同志青年时代的革命战友。1929 年，李振翩去了美国洛克菲勒学院从事病毒学的研究工作。1931 年日寇侵入我国东北地区，他毅然回国，先后在北京协和医学院、上海医学院、陆军医学院、中央大学等任教，为抗日救国培养人才。1949 年，李振翩再度赴美，在美国国立卫生研究院亚特兰大疾控中心从事研究工作，其中最突出的成就是成功地分离出了脊髓灰质炎病毒和研制出了防治小儿麻痹症的 LSC 疫苗，为人类健康造福。新中国成立后，毛泽东主席曾多方打听并邀请李振翩回国访问。李振翩于 1973 年、1975 年、1978 年 3 次回国讲学访问，受到了毛泽东主席、周恩来总理、邓小平同志等中央领导的热情接见，并对中美两国正式建交做出了积极贡献。李振翩曾参与发起和组织"全美华人协会"和"美国中国医学科学研究中心"的工作，与布什副总统结下了深厚友谊。

王泰元，男，湖南醴陵人，1925 年毕业于湘雅护校；毕业后留校任教。曾任湘雅护校教务长、副校长，1947—1952 年任湘雅护校校长。1948 年 4 月，护校王泰元、彭文亮等 5 人出席了在广州召开的中国护士会第三届全国护士代表大会，王泰元当选为理事，并负责出版工作。

姜齐贤，（1921—1925 年在校）原国家农业部党委组书记、副部长、共和国开国将军，湖南湘乡人。1921 年考入湘雅护校，1925 年毕业，随即被分派到湘军任军医。1926 年加入国民革命军，参加了北伐。1931 年 9 月加入中国工农红军，任中央苏区红三军第七师医务主任，次年任红军一军团卫生部部长；1934 年 10 月参加二万五千里长征，兼任中央军委和一军团首长保健重任。1935 年经陈赓介绍加入中国共产党，1937 年任军委总卫生部部长，成为中央红军医疗权威之一。经他之手救治了不少红军将领。抗日战争开始后，姜齐贤任八路军前线总卫生部部长。1942 年任晋察冀军区卫生部部长兼政委。解放战争时期担任华北军区卫生部部长、政委。新中国建立后，1949 年任中央军委卫生部副部长、部长；1951 年任军委后勤部副部长，负责筹建军医大学，自己兼任白求恩医科大学政委；1954 年任总后勤部兽医局局长兼政委。1955 年被授予少将军衔，荣获一级八一勋章、一级独立自由勋章、一级解放勋章。1956 年任国家农业部副部长兼党组副书记、书记。1976 年在北京病逝，骨灰安放在八宝山革命公墓。

王淑仪（1924.09—），女，湖南省长沙人，1949 年 8 月毕业于湘雅护士学校后在湘雅医院开始了她为之献身近 50 年的护理工作生涯。1953 年参加南洞庭湖治理的医疗队，期间担任医疗队的护士长并获得二等奖。1954—1964 年担任湘雅医院手术室护士长，手术室的管理方面她在坚持发扬湘雅的优良传统基础上敢于创新，多次受到医院的表彰，她利用业余时间主持编写了"手术室护理技术操作常规"和"手术室护理人员手册"。1964 年被选为 18 届中华护士学会理事。1964 年后担任妇产科病区的护士长，1967—1968 年期间脱产到郴州负责护理的教学工作。1968 年底响应毛主席《把医疗卫生工作的重点放到农村去》的指示主动要求下放到湘西自治州龙山县，在下放的 10 年期间她先后担任公社卫生副院长、县人民医院护理部主任、县妇幼保健站站长等职务。1979 年回到湘雅医院担任医院护理部副主任，坚持倡导基础护理、坚持强化基础知识和技能的培训，为恢复湘雅优良的护理传统付出了大量心血。1984 年 9 月，从湘雅医院护理部副主任岗位退休后仍然积极参与护理工作，先后在民办护校、老年协会的医院等多个单位从事护理管理工作，一直到 71 岁还在担任湘雅护校的高护班班主任。她为护理专业的发展、学生的成长作出了卓越贡献。

王　凯，男，参加了解放辽沈、平津、淮海三大战役，1952 年 9 月至 1963 年 3 月在部队任副团长、团长、参谋长，获得了中华人民共和国三级解放勋章。1973 年 4 月至 1974 年 5 月任湖南卫校副校长，1979 年 8 月任湖南医学院附设卫生学校党支部书记、副校长，开始筹备招生工作，并于当年招收护士、技师 2 个班共 100 名学生，秉承"勤诚谨毅"护理教育精神，培养了一批高素质的护理专业人才。1984 年 8 月任湖南医学院附设卫生学校顾问，1985 年 12 月离休。

张廷昌，1956 年 4 月调湖南医学院第二附属医院筹建委员会，担任党支部书记，是党建在该院的第一任书记，任职至 1958 年 8 月。1968 年 10 月—1976 年 1 月任生产组组长，分管医、教、研工作。1979 年 2 月调湖南医学院附设卫生学校任校长。张廷昌在职期间为卫校教研、行政等工作的运作与规范做出了积极的贡献，也为湖南省的护理教育事业发展与人才培养做出了积极贡献。1979—1981 年任学校校长期间，正值"文化大革命"后重新复校招生，复校当年招生 100 多人。

张德华（1929.08—2012.02），女，湖南沅陵人，1951 年 1 月毕业于湘雅高级护士学校，同年分配到湘雅医院工作。副主任护师、中华护理学会第 19 届理事、湖南省护理学会原副理事长、中南大学湘雅医院原副院长。

1954 年 8 月至 1955 年 9 月参加抗美援朝，在中国人民志愿军 1401 医院工作，出色地完成了在朝鲜的任务，并荣获三等功。1956 年 8 月至 1963 年 12 月先后担任湘雅医院手术室副护士长及骨科病室、供应室、内科病室、门诊部护士长、总护士长。1964 年 1 月任护理部副主任。1965 年 5 月任医教科副科长。1980 年 7 月任护理部主任。1981 年 8 月任医院副院长，分管护理工作。

一生致力于护理质量水平和管理水平的不断提升，建设了一支思想作风、技术作风过硬的护理队伍，使湘雅医院护理管理工作更为科学化、规范化、制度化。曾于 1956 年、1958 年、1963 年分别被评为"先进工作者"。

周娴君（1931.08—），女，湖南长沙人，1952 年 6 月毕业于湘雅护校，曾任湘西自治州人民医院护理部主任、副院长等职务。南丁格尔奖章获得者。

1952 年从湘雅护士学校毕业后，周娴君放弃舒适的大城市生活，自愿来到少数民族聚居的偏远山区医院——湘西自治州人民医院工作。这是一所技术力量薄弱、护理条件很差的医院。但她没有被困难所吓倒，以满腔热情投入了工作。起初，分配在妇产科当护士，当时人手少，危急病人多，她总是脏活累活带头干，不厌其烦地为重症病人洗脸、洗澡。病人们含着热泪称赞她比亲人还要亲。1969 年，她下放到保靖县麻风病防治站工作。由于社会的偏见，人们谈"麻"色变，病人"与世隔绝"，得不到正规治疗、护理。当她看到那些手足畸形、肢体溃烂的病人痛苦呻吟时，心被深深刺痛了。她决心尽自己最大的努力为病人解除痛苦。她明知自己在麻风菌素试验时是阳性，系麻风病易感染者，却仍坚持每天下病区巡诊、治疗、护理，甚至为那些满身浓液斑斑、大小便失禁的病人喂药、擦洗身子。一些麻风病人感激地说："有了周护士这样的人，我们都有救了！"正是在她的精心护理下，一批批麻风病人治愈出院了。

1974 年，她重新回到州人民医院工作，并任护士长。她仍以普通护士的身份热情接待病人，参加护理工作。为了统一操作规程，提高护理质量，她结合工作实际，编写了《护理基础》一书，供全州护理人员学习之用。她还负责创办了州卫生学校护理专业班，并担任教学工作，为全州培养了大批护理人才。1981 年担任州人民医院护理部主任后，领导制订了一整套护理工作规章制度，逐步使医院的护理工作实现了标准化、规范化、正规划，医疗护理质量不断提高。

1983 年，她担任了护理副院长，更加注重学习和总结，利用业余时间编写或主审了《护理技术操作常规》《护理人员手册》《妇产科学及护理》《护理操作规程》等著作。她还主持了"预防和控制院内交叉感染"工作，取得了较为丰富的第一手资料，并制订了一套行之有效的实施办法，当卫生部领导前来视察时，受到赞赏，并将州医院列为全国预防院内感染的 26 个监察点之一。

1988 年 2 月，卫生部专门在这里召开了"全国预防医院交叉感染学术讨论会"，来自全国各地的护理工作者参观了现场后，都对她所主持的护理工作赞不绝口。同年，她被评为副主任护师。她扎根山区数十年，以"一颗同情的心和一双愿意工作的手"将一生献给了护理事业。她的无私奉献，赢得了人们的敬佩，也获得了应有的荣誉。1989 年 7 月 20 日，她在北京人民大会堂接过了国家主席李先念代表国际红十字会颁发给她的南丁格尔奖章，成为当时湖南省，也是迄今为止湘雅校友中唯一获得国际护理界这一最高荣誉奖的护理工作者。

陈服文（1933.07—2014.03），男，湖南长沙人，教授，原湖南医科大学副校长，主要研究方向为红斑狼疮、皮肤病理。于 1956 年从湖南医学院医疗系毕业后一直在湘雅医院皮肤科从医。1985 年曾到美国宾夕法尼亚大学南加州大学医学院进修 3 个月。1960 年 3 月至 1961 年 12 月，被派往原衡阳医学院（现南华大学）创建皮肤科。1984 年至 1987 年任湖南医学院教务处长兼附设卫校校长，1987 年至 1995 年任湖南医科大学副校长，为湘雅的医疗护理人才培养做出了卓越的贡献。

医疗建树：自行设计低温冷冻治疗棍，开展冷冻疗法，治愈各种皮肤病 4000 余例。1962 年，他在湖南省创建首个皮肤病理实验室，是我国最早从事皮肤病理诊断的专家之一。在陈教授的建议下，1983 年湖南省皮肤性病研究所成立，使我省麻风病得到了及早控制和防治。1984 年创建湖南省首家皮肤免疫实验室，系统性红斑狼疮的免疫检查得以开展。1990 年在国内最早开展了冷冻治疗。他高深的医学造诣和学术成就赢得了国内外同行和患者的广泛赞誉和尊重。

教学管理：在任湖南医科大学副校长期间，致力于临床医学教学改革，使湖南医科大学的教学管理水平和教学质量得到了卫生部、教育司和国家高等教育司的高度赞扬，为我国高等医学教育事业做出了重要贡献。1984 年倡导拍摄的我国第一部"麻风病"彩色电影片获中南地区教学影片一等奖；主编的《九亿农民健康教育读本》于 1989 年获省级二等优秀教学成果、"临床技能综合评价体系"科研项目于 1998 年获卫生部科学技术进步奖三等奖。先后荣获"优秀教育工作者""甲等先进工作者"等荣誉称号。

张慧群（1932—），女，汉族，湖北省武汉人，副主任护师，1984—1987 年任中南大学湘雅二医院护理部主任。1951 年毕业于衡阳仁济护士学校（后湘潭卫生学校）后分配到湘潭市人民医院。1953—1955 年参加全国护理师资进修班学习 2 年。1955—1957 年，任教于邵阳卫生学校。1957 年 7 月调入中南大学湘雅二医院，负责医院开院前规章制度、常规、职责等编写以及组织新进护士岗前培训。1958 年任内科护士长，并参加湖南医学院夜大高护班学习 2 年。1963 年任总护士长兼管全院护士在职培训。"文化大革命"期间，护理部与医务科合并，她继续主管护理工作。1978 年护理部恢复后担任护理部副主任，后任护理部主任。1982 年当选为长沙市东区第七届人民代表。曾兼任湖南省护理质量检查监督员、中华护理学会理事、湖南省

科学技术协会常委、省护理学会副理事长、《护理学杂志》及《中级医药杂志》编委。现任省护理学会咨询委员，《当代护士》编委。组织参与多本护理相关书籍的编写：60 年代参加市卫生局组织编写的《基础护理问答》，收集、修改、编写了湘雅二医院第一版"医疗护理规章制度与常规"，后又做了补充、修改编写了第二版"医疗护理规章制度与常规"；80 年代参加湖南省卫生厅主持编写的《护师晋升问答》等。

苏雪澜(1934.06—)，女，湖南湘潭人，湘雅医院高护班毕业，副主任护师，享受国务院政府特殊津贴专家，中南大学湘雅医院原护理部主任，1986—1990 年兼任湖南省护理学会副理事长。

1953 年 7 月毕业于湘雅医学院高级护校，同年进入湘雅医院儿科从事儿科护理工作，1955 年任小儿外科和女外科病房副护士长，1968 年任儿科病房护士长，1977 年任科护士长，1985—1994 年任护理部主任至退休，建立健全了湘雅医院护理管理制度和护理常规，为湘雅医院护理质量的提高打下了坚实的基础。编写了《小儿感染性休克》护理篇，1964 年组织开展"小儿小血管静脉注射探讨"，编导"23 项护理技术操作"的录像带录制，并在全国发行。1982 年 4 月参加北京医学院护理科研设计研讨班。护理部主任在任期间带领医院全体护理人员获得湖南省护理质量最高奖项"天使杯"三连冠。1992 年带领护理团队高分通过原卫生部第一批三级甲等医院验收。

巫爱琳(1944.10—)，女，湖南株洲人，副研究员。1968 年毕业于湖南医科大学(今中南大学湘雅医学院)临床医学专业。由国家分配到湘西土家族苗族自治州，先后在泸溪县(乡卫生院)、自治州人民医院、州卫生局、州防疫站，从事临床医疗、卫生行政管理、卫生防疫等工作。1983 年升任州卫生学校副校长，开始医学教育及其管理工作。

1990 年调湖南医科大学，参与第三附属医院筹建、开诊，一直在院办党办负责。1994 年由组织调配至湘雅卫生学校(护理学院前身)任党总支副书记、副校长，继续从事教育管理工作，主要分管党团、学生、招生等工作。在护理学院行政、党务任职同时兼任医学伦理学、社会医学、社区护理学、老年护理学、内科护理学等教学。曾编写《医学伦理学》教材，参编人民卫生出版社的《家庭保健护理》《实用护理学》等著作，先后发表论文 10 多篇。曾参加全国伦理学学习班、医学考试改革等短期培训，以及党政干部理论学习、培训等，由组织部门聘为理论宣讲员、特邀组织员等。在湘雅护理学院工作的后期，担任《国际中华护理学》杂志国内版责任总编(杂志社设护理学院内)。在以上工作经历中多次被评为先进工作者、优秀共产党员、优秀党务工作者等。

朱念琼(1945.05—),女,湖北人,1968年毕业于湖南医学院临床医学专业,中南大学湘雅护理学院教授、临床护理学系主任,硕士生导师。

曾任国家医学考试中心"护理专业计算机题库试题命审题专家组"成员、湖南省医疗系列高级职称评审委员会委员、中南大学湘雅医学院高级职称评审委员会委员、《中华实用医药》杂志专家编辑委员会常务编委、中华医学会医院管理学会湖南省分会护理管理协作组委员、全国高等医学院校护理专业本科规划教材《儿科护理学》编委、全国高等医学院校护理专科规划教材《儿科护理学》主编,现任中南大学本科教学督导(医学)专家组成员;编写各类书籍24种,计算机题库软件1套。其中《社区护理学》1999年获湖南省教委教材建设三等奖,中南大学教材建设二等奖。承担的科研课题有:"护理人员AIDS防护知识的需求及教学方法的探讨""21世纪护理本科生知识结构的需求与综合素质评价标准和方法的研究""注意力缺陷多动症患儿生活质量的研究""老年人衰弱综合征流行病情况及护理干预""护理干预对血压调控失常综合征作用的研究"等。在各级各类医学杂志上发表论文10余篇。其中《湖南省护理人员AIDS认知情况调查》一文,1999年5月11日应邀在香港举行的"第一届泛太平洋护理会议"上发表。《湖南省12所县(市)医院护理人员AIDS知识现状分析》一文,在《中华护理》杂志2000年第8期发表,且该文于2000年11月25日应邀在德国举行的"第三届全球远程医疗国际协作暨东西方医学优秀成果交流研讨会"上发表,并于2002年获湖南省科学技术优秀论文三等奖。《HIV感染者社区护理探讨》一文也被国内某些专业刊物征集采用。《运用布鲁姆教学思想,培养实用型护理人才》一文,于1995年在卫生部属医学教育研讨会第三届学术大会上宣读,并获优秀论文奖。

周昌菊(1945.10—),女,湖南汉寿人,教授、主任医师,博士生导师。主要社会兼职:湖南省预防医学会妇女保健专业委员会委员、湖南省围产医学会委员、中南大学医学部学报编辑部编委、《中华现代妇产科学杂志》《实用预防医学》等杂志编委。主要研究方向:围绝经期、围生医学。1964年被保送入原湖南医科大学临床医疗系就读,1965年加入中国共产党,1969年毕业后留校工作。在校学习期间1965年出席全国18届学生代表大会,见到了毛主席及其他中央首长;1966年代表红卫兵参加了国庆观礼。先后在

湘雅二医院、湘雅医院妇产科工作，其中 1992 年至 1994 年任湖南医科大学附属卫校副校长（副处级），1995 年创建了原湖南医科大学护理学系并担任护理学系主任（正处级），为现在的护理学院的发展奠定了坚实的基础。先后赴美国、泰国、中国香港等国家和地区考察学习先进的教学管理理念与模式。1998 年 12 月调任湘雅三医院任副院长主管教学与科研。招收了 5 届本科生，1994 年开始培养硕士生，已毕业硕士生 20 余名；2002 年开始培养博士生，已毕业博士生 9 余名；目前在读的博士生 6 名，硕士生 3 名。编写了有关护理学教材及相关教学大纲等 10 余部。主持多项省级科研、校级科研课题，参与 CMB 项目 5 项。在核心期刊上发表科研文章 60 余篇。多次获优秀教师、优秀博士生导师、教学改革先进个人、教学质量优胜奖，2006 年荣获"中南大学名师"称号，2008 年荣获"院首届十佳医德标兵"称号，2009 年被评为"中南大学优秀共产党员"的称号。

蒋冬梅（1948.10—），女，湖南东安县人，中南大学湘雅医院护理部主任，临床护理教研室主任，湖南省护理基础质量控制中心主任，一级主任护师，2001 年遴选为硕士生导师，主要研究方向为护理管理和临床外科护理。兼任中华护理学会常务理事、湖南省护理学会常务副理事长、湖南省科协委员、湖南省医院管理协会理事、湖南省医学会理事、湖南省护理学会院内感染专业委员会主任委员。《当代护士杂志》副主编，《中华护理杂志》《护士进修杂志》《中国护理管理杂志》等杂志的编委。共发表统计源核心期刊 50 余篇；主编和总主编了《病人健康教育指导》《整体护理程序与操作》《ICU 护士必读》《21 世纪护士实习手册》《三基训练外科护理学分册》《医院护理管理学》；"整体护理系列丛书"5 种"实用专科护士丛书"16 种"实用手术配合全书"7 种等著作和教材共 30 余种；获卫生部科研课题 1 项，湖南省卫生厅课题 2 项，湖南省科技厅课题 2 项，获国家级和省级继续教育项目 3 项，获中南大学医疗新成果三等奖 1 项，获湖南省护理学会优秀著作奖 1 项，获湖南省自然科学优秀论文二等奖 1 项。2005 年率领湘雅医院护理部荣获卫生部与全国妇联授予的"巾帼文明岗"光荣称号。

曹和安（1948—），男，湖南益阳人，中南大学护理学院教授，硕士研究生导师，从事护理教育教学工作近 35 年，曾担任护理学院教务科长一职。担任护理本科教学的"健康评估""内科护理学""临床新护理技术""诊断学""急救护理学"等课程和研究生"高级临床护理""护理教育学"等课程的教学，兼任口腔医学系、麻醉医学系"内科学"的临床讲课和带教，曾

获得2006学年度中南大学优秀教学奖。主编全国护理专业教育高职教材用书《健康评估》(湖南科技出版社出版)、中等职业教育国家规划教材配套用书《健康评估》《健康评估实习指导》(2008年高等教育出版社出版);在护理专业硕士教学用书《高级临床护理》中任副主编,参与《健康评估》本科教材第一版(人民卫生出版社)的编写,参与编写的教材和专著18部。先后在省内外杂志发表论文20余篇。

曾玉华(1949.03—),女,湖南长沙人,中共党员,研究员、原护理学院党总支副书记,硕士生导师。中国高校科协常务理事、湖南省高校科协常务理事。中南大学护理学院第一届教授委员会副主任委员。1975年12月毕业于湖南医学院临床医学专业。1994年至2014年期间,先后担任湖南医科大学科协办公室主任、科协秘书长;中南大学护理学院党总支副书记;护理学院退休支部书记;护理学院关工委主任、常务副主任等职务。曾任中国高校科协常务理事、湖南省高校科协常务理事。毕业后从事临床医疗工作5年,医学情报编辑工作4年,科技、科协管理工作18年,护理管理与教学科研工作4年。2005年9月退休。退休后继续从事关工委工作。在护理学院工作期间,除全面主持学院党务管理工作外,承担了部分教学科研任务,开展了社区老年护理网络模式研究,指导和协助指导研究生6名。1993年后主持和参与省部级科研课题3项。主编《湘雅科研》,参编《湘雅春秋八十年》,公开发表研究论文20余篇。2000年获评湖南医科大学优秀党员。2003年被评为中南大学优秀党员,2005年被评为中南大学优秀大学生思想政治教育工作者,多次被评为中南大学关心下一代先进个人。多次被评为全国、全省高校科协先进个人。

邓瑞娇(1950.09—),女,湖南株洲人,本科,教授,硕士生导师。1975年毕业于湖南医学院临床医学专业,毕业后留校任教;1994年调入附设卫校从事临床护理教学及内科护理和健康评估的教学。主要研究方向:护理教育、临床护理。主持了5项科研课题,其中省科技厅3项、省卫生厅2项,在各种护理学期刊上共发表论文30篇。

陶新陆(1950.04—)，女，湖南长沙人。中南大学护理学教授，主任护师，硕士生导师。1978年调入湘雅附二院任胸外科护士长，1987年调入学部筹建湘雅附三院，任湘雅附三院护理部主任、护理教研室主任。社会兼职任湖南省护理学会常务理事、副主任委员、湖南省卫生厅"三级"医院评审委员、湖南省护理专业高级职务评审委员及妇幼专业高级职务评审委员、《当代护士杂志》编委等职。现任湖南旺旺医院护理部主任。研究方向为护理临床管理及护理临床教学。担任护理本科及护理硕士理论教学和临床教学。先后赴北京阜外医院、日本、香港、新加坡等地进修、考察及学术交流。负责湖南省科技厅、卫生厅以及校级的课题研究项目如"护理学硕士研究生临床实践能力培养模式探索"等11项；发表核心期刊护理学术论文24篇；主编、参编了《现代妇产科护理》《外科护理学》等12部行业专著。

姜冬九(1951.11—)，女，湖南省岳阳县人，主任护师，硕士生导师。主要社会兼职：中华护理学会理事，湖南省护理学会副理事长，湖南省外科护理专业委员会主任，湖南省医院协会理事，护理专家委员会副主任，湖南省专科护理质控中心主任，湖南省及长沙市医疗事故鉴定委员会委员，《中华护理杂志》《中华护理管理杂志》《中华护理教育杂志》《当代护士》等杂志编委。曾担任产科护士长、外科护士长、护理部副主任、护理部主任(1990.03—2006.08)、临床护理教研室主任。曾负责完成本院三级甲等医院护理工作的创建、达标和通过。曾协助完成本院新、老外科楼的病房建筑布局设置、病房启用人和物的配备和管理。近15年来，每年承担省内外护理专业新理论、新业务讲学或专题讲座；每年应省卫生厅之邀参与全省各级医院护理质量与安全督查与指导；每年省内各地市、县级医院邀护理管理指导和讲学。近10年来，每年应邀参加省卫生厅人事部门及武警系统医疗护理专业高级职称评审工作。自1998年开始，担任中南大学湘雅护理学院护理专业本科和硕士研究生理论和实践教学。已培养护理专业硕士生4名、在读3名。主编《整体护理理论与实践》《病人健康教育理论与实践》《医院护理常规》，副主编《医学临床"三基训练"——护士分册》《医学临床"三基训练"——护士分册试题集》，参编卫生部护理专业本科规范教材《护理管理学》。主持湖南省卫生厅课题1项，长沙市科委课题1项。近15年来，先后在《中华护理杂志》《护理学杂志》《护士进修杂志》等发表专业论文10余篇。

罗灿辉（1951.08—），女，湖南桃江人，大学本科毕业，中共党员，主任护师。中南大学湘雅医院原护理部副主任，兼任中华护理学会湖南分会理事，中华护理学会湖南省内科学术委员会副主任委员（1994—1999），中华护理学会湖南省门急诊护理学术委员会主任委员（1999—2005），湖南省创造爱婴医院评估员、湖南省人事厅计生委高级职称评委。主要研究方向为护理管理和护理教育。

1971 年于湖南卫校毕业后一直在湘雅医院工作，担任护士长 16 年，护理部副主任 12 年，计生办主任 5 年。作为湘雅医院主管护理管理和护理教学的管理者，在加强自身学习和提高的同时，对整体护理模式、护理教学和护理科研，尤其是护理继续教育的推广，起到了模范带头作用，为湘雅医院护理质量在全省的示范作用做出了重大贡献。全面负责和积极促进湘雅医院护理科研的开展，使湘雅医院成为湖南省护理科研的领头鹰，并主持湖南省科委和省卫生厅课题各 1 项，参与课题 2 项。在统计源期刊发表护理专业和管理论文 12 篇，主编、参编护理教材 11 种，指导"23 项护理技术操作"的录像带录制，并在全国发行。曾经多次被评为医院优秀党员、优秀护士、优秀教师，1994 年被评为湖南省优秀护士；并在"婚育新风进万家"活动中被评为全国先进。

何国平（1952.11—），男，教授，湖南沅江市人，1977 年毕业于湘雅医学院。中南大学护理学院第一任院长，我国首批护理学博士生和博士后导师，第三届全国高等教育护理学教材评审委员会委员，教育部高等学校护理学类专业教学指导委员会专家顾问，中国高等护理教育研究会常务理事，中国职教医护专业委员会主任委员，湖南省职业技能鉴定专家委员会第二届家政服务专业委员会副主任，湖南省健康管理学会副会长，老年颐养专业委员会主任委员，湖南社区护理专业委员会主任委员，湖南省抗癌协会常务理事，中国管理科学研究院研究员，《中华护理教育杂志》副总编辑，《护理研究》杂志、《中华现代护理杂志》审稿专家。主要研究方向为社区护理，护理教育，护理管理。现有在读博士生 15 人，已毕业 20 人；招收护理硕士 60 余人，已毕业 48 人。近年来共承担国家级和省部级科研课题 10 余项，科研经费 200 多万元。2008 年至 2013 年，何国平教授在国内外发表的论文中，有 19 篇被 SCI 期刊收录，70 余篇被 CSCD 期刊收录，2008 年至今共获得 10 余项国家实用新型专利

授权。

　　1996 年在新加坡卫生部接受高等护理教育培训；1999 年和 2009、2011 年 3 次赴美国耶鲁大学、加州大学、康州大学进行学术交流；2002 年赴欧洲法国、德国等国家进行高等护理教育考察；2005 年参加香港理工大学举办的华夏高等护理教育专题学术会议；2006 年赴泰国清迈大学进行高等护理教育考察；2010 年赴加拿大渥太华大学进行学术访问；2011 年赴澳大利亚弗林德斯大学进行学术访问；2012 年在日本访问期间与日本 MPO 机构签订联合培养赴日护士合作协议。

　　作为课程负责人，主讲的"社区护理"2006 和 2008 年分别被评为省级和国家级精品课程，2006 年至今获得 5 项省级和 2 项校级教学奖励。近年来主编出版了《家庭保健与护理》《实用护理学》《实用社区护理》《社区护理学》和《社区护理理论与实践》等"十二五"国家研究生规划教材等 10 余部著作，其中《实用护理学》2005 年被列为我国临床医学实用系列十大权威著作之一。2007 年被评为中南大学优秀研究生德育导师和第三届师德先进个人，2009 年获得中南大学第五届教学名师奖，被评为中国素质教育先进工作者，2010 年被评为中南大学第二届师德标兵。

　　陈本锐（1953.09—），男，湖南澧县人，医学学士，研究员。主要从事人体解剖学及局解手术学教学和行政管理工作。1973 年本科毕业留校于湖南医科大学任教，1987 年至 2006 年间先后担任湖南医科大学基础医学院党总支副书记、党委组织部部长、中南大学湘雅医学院党委副书记等职务，1992 年 7 月至 1995 年 7 月期间出任湖南医科大学附设卫校校长，为湘雅的护理学科发展做出了一定的贡献。主要参编了由人民卫生出版社出版的著作《腹膜透析》。

　　王明明（1953.11—），女，湖南省长沙人，主任护师。主要社会兼职：全国儿科护理学会、湖南分会副主任委员。自 1972 年毕业分配来院，一直从事儿科临床护理工作和护理管理工作，曾担任儿科护士长、综合片科护士长。2002 年晋升为主任护师。长期承担省内外儿科护理专业新理论、新业务讲学或专题讲座；每年应邀省卫生厅参与全省各级医院护理质量与安全督查与指导。主编、副主编和参编了各种护理教材、专著共 4 种（其中主编全国规范教材《儿科护理学》）。主持参与省级科研课题 3 个，在各种护理学期刊上发表相关论文 30 余篇。

廖淑梅(1954.07—),女,湖南怀化人,中南大学护理学院教授,学士,硕士生导师,原社区护理系主任。1978年毕业于湖南医科大学临床医学专业。主要从事护理本科、研究生的社区护理学、康复护理学、社区护理技能的教学,课程建设和社区护理研究等工作。指导研究生和青年教师的培养,参与社区护理实践基地建立和建设,保证实践课程的开出率。先后参与湖南医科大学生物化学师资培训班,上海第二医科大学生物遗传学的培训学习,多次参加国家级社区全科医学、社区护理、康复护理的培训学习。担任湖南省康复医学会中枢神经系统专业委员会委员,湖南省康复医学会教育专业委员会副主任。受聘为湖南省城市社区卫生服务专家指导组成员,先后受聘为《中华现代临床护理学杂志》《全科护理》专家编辑委员会常务编委。主编、副主编有《康复护理学》《社区护理学》《生物化学》《生物化学应试指南》《实用社区护理》《社区护理技能学》《社区康复护理学习指导》《社区护理学实习指导》,参编《生物化学》《临床护理》《实用护理学》等数种著作。科研方向为社区护理、康复护理学;第一项目负责人研究课题有3项,参与课题研究有多项。先后在《护理学杂志》《解放军护理杂志》《现代护理》《医学临床研究》《中国全科医学》《中国医师杂志》发表论文20余篇。

安如俊(1954.06—),女,河北廊坊人,主任护师、教授、硕士生导师。1974年7月毕业于湖南医科大学附属卫校。2006年12月中南大学护理学院本科毕业,获学士学位。现任中南大学湘雅三医院护理教研室主任、长沙湘雅康乃馨医院副院长,任全国灾害委员会护理组长、湖南省护理学会常务理事、湖南省护理学会血液净化专业委员会副主任委员、湖南省专科护理质量控制中心副主任委员、湖南省基础护理质量控制中心副主任委员等学术兼职。

1974年12月—1990年7月在湘雅医院泌尿外科、骨科、普外科、手术室等专科从事护理工作;1990年7月因工作需要调往湘雅三医院进行建院筹备工作,先后担任护士长、科护士长、护理部副主任、护理部主任。1999年赴香港玛丽医院进修护理管理及临床护理3个月。在外科病人护理、疑难重症病人监护、大器官移植等护理工作上有较深的研究和丰富的经验,在消毒隔离质量检查方面为省内领先水平。倡导星级护理理念,护理服务得到病友的一致好评。着力提高护理质量,在2007—2009年全省医院管理年检查中,护理总分连续3年全省第一,在全国医疗质量万里行检查中,护理得分全省第一。多次获得医院先进个人、工会积极分子等荣誉。

现任中南大学湘雅三医院护理教研室主任，已培养护理学硕士研究生5名，在护理临床教学与临床护理管理领域有丰富经验，主编著作2部，参编著作4部。发表专业论文共50余篇，其中第一作者16篇，CSCD期刊5篇。积极开展科研工作，主持省厅级科研课题6项，获国家专利7项。获中南大学医疗成果二等奖2项，三等奖1项。

陈进伟(1954.12—)，女，湖南湘潭人，教授，二级主任医师，博士生导师。现任中南大学湘雅二医院风湿免疫学专科主任、风湿免疫学研究室主任。主要社会兼职：中华风湿病学湖南分会主任委员，中国女医师学会理事，中国女医师学会湖南分会副会长，长沙市芙蓉区政协委员，国际中华护理学杂志编委。主要研究方向为风湿免疫学和血液学。1977年毕业于湖南医学院医疗系，毕业留校在附二院内科工作至今。2000年赴美国Oklahoma大学医学研究中心深造，从事风湿免疫疾病蛋白质及细胞分子生物学的研究。从事风湿免疫学和血液学医教研工作30余年。擅长于运用新的理论和知识，诊治类风湿关节炎、系统性红斑狼疮、强直性脊柱炎、皮肌炎，硬皮病等疑难杂症。率先在国内开展难治性风湿病如类风湿性关节炎耐药机制及逆转剂的临床与实验研究，为解决该领域内的治疗耐药问题提供了理论依据。在美国从事风湿免疫疾病蛋白质及细胞分子生物学的研究，回国后开展了自身免疫疾病自身抗体和疾病标志物实验室检测，进行了RA、AS、SLE、PM/DM、SSc等结缔组织疾病发病机制的临床研究，尤其在基因多态性、多药耐药的发病机理方面有较深入的研究。教学情况：已培养10余名研究生。主编、参编医学专著9种，主审1种。先后承担和参与国家"973"重大科技科研项目、国家"十一五"科技支撑计划项目、国家外专局、卫生部、省科技厅、省卫生厅的科研课题9项。先后发表论文20多篇。获省级科研及教学成果3项，校级教学成果7项。

冷晓红(1955.05—)，女，山东海阳人，本科，副研究员，原中南大学护理学院党总支书记，湖南省健康管理学会副秘书长。主要研究方向是人文修养。担任护理本科专业"外科护理学"实践教学、"人际沟通"教学和护理自考生"公共关系学"理论教学。主编《人际沟通》(2006年人民卫生出版社出版)、《公共关系学学习指导》第一版、第二版(2008年、2012中南大学出版社出版)、任《现代护理学》第一版，第二版副主编(2005年、2011年中南大学出版社出版)、参编《人际沟通》(2003年湖南省科学技术出

版社出版)、《人文社会医学》(2003 年安徽科学技术出版社出版)。主持课题 2 项，其中 2004 年"中南大学护理本科专业临床带教师资培养模式的研究"课题，获中南大学新世纪本科教育教学改革第二批立项项目、2006 年"护理专业硕士研究生入党愿望调查与党课内容和教育模式的研究"获中南大学研究生德育研究立项课题。先后在各类杂志上发表论文 4 篇，2 篇教学论文获得省级和校级教学成果三等奖和一等奖等佳绩、2 篇党建论文获得省级和校级二等奖和一等奖。

张灼华(1963.09—)，男，湖南长沙人，美国加州大学分子病理学专业博士，教授，中南大学副校长。主要社会兼职：Editorial Advisory Board，Biochemical Journal 成员；东亚人类遗传学会理事；中国遗传学会副秘书长；Editorial Board，the BBA Molecular Basis of Disease 成员；国家自然科学基金委员会海外评审委员，荷兰癌症基金，加拿大 CIHR 等研究基金评审委员；湖南省遗传学会理事长；第六届国务院学位委员会生物学学科评议组成员；Editorial Board，Molecular Neurodegeneration 成员；中国细胞生物学会理事；中国神经科学学会理事；湖南省政协常委；湖南省农工民主党副主委；湖南省知识分子协会副会长；湖南省百人计划协会会长。主要研究方向为中枢神经系统的分子与细胞生物学和神经退行性疾病的分子病理机制。1996 年 8 月至 2000 年 4 月任美国哈佛大学神经病学系助理教授，2000 年 7 月至 2008 年 12 月先后任美国 Burnham 医学研究所助理教授、副教授、教授和加州大学圣迭哥分校兼职助理教授、副教授、教授。1998 年 12 月起任湖南医科大学医学遗传学国家重点实验室教授、副主任(兼职)，2007 年 5 月起任中南大学医学遗传学国家重点实验室教授、主任，2010 年 12 月至今任中南大学副校长。发表研究论文 40 多篇(Cell、Nature 等国际著名杂志学术论文 8 篇，SCI 期刊论文 11 篇)。承担国家重点基础研究发展计划(973 计划)"神经变性的分子病理机制"研究，卫生行业基金项目"严重致畸致残出生缺陷检测新技术平台及其临床应用评价"和教育部"神经变性机制创新引智基地"。1998 年获美国 Charles A. King Trust Research Fellowship，The Medical Foundation；1999 年获国家自然科学基金国家杰出青年基金(B 类)，首届长江成就一等奖(排名第 3)；2001 年获聘为教育部"长江学者奖励计划特聘教授"，美国 V Scholar，The V Foundation for Cancer Research；2007 年获美国 The Leon J Thal SEED Grant Program Award，CIRM，首届湖南省科技领军人才；2008 年入选中共中央组织部首批"千人计划"；2009 年获"全国归侨侨眷先进个人"，霍英东第六届青年教师基金；2010 年获国家自然科学奖二等奖(排名第 2)，科技部 973 项目首席科学家；2011 年获"全国归国留学生先进个人"；2012 年获卫生部"出生缺陷"行业基金首席科学家，全国侨联"帕金

森病创新团队"；2013 年获"全国归侨侨眷先进个人"。

　　唐四元（1966.04—），男，湖南衡阳人，医学博士，临床医学博士后，教授，博士研究生和博士后导师，留美学者。现任中南大学护理学院院长；兼任长沙市人民政府政风监督员、中国生理学会理事、中国医学救援协会护理救援分会副理事长、中华护理学会第二十六届理事会护理院校教育工作委员会委员、中华护理学会《中华护理教育》第四届编辑委员会委员、全国护理学专业考试用书专家指导委员会委员、湖南省护理学会护理教育专业委员会主任委员、湖南省健康管理学会副主任委员、湖南省医院协会护理管理专业委员会常务委员、湖南省医院协会临床心灵关怀管理专业委员会副主任委员、湖南省康复医学会心理康复专业委员会副主任委员、《中华现代护理学杂志》常务编委、《发现》杂志特约通讯员等职。主要研究方向是社区慢性疾病的防护。担任研究生"社区护理技能学""社区护理理论与实践"和"护理研究"教学；担任护理本科生"社区护理""护理研究""康复护理"和"护理教育"教学。主讲的"社区护理学"是国家级精品课程，2013 年入选为国家级精品资源共享课，主讲的"社区慢性病患者的护理与管理"入选为国家级精品视频公开课。主编人民卫生出版社出版的全国高等学校教材（供本科护理学专业用）、卫生部"十一五""十二五"规划教材《生理学》第二版和第三版、中南大学出版社出版的高等医药院校护理学"十二五"规划教材《生理学》第一版、全国高等学校配套教材（供本科护理学类专业用）《生理学学习指导及习题集》和《生理学应试指南》等教材。以第一作者或通讯作者发表学术研究论文 150 余篇，其中有 25 篇被国外 SCI/EI 期刊收录。获国家实用新型专利 5 项；获国家自然科学基金 2 项，教育部博士点基金 1 项，中国博士后基金 1 项，湖南省自然科学基金 1 项，主持湖南省教育厅、科技厅、卫生厅、长沙市科技局及校级项目等科研课题 16 项；获湖南省自然科学奖二等奖 1 项；获湖南医学科技奖三等奖 1 项；获湖南省生理科学会优秀学术论文一等奖 2 项；获中南大学教学成果一等奖 1 项。

　　罗军飞（1970.07—），男，汉族，湖南汨罗人，哲学硕士，管理学博士，副教授，公共管理学院硕士生导师，商学院 MPA 指导教师。现任中南大学护理学院党委书记，中南大学健康护理研究中心副主任、湖南省医学科技教育学会护理学教育专业委员会副主任、湖南省健康管理学会老年颐养与保健指导专业委员会副主任、湖南省健康服务业协会副理事长，致力于护理教育、健康管理、健康服务、养老服务等方面研究。曾在中南大学学

报(社科版)、湖南师范大学学报(社科版)等刊物发表论文 20 余篇；出版专著 1部，参编著作 4 部；曾参与国家软科学研究计划项目、科技部重大软科学研究项目、湖南省重大软科学项目等，主持湖南省哲学社会科学基金重点项目 1 项，湖南省哲学社会科学基金项目 1 项。曾获得国家教学成果二等奖(排名第三)1 项，湖南省高等教育教学成果一等奖(排名第三)1 项，湖南省哲学社会科学应用成果一等奖(排名第六)1 项。

王红红(1970—)，女，汉族，湖南省临武县人，博士，教授，博士研究生导师，1996 年泰国清迈大学护理硕士班毕业后担任护理学院教师，现任中南大学护理学院教授、副院长。主要社会兼职：湖南省护理学会理事、艾滋病照护护士协会杂志国际专家委员(*Journal of Association of Nurses in AIDS Care*)《中华护理杂志》英文版编委。曾先后获得雅礼协会公共卫生贾氏学者，中美 ICOHRTA 项目学者项目资助，多次赴美国耶鲁大学访问学习。承担护理学本科、研究生及自考教学工作，主要负责基础护理学、护理研究授课，教学效果良好，多次获得中南大学本科教学和研究生教学质量优胜奖。主编《护理学研究》、副主编《护理英语》；参编《护理研究理论与实践》等教材。主要科研方向为艾滋病综合防治策略，其中包括医学生艾滋病反歧视教育、艾滋病感染者服药依从性家庭访视及护理干预、艾滋病感染者家庭内歧视综合干预、艾滋病服药依从性同伴宣传员培训等多个层次。近五年，承担科研课题 6 项，其中美国 NIH 课题 2 项，国家级课题 4 项，进校科研经费 241.4 万元。共发表 SCI 收录学术论文 9 篇，其他核心期刊论文 30 余篇。科研成果获奖 2 项：2009 年湖南省科技成果奖三等奖、2010 年湖南省医学科技成果奖二等奖。

张静平(1965.04—)，女，湖南长沙人，护理学硕士(泰国清迈大学)，临床心理学博士，现为中南大学护理学院教授，博士生导师，曾任中南大学护理学院副院长。2006 年赴美国耶鲁大学护理学院做访问学者。

现任教育部护理专业教学指导委员会委员，中国心理学会护理心理学专业委员会副主任委员，中国医药信息学会护理信息学专业委员会常务委员；湖南省护理学会副理事长，护理教育工作委员会主任委员，护理研究专业委员会主任委员。《中华护理杂志》编委；SCI 收录期刊 *Archives of Psychiatric Nursing* (*APN*) 和 *Journal of Nursing Scholarship* 审稿专家。

主要讲授"健康评估""内科护理学""社区护理学"本科生课程，"高级临床护理"硕士研究生课程以及"护理心理理论与实践"博士研究生课程，近5年主编教材6种，副主编教材2种，其中"现代护理学"获中南地区大学出版社优秀教材，《实用护理学》获中国临床十大实用系列著作之一；主持教学研究课题8项，获得湖南省教育厅及中南大学教学成果奖共3项；主持国家社科基金项目1项，全国家庭教育科研规划课题1项，主持湖南省教委、卫生厅、发展计划委员会等科研项目10项，以第一作者或通讯作者发表SCI/SSCI论文12篇、CSCD论文40余篇、核心期刊论文40余篇。获得中南大学第七届教学名师奖、中南大学师德先进个人、中南大学优秀共产党员、中南大学教学质量优秀奖。

李映兰（1965.02—），女，湖南长沙人，1986年6月毕业于湖医卫校，主任护师、博士生导师，湘雅医院护理部主任兼教研室主任，SCI期刊审稿专家、全美静脉输液护士协会（INS）委员、中华护理学会学术工作委员会、急诊专业委员会副主任委员、中华护理学会常务理事，湖南省护理基础质量控制中心主任，湖南医院协会护理管理专家委员会副主任委员，湖南省护理学会副理事长，门急诊专业委员会主任委员。为国内15种知名核心期刊编委。参与2项国家护理标准撰写，主要研究方向为护理职业安全、急救护理等。先后赴美国耶鲁大学、华盛顿大学接受血源性疾病及预防、全球医学教育培训，率先在国内开展护士职业安全防护研究，是"现代护理技术新进展"研究生课程负责人，获"中南大学研究生教学质量优秀奖"，主编国家精品课程、卫生部规划教材、专著50余种，发表SCI、Medline论文70篇。主持国家临床重点专科护理及10项国际合作及省部级课题。先后荣获第二届中华护理学会科技奖三等奖、中国医院协会第一届护理管理先进个人奖、湖南省优秀职能科室主任、"芙蓉百岗明星""湖南省青年岗位能手"。率团队荣获国家首批临床护理重点专科建设项目、全国青年文明号、全国优质护理考核优秀医院、全国首批优质护理示范病房等荣誉。

李乐之（1965.11—），女，湖南益阳人，临床心理学博士，教授，博士研究生导师，中南大学湘雅二医院护理部主任。主要社会兼职：湖南省专科护理质量控制中心主任，湖南省护理学会副理事长，湖南省护理学会重症监护专业委员会主任委员，湖南省及长沙市医疗事故鉴定委员会委员，中国医院协会信息管理专业委员会委员，中华护理学会理事、中华护理学会产业委员会副主任委员、中华护理学会重症监护专业委员会委员，《中华护理杂志》《护理学杂志》《当代护士》《中华现代护理杂志》编委。

主要研究方向为疼痛护理、护理管理。1980 年 10 月至 1981 年 5 月在湖南医科大学附属二医院任内科护士；1982 年 6 月至 1989 年 5 月在湖南医科大学附属二医院外科任护师；1989 年 6 月至 1994 年 9 月在湖南医科大学附属二医院心胸外科任护士长；1994 年 10 月至 1997 年 11 月在同一医院任科护士长、主管护师；1997 年 12 月至 2006 年 8 月任中南大学湘雅二医院护理部副主任、1999 年晋升为副主任护师；1998 年 6 月至 12 月赴美国耶鲁大学研修；2003 年晋升为主任护师；2006 年 9 月起任该医院护理部主任。担任中南大学护理专业研究生《护理管理学》课程负责人，担任中南大学研究生《高级临床护理》及护理本科生《外科护理学》教学工作。主编全国护理本科规范教材《外科护理学》、湖南省专科培训教材《重症监护护理学》《实用临床护理"三基"训练》《重症监护护理学》；副主编全国护理本科双语规范教材《内外科护理学》。主持国家卫生部课题临床护理重点学科建设项目 1 项，湖南省自然科学基金课题 1 项，湖南省卫生厅项目 1 项，湖南省科技厅项目 4 项。共发表论文 110 余篇，其中 SCI 期刊论文 1 篇，CSCD 源期刊论文 35 篇，核心期刊及其他论文 76 篇。曾先后获校级、省级和国家级教学成果奖、2012 年度被评为全国优秀科技工作者、全国优秀护理管理工作者，获湖南省护理学会优秀著作奖 1 项，全国高等学校医药优秀教材三等奖 1 项。

丁四清（1963.07—），女，湖南华容人。1983 年毕业于湖南医学院附设卫校。学士学位，教授，主任护师，硕士生导师，中南大学湘雅三医院护理部主任。兼任中华护理学会血液净化专业委员会委员、湖南省护理学会副理事长、湖南省护理学会心血管护理专业委员会主任委员、湖南省护理学会科普工作委员会主任委员、湖南省医院协会护理管理专业委员会副主任委员、湖南省护理学教育专业委员会副主任委员、湖南省基础护理质量控制中心委员，湖南省专科护理质量控制中心委员，任《中华护理杂志》《护理学杂志》《上海护理》《当代护士》等杂志编委。主要研究方向为心脑血管疾病护理、护理安全管理。1983 年 7 月至 1996 年 4 月，在湘雅医院心内科工作，1992 年任护士长；1996 年 4 月调湘雅三医院，先后任神经内科护士长、心内呼吸科护士长、科护士长、护理部副主任、护理教研室副主任；2010 年 12 月起任护理部主任。1998 年起，先后担任护理学院本科生见习、实习及理论教学，承担护理研究生理论教学 3 年；主编和副主编《内科护理学》等教材和专科护士培训用书 11 种；主持科研课题 5 项，发表科研论文 40 余篇，发明国家实用新型专利 2 项；曾获湖南省护理操作技能第一名、湖南省青年岗位能手、湖南省自然科学优秀论文三等奖等荣誉。

谌永毅（1962.05—），女，湖南安化人，汉族，中共党员。护理学博士学位，教授，硕士、博士研究生导师，享受国务院政府特殊津贴专家，亚洲肿瘤护理学执行秘书。现任湖南省肿瘤医院副院长兼护理部主任，《中华护理杂志》等杂志编委，湖南省卫生系列高级职称评审专家库成员，湖南国际造口治疗师学校常务副校长，湖南省医疗事故鉴定委员会专家库成员，中华护理学会理事、湖南省护理学会副理事长、中国抗癌协会护理专业委员会副主任委员、中国医院管理协会护理管理专业委员会、湖南省护理学会肿瘤专业委员会主任委员、湖南省基础护理质量控制中心副主任委员、湖南省专科护理质量控制中心副主任委员、湖南省健康管理协会肿瘤康复专业委员会主任委员。主持国家级、省部级科研课题十多项，多项科研成果获得中华护理科技奖、湖南医学科技二等奖等奖励，在核心期刊发表论文 70 余篇。多次记为湖南省卫生厅二等功和三等功，2005 年获得全国"巾帼建功标兵"荣誉称号，2008 年入选为湖南省"121"人才工程第三层次人才，2010 年被评为全国优秀科技工作者，享受国务院政府特殊津贴专家，2013 年被评为湖南省首批医学学科领军人才（护理），获得国家专利 6 项。

罗阳（1963.09—），女，湖南湘潭人，1986 年 7 月毕业于湖南医学院医疗系（现湘雅医学院），2002 年 7 月至今在中南大学护理学院从事教学工作，博士学位，教授，硕士生导师，系主任。湖南省促进自然分娩协会委员，中华现代护理学杂志编委。主要研究方向为护理教育和妇女健康保健。1986 年 7 月至 2002 年 7 月先后担任妇产科副主任医生、妇产科主任、业务副院长，2002 年 7 月至今在中南大学护理学院工作，先后承担护理本科外科护理学、妇产科护理学、急危重症护理学教学工作及硕士研究生高级临床护理的教学工作。2009 年 9 月至 2009 年 12 月在香港理工大学做访问学者，2010 年 10 月至 2011 年 10 月在美国肯塔基大学做访问学者。主编、副主编、参编国家十二五规划和国家创新教材等共 8 种，作为第一负责人主持国家社科基金 1 项，湖南省级课题 7 项，市级课题 2 项，校级课题 2 项。发表科研论文 48 篇，其中 SCI 杂志 4 篇，CSCD 杂志 10 篇。获国家授权专利 2 项，获中南大学教学质量优秀奖 3 次，中南大学优秀教师奖 1 次，护理学院优秀教师奖 1 次。

曾慧(1966.04—),女,湖南南县人,1987 年 6 月毕业于湖医卫校,泰国清迈大学护理硕士,中南大学精神病与精神卫生学博士,教授,硕士生导师,中南大学护理学院护理实验中心主任,兼任中国心理卫生协会老年心理卫生专业委员会委员、中国老年学会老年心理卫生专业委员会委员等职。主要研究方向为老年心理及护理。1987 年 7 月至 1997 年 6 月为湘雅医院呼吸科护士,之后调至湖南医科大学护理系即现在的中南大学护理学院任教。曾到美国、泰国、澳大利亚、印度等地学习、出访交流,多次受训于亚太助老协会老年培训中心,2004 年作为贾氏学者在耶鲁大学学习半年,并受过专业的心理评估培训。"老年护理学"(双语)课程负责人,担任"护理学基础""护理心理学"等教学。主编《精神科护理》《心理与精神护理》(以上均为国家"十一五"规划教材)《老年人健康手册》,参编《老年护理学》(中文、双语)、《精神科护理》(双语)等。承担欧盟国际助老项目、省自科、省社科及贾氏项目等 10 多个项目,发表 SCI、CSCD 等论文 50 多篇。获 1996 年度湖南省优秀青年岗位能手,多次被评为优秀护士及湘雅医院、湖南医科大学、中南大学优秀共产党员,获中南大学教学成果一等奖、本科教学质量优秀奖及校级优秀教师奖。

周乐山(1967.03—),女,湖南长沙人,博士,教授,硕士生导师,1999 年 9 月调入护理学院工作,先后担任学院科研办主任和系主任,兼任湖南省儿科护理专业委员会委员,中国现代医学杂志编委。主要研究方向为儿童保健、护理教育。一直从事儿科临床、教学和科研工作,2010 年 6 月至 2011 年 6 月赴加拿大留学一年,参与渥太华大学健康研究所的"母婴健康保健"项目,并接受相关科研培训。担任护理本科生《儿科护理学》课程负责人,担任本科生《健康评估》和研究生《高级临床护理》教学。主编《儿科护理学》(2014 年人民卫生出版社、2012 年湖南科技出版社)及《诊断学基础》(2012 年高等教育出版社)教材共 3 种,副主编教材 2 种,参编教材 6 种。主持教育部留学基金 1 项、湖南省自然科学基金 1 项及其他省部级课题共 7 项,主持校级课题 1 项,主持校级教改课题 3 项;以第一作者或通信作者发表 SCI 期刊科研论文 5 篇、CSCD 源论文 14 篇;获省级教学成果 1 项,校级教学成果 2 项;获中南大学"西南铝"优秀教学奖 1 项,获中南大学研究生教学优秀奖 1 项,获中南大学护理学院优秀教师奖 2 次;获湘雅医学院最佳课件设计奖 1 项;获国家授权专利 3 项。

王曙红（1964.04—），女，湖南醴陵人，中南大学护理学博士，主任护师，硕士生导师。主要研究方向为心脏外科护理、重症监护、护理管理。现任湘雅医院护理部副主任、护理学教研室副主任。1983 年 7 月参加工作，先后在中南大学湘雅医院普通外科、胸心外科及重症监护病房、护理部工作。2013 年 10 月受中南大学湘雅医学院及湘雅医院委派到海南省海口市人民医院担任院长助理兼护理部主任 1 年。曾到美国、新加坡、中国香港、中国澳门、中国台湾等国家和地区学习交流。主要兼任湖南护理学会常务理事、湖南省基础质量控制中心委员、湖南省护理学会医院感染专委会主任委员，湖南省心脏专科护士培训基地主任等职，并为《中华护理教育》《护理管理杂志》《中国现代医学杂志》《中国现代护理杂志》等杂志编委。

承担护理本科"外科护理学"及研究生"护理管理""高级临床护理"的部分理论教学。主编、参编教材 16 种。主持省部级课题 9 项。发表论文 30 篇。主编的"十一五"国家规划教材《重症监护》于 2011 年被评为国家级精品教材，副总主编的"图说健康指导系列丛书"于 2013 年获湖南省科学技术厅科普作品优秀奖，主持的"乳腺疾病康复瑜伽光碟的制作与应用研究"获 2013 年湖南省教育系统女职工创新成果发布活动三等奖。

黄金（1964.09—），女，湖南湘阴人，于 1984 年调入中南大学湘雅二医院，硕士学位，主任护师，硕士生导师，现任中南大学湘雅二医院护理部副主任/临床护理教研室副主任，兼任中华医学会糖尿病分会糖尿病教育及管理学组委员、中国老年学会老年医学会老年护理专家委员会委员、中华护理学会糖尿病专业委员会委员、湖南省医学会糖尿病分会委员、湖南省专科护理质量控制中心副主任、湖南省护理学会常务理事、湖南省护理学会糖尿病专业委员会主任委员。兼任《中华护理教育杂志》《护理学杂志》《当代护士》等编委。主要研究方向为临床护理及护理管理。

从事护理临床、教学及管理 31 年，多次应国家卫计委及省卫生厅之邀督导医疗护理质量与安全。承担"内科护理学""老年护理学"双语的本科生教学及"高级临床护理实践""护理管理学"等研究生教学，已培养护理硕士生 20 余名。主编全国高等医学院校"十一五"规划教材《老年护理学》，副主编"十二五"规划教材

《老年护理学（双语）》，参编《护理管理学》等教材 20 余部；主持和参与 10 余项省级及国际合作科研课题；发表论文 60 余篇（其中，SCI 收录 3 篇、CSCD 20 余篇）。获实用新型专利 3 项和发明型专利 2 项、湖南省自然科学"优秀学术论文奖"3 次及湖南省护理学会"优秀护理专著奖"4 次。

贺连香（1964.11—），女，湖南湘乡人，1986 年 6 月毕业于湖医卫校，博士，主任护师，硕士生导师；是国内首批护理硕士 POHNED 第四班学员，获泰国清迈大学外科护理学硕士学位；2007 年获得中南大学博士学位，是湖南省第一个临床护理博士。现任中南大学湘雅医院护理部副主任，主管护理科研与护士在职培训。主要社会兼职：中国内镜协会消毒与装备专业委员会副主任委员、湖南省护理学会护理科研专业委员会副主任委员，参编全国《静脉治疗护理技术操作规范》。现任《中国现代医学》《中国内镜医学》杂志常务编委；任《护理学杂志》《中华现代医院管理》杂志编委。主编专著 2 种，获医院新技术成果奖 3 项，主持过世界卫生组织（WHO）课题、省科技厅课题及医院课题，参与 863 研究课题、美国 NIH 研究课题、卫生厅课题。以第一作者发表 MEDLINE、CSCD 等论文 40 多篇。承担中南大学护理学院护理硕士、护理本科的临床教学及研究生双语教学。擅长普通外科、烧伤整形美容外科、肝移植、PICC 等临床专科护理及护理管理。曾出访泰国、新加坡、澳大利亚、美国，攻读硕士学位，接受相关培训、进行学术交流及专题研究。

雷俊（1970.11—），女，湖南常德人，1988 年毕业后先后从事临床护理、护理管理、护理教学和科研工作 26 年，护理学博士，教授，硕士生导师，中南大学湘雅三医院办公室主任。现担任湖南省护理学会社区护理专业委员会副主任委员、CMIA 护理信息学专业委员会常务委员、《中华现代护理杂志》编委等。主要研究方向为临床护理、心理护理及护理管理。2008 年 7 月至 12 月为加拿大渥太华大学 GENERAL 医院访问学者，从事妇产科护理相关研究。2011 年 12 月、2013 年 12 月分别在中国台湾坜新医院、美国南加州大学培训学习。为本科生"外科护理学"、研究生"高级临床护理学"授课老师。主编专著 2 部；副主编专著 3 部；参编专著 5 部。主持湖南省自然科学基金项目、湖南省科技厅项目、湖南省卫生厅项目、湖南省教育厅项目及中南大学教学改革研究项目共 10 项。发表论文近 60 篇，获得专利 3 项。获教学成果奖 2 项。

严谨（1972—），女，湖南望城县人，中南大学卫生统计与流行病学博士，教授，博士生导师，中南大学湘雅三医院护理部副主任。主要社会兼职：湖南省护理学会理事，血液净化护理专业委员会主任委员，护理专业核心期刊《现代中华护理杂志》常务编委，《护理学报》编委。主要研究方向：社会心理护理学。担任中南大学护理学院研究生"高级临床护理""护理研究""移植病人的护理"等教学。主编《临床护理药物手册》《移植护理学》《现代妇产科护理模式》（第二版）；参编《儿科护理学》（卫生部统编本科护理双语教材）《难产诊疗学》《生长发育与儿童疾病》《护理学导论》（卫生部规划教材）。近五年主持美国中华医学基金会（China MedicalBoard，CMB）、美国雅礼协会、国家自然科学基金、卫生计生委全球基金、省科技计划项目等 10 余项。发表论文 90 余篇，获得专利 10 项。2011 年，被评为中南大学"十佳"青年，中南大学湘雅三医院"优秀中青年教师教学奖"。

刘丽萍，美国康州注册护士，三级护理师。1979 年考入湖南医学院护理学校，1981 年毕业，2008 年获得凤凰大学（UNIVERSIYT OF PHOENIX）硕士学位。1986 年至 1992 年工作于南澳洲弗林德斯大学医疗中心危重监护病房，1995 年至 1997 年在弗吉尼亚州夏洛茨维尔弗吉尼亚大学医疗中心药理系任技术员，1997 年至 2003 年任德威尔明顿克里斯蒂安呐医院内科危重监护病房护士，2003 年至今任纽黑文市耶鲁纽黑文医院神经内外危重监护病房护士。获得危重护理证书（CCRN）、神经内外危重病人护理证书（CNRN）、心肺复苏急救证书（ACLS）。2006 年获得耶鲁医学院医院——南丁格尔奖杯，2007 年获得年度最佳护士奖，2011 年获得年度杰出人物——护理奖。

安·威廉姆斯（Ann Bartley Williams），教育学博士、注册护士、美国护理科学院研究员，美国加州大学洛杉矶分校护理学院的教授及科研办副主任，中南大学护理学院客座教授。曾任耶鲁大学护理学院教授、耶鲁大学医学院教授。

三十多年来，作为一名开业护士，威廉姆斯教授一直致力于美国及国外 HIV/AIDS 病人的治疗与护理工作。她的科学研究源自于临床实践。曾先后多次获得 NIH、AMFAR 以及世界艾滋病基金的资助，在中国、越南、泰国、荷兰等国的研究成果为全球控制艾滋病流行、提高艾滋病患者生活质量做出了重要贡献。目前，她正与中国开展一项提高抗病毒治疗依从性的合作项目。她积极参加了地方、国家、国际各种专业性和社会咨询评审机构。1991—2010 年，任康州艾滋病教育培训中心主任。目前是社会保障医学委员会艾滋病残障标准研究所的唯一一名护士；是美国疾病预防控制中心抗病毒治疗依从性干预研究评审委员会委员。

Ann Bartley Williams 教授于 1995 年第 1 次来长沙后，几乎每年都会来长沙，有时一年有多次，分别于 2005 年、2010 年被聘为我校客座教授，为我校护理专业的发展做出了贡献。她心系我校护理学院的发展，带着私人的情感和偏爱，无私投入与奉献。合作的成绩主要包括以下几方面：①科研课题合作。Williams 教授是艾滋病护理专家，她把艾滋病护理领域的先进理念和技术带到我校，并与我们合作，积极申请课题，主要有以下 3 个课题：艾滋病护理人员培训，艾滋病职业防护知识培训，艾滋病治疗依从性干预研究。②培养师资。Ann Williams 教授在耶鲁大学任教及在雅礼协会担任职务期间，总是挤出时间指导护理学院的老师和博士研究生。她是我院教师王红红、张静平、李现红在耶鲁学习期间的导师，同时她还为其他联合培养的博士研究生和教师联系专业相关的导师，为学院教师的培养做出了较大的贡献。③开展护理科研培训。Ann Williams 和其他耶鲁大学护理教授来学院开展护理科研知识的培训共 4 期，提高了护理教师、博士和硕士研究生的科研水平。④扩大我校护理学院对外影响。Williams 教授总是利用各种机会扩大我校护理专业对外的影响。在她与全国护理中心、中国医院管理研究所的合作课题中，她推出我院教师，参与课题。在她不同发言的场景中，总以我院为例，提高我院在全国知名度。同时介绍国际知名学校的教授来我校合作，如联系香港理工大学护理学院院长、美国华盛顿大学心理学教授来我院开展讲座和课题研究。

李子芬，香港中文大学讲座教授，香港中文大学那打素护理学院教授，香港中文大学医学院助理院长。曾任香港中文大学那打素护理学院院长。李子芬教授除了担任教学及行政职务外，还积极从事各类护理科研，尤其是在老年护理方面，并发表大量论文，以及成功获得多项竞争激烈的研究资助，总额超过九千九百八十万港元。2007 年，李教授荣获香港特别行政区食物及卫生局颁予"卓越研究奖"，表扬她在医疗护理研究方面的贡献。其研究工作的重点主要是评估医护服务崭新方案及探讨如何提升长者的健康及生活质量。她对各种研究方法都非常熟悉，并与中国、美国、英国及世界各地的同僚合作，携手进行护理研究。

李教授共发表超过 200 篇期刊论文、书章及会议论文。李教授亦为多种国际医疗、护理及老年学期刊担任编辑或评审委员，并曾多次获邀在国际及国家级学术会议上发表主题演讲。

2014 年 4 月李子芬教授被聘任为我校客座教授以来，已经为师生开展多场学术讲座。她关心我校护理学科的发展，为我校护理师资的培养出谋划策，也为两校间师生的交流提供了很多机会。

车锡英(Sek Ying CHAIR)，现为香港中文大学那打素护理学院院长、大连医科大学访问教授、香港心脏护士专科学院院长及澳门镜湖护理学院教学委员及校外审卷教授。

车教授是香港知名的危病及心脏护理专家，她于 1993 年获得由美国危病护理协会所颁发的危病护理注册护士资格，自 1994 年至今在美国心脏协会担任高级心脏复苏课程导师，并于 2004 年在美国科罗拉多州大学完成护理博士学位课程。车教授一直致力于实践及推广高质素的危病及心脏护理服务。

除了丰富的临床护理经验外，车教授积极从事教学及护理科研工作。她拥有 15 年的教学经验，并发表大量期刊论文、书章及会议论文共计 190 余篇，以及成功获得多项竞争激烈的研究资助，总额超过四百万港元。2007 年车教授荣获英国心脏护理期刊及英国心脏护理学会共同颁予的"卓越急性及危病心脏护理一等奖"，同年更荣获由香港中文大学颁发的"杰出教学奖"，以表扬她在医疗护理及教学方面的贡献。

车教授研究工作的重点，主要是探讨如何提升心脏病人的健康及生活质量，以从科研到实践为宗旨，提升病人的复康及护理服务。车教授四度获颁最佳论文奖，并为国际护理期刊担任评审委员，多次获邀在本地及国际学术会议上发表主题演讲。

车教授热心社会服务，现为香港马凡氏综合协会顾问，更是香港心脏护理学会的创办人。她多次在新闻发布会及电台发表最新的心脏护理科研结果及推广心脏病预防及护理的重要性。她亦曾多次替香港死因庭作个案专家报告及专家证人，以其专业知识回馈社会。

2014 年 4 月车锡英教授被聘任为我校客座教授以来，已经为我校师生开展多场学术讲座。她为我校联合博士的培养、学生赴香港中文大学学习创造了机会，并指导联合培养的硕士和博士研究生。

三、首届"湘雅最美护士"

首届(2013 年)"湘雅最美护士"获奖者名单 35 人
（按姓氏拼音顺序排列）

曹晓霞（湘雅医院）　　　陈亚清（湘雅二医院）　　　陈阳（湘雅三医院）

郭娜（湘雅三医院）　　　郭培静（湘雅医院）　　　郭小平（湘雅三医院）

蒋旭红（湘雅三医院）　　　金自卫（湘雅二医院）　　　李洁（附属肿瘤医院）

李金花（附属肿瘤医院）　　　李文英（湘雅二医院）　　　廖平（湘雅医院）

刘佳（湘雅三医院）　　　刘平（湘雅二医院）　　　刘卫红（湘雅二医院）

罗杨（湘雅三医院）　　　彭小贝（湘雅医院）　　　仇灿红（附属肿瘤医院）

施树清（湘雅三医院）　　　谭晓菊（湘雅二医院）　　　唐慧（湘雅医院）

王玉花（附属肿瘤医院）　　　王志成（湘雅三医院）　　　吴辽芳（湘雅医院）

伍美容（湘雅三医院）　　　徐德保（湘雅医院）　　　杨静（湘雅二医院）

杨玲凤（湘雅二医院）　　　杨艳（湘雅三医院）　　　曾莎（附属肿瘤医院）

张小琼（湘雅医院）　　　章进（湘雅二医院）　　　郑悦平（湘雅医院）

周艳（湘雅医院）　　　朱爱群（湘雅二医院）

注：人物篇介绍除现任领导以职务排序外，其余人物均以出生年月为序介绍。

附 录

附录一：湘雅医学会章程

湘雅医学会章程

董事部

一、总则

本部依照湖南育群学会与雅礼协会所订合同组织之

二、细则

第一条 开会

本部以湘雅医学专门学校校董集议所为会所

每年开会二次于五月十二月第两星期五举行定十二月为年会期有要事时由干事提出可以召集临时会议

第二条 法定人数

到会十人为法定人数

第三条 代表

如有因事缺席不得另举代表

第四条 选举

本部有选举医校长医院长讲习科长之权每五年选举一次于年会时举行之

本部有辞退以上各职员之权但须时常会人数四分之三之同意

第五条 职员之资格及责任

一、校长

（甲）在西国大学医科毕业不论中外人皆可充当如系外人或华人之生长外国者须在中国三年以上能通中国语言文字者为合格

（乙）五年一任得连举连任

（丙）如缺席时得由校长托人代理由下次干事会或本部常会时议决其可否赓续代理

（丁）得推举医校教务庶务监学书记收支诸员于干事部议决之

（戊）上列各教职员如有更动时由校长报告干事部议决之

（己）其他校中所用之人校长得有去留之权

（庚）凡校规纪委校长有督率实行之责除重要事件经教员会议取决外校长有决行之全权惟非经教员会议校长不得开除学生

二、院长

（甲）以在西国大学医科毕业不论中外人皆可充当如系外人或华人之生长外国者须在中国三年以上能通中国语言文字者为合格

（乙）五年一任得连举连任

（丙）如缺席时得由院长托人代理由下次干事会或本部常会时议决其可否赓续代理

（丁）得推举驻院医士制药员管货员书记于干事部议决之

（戊）上列各职员如有更动时由院长报告干事部议决之

（己）其他院中所用之人院长有去留之权

（庚）凡院规纪律院长有督率实行之责除重要事件须开职员会议取决外院长有决行之全权

三、男女护病讲习科科长

（甲）以西国政府所承认之护病学校毕业不论中外人皆可充当如系外人或华人之生长外国者须在中国二年以上能通中国语言文字者为合格男女两科科长以一人兼充之

（乙）五年一任得以连举连任

（丙）如缺席时得由院长托人代理由下次干事会或本部常会时议决其可否赓续代理

（丁）凡关于讲习科课程及内部管理事项科长得经干事二人之介绍会商于干事部凡关于医院管理及诊视病人各事项得经院长会商于干事部

（戊）得推举男女二科副科长及护病学长于干事部议决之

（己）报告两科教员之去留于干事部议决之

（庚）凡讲习科规则纪律科长有督率实行之责惟开除学生须经护病委办股议决之（护病委办股以干事部两医干及男女讲习科科长及副科长二人组织之）

干事部

一、总则

本部依照湖南育群学会与雅礼协会所定合同组织之

二、细则

第一条　开会

本部以湘雅医学专门学校校董集议所为会所每月开常会一次于第二星期五举行之惟七八两月不在此限

第二条　法定人数

到会四人为法定人数

第三条　代表

如遇缺席时不得另举代表

第四条　任期

任期一年连举连任于年会时选举之

第五条　职务

（甲）医校长暨院长及经本部二医士介绍之讲习科长所提议之事项及其他一切事项得议决之

（乙）医校长暨院长所推举之人得以人数三分之二之同意议决之

（丙）得筹备提议事项交董事部议决如遇有困难问题得交董事部议决之

（丁）本部有财政全权校院科长所备预算表及该预算表如有变更时得议决之

第六条　权限

（甲）本部设干事长一人其权限

（1）为董事长及干事会议之主席

（2）为各议会各礼节之主席

（3）如缺席由本部临时公举

（乙）会计二人中美各一人其权限

（1）得收入本会一切经费

（2）得保存本会之财产

（丙）书记二人中美各一人其权限

（1）记录会议事项

（2）执掌文牍

（3）报告本部已办各事于育群学会

（丁）医士两人

第七条　开会程序

（甲）主席报告

（乙）读记录

（丙）报告

（丁）记录及报告所发生之问题

（戊）干事部所提交之议案（董事部开会时适用之）

（己）医校问题

（庚）医院问题

（辛）讲习科问题

（壬）其他问题

（癸）散会（如有重要问题得经表决移改日程）

第八条　表决

（甲）凡表决均以到会人数三分之二之同意为有效

（乙）会员有所建议如由书记员请求须将议案书明

第九条　附则

凡董事会干事部章程如有未尽事宜得由董事部随时修改

附录二：湖南育群学会　美国雅礼学会合办湘雅第一次合约
（一九一四年七月订）

在医科学校和医院工作方面的合作协议草案

此项协议是湖南育群学会和雅礼协会签订的，目的为保证治疗疾病，提倡医学教育，研究疾病的起因。

第一条：定约双方同意进行下述工作的合作。

1. 在长沙办一所治疗疾病的医院及一个或几个为门诊病人服务的药房。

2. 开一所医科学校，其课程安排将在仔细研讨教育部的规章后决定，并要求教育部指派督查人来检查所采用的标准。

3. 办一所护士学校，教护理技术，并与之相联系的办一个助产科。

4. 维持开设一个实验室以研究疾病。

第二条：育群学会承担下列责任：

1. 建筑一栋医学院房屋及一栋护士学校房子，总值约 156000 墨币，半数用于前者，即约 78000 元，其中 30000 墨币于今年付款，其余 48000 元在两年内付款，总额的另一半于四年内全部付清，如能专门购置一栋适用的公家建筑物为这些学校之用，则可以不建新的学校用房。

2. 总数为 200 学生的两学校的每年开支经费按一年的预算由育群学会提供，但总值每年不得超过 50000 墨币，在西方大学毕业的教工薪资，不包括在此款之内。

3. 与开办医学院及护校有关的费用。

第三条：雅礼协会承担下列责任：

1. 建筑一所医院总值约 180000 墨币。

2. 提供在西方国家的大学毕业教师、医生、护士的工资和费用，但总值不超过 15 人。

3. 与开办医院有关的费用。

第四条：与事业上的合作有关的前两条所述医学院及医院的建筑物是为两个团体所公用。但建筑物的装备、图片、书籍及科学器材以及这一类物质及其使用，将属于原来的物主，不得无区别的混用。

第五条：协议签字批准后，上述各项活动立即开始进行，但在建筑医学院及医院用房竣工之前，两单位将就下列几件事进行合作。

1. 维持一所医预科学校，两年制。

2. 维持两所护校(男、女各一所)。

3. 维持西牌楼的雅礼医院。

第六条：参考上述各条双方承担的费用，雅礼协会担负西方大学毕业的教师、医生的工资，全部其他费用则由育群学会担负，但此项费用总计每年不得超过 50000 元墨币。

第七条：约定双方各指定十人共同组成管理董事会，其权力列举如下：

1. 表决合作争论之点及与合作事业进展有关的事。

2. 指派及解雇工友。若教员被发现不称职，得以董事会 3/4 的票数通过而解除聘约。

3. 监督合作事业。

第八条：如果董事会中任何人失职或妨碍工作进展，可由董事会以 3/4 票数表决，将其辞退，其缺额将由辞退人所属的团体另行指派别人充任，但在指定之前，必须取得董事会 3/4 的票数同意。

第九条：从董事会中选取七人，组成执行委员会，七人中一人担任主席，两人担任秘书，两人担任会计。秘书要一个中国人，一个美国人，会计也是一个中国人，一个美国人，其余两人为医生，将负责管理医院，推荐医生（为制订而推荐）。此执行委员会成员中，没有从任一团体薪俸者，可以接收一些津贴费。

第十条：因为医院与社会发生十分密切的关系，其教师除了进行医学原理的教学以外，并将加强道德品质的教育，此外，除了必须学的课程之外，可能向他们进行宗教教义的解释和讲演，但尊重个人的信仰自由。

第十一条：这项合作事业唯一的目的就是促进医学教育事业，与卫生教育的政治方面没有关系。

第十二条：这项合作准备长期进行，但第一个十年，将作为试验阶段，如果十年末证明是成功的，则合作将继续进行，但如果任何一方想要撤出，则合作可告结束，但必须在一年前事先通知。

第十三条：在订约双方，在此协议上签字以后，湖南育群学会将送交湖南民政局申请认可及登记，雅礼协会将送交其内务部要求批准，在上述批准之后，将视为有效。

第十四条：此协议一式三份，湖南育群学会将送一份给湖南民政局存档，育群学会和雅礼学会各保存一份作为长期证明。

签名：以育群学会名义签字的：

以雅礼协会名义签字的：

布朗列 格奇（Brownell Gage）

胡美（E・H・Hume）

赫尔（W・T・Hail）

哈佛（E・D・Harveg）

理得（A・C・Reed）

签订日期：中华民国三年七月二十一日

附录三：1916 年湘雅医学专门学校第二次报告书

湘雅医学专门学校第二次报告书

中华民国五年至六年

西历一九一六年至一九一七年

目次

本学年日历

民国五年一九一六年

九月四五两日星期一二　入学试验

七八两日星期四五　补试验及特别试验

九日星期六日　开学(本科预科补习科第一年级第一学期始业补习科第二年级第一学期始业)

十二日星期二日　中秋节假

二十四日星期日　孔子诞假

十一月三十日星期四　感谢节假

十二月二十四日至二十六日星期日至星期二耶稣诞假

民国六年一九一七年

一月一日星期一年假

八日至十三日星期一至星期六 学期及插班试验

二月七八两日星期三四日插班试验

九日星期五 补试及特别试验

十日星期六 开学(本科预科补习科第一年级第二学期始业补习科第二年级第二学期始业)

四月七日至九日星期六至星期一春假

六月二十三日星期六端午节假

二十一日至二十九日星期四至星期五学年试验(预科毕业及补习科第二年级升级试验)
三十日星期六暑假(预科毕业式)

第一章 董事部及干事部姓氏录

一、董事部湖南育群学会美国雅礼协会各举十人组织之

章克恭 胡元俠 聶其琨 廖名缙 彭国钧

教育科长 陈仲扬 朱廷利 颜福庆 张树勋 盖葆耐 解维廉 胡 美

赫赫尔 白良知 戴维城 张福良 萨 森 包威罗 郑南慕

二、干事部

盖葆耐 聶其琨 解维廉 章克恭 胡 美 颜福庆 张树勋

三、美国雅礼协会干事部

魏威廉 皮 处 伯赖恩理 李受德 施多克 爽 耐 傅理兰 华 克 亚维廉

四、美国雅礼协会医学部

威尔区 虔慕斯 蓝伯脱 克 兴 詹乃惠 史多朗 茂尔飞 柏鲁墨

第二章 教职员姓氏录

教科及职务	姓氏	别字	籍贯	履历
校长兼卫生教授	颜福庆	克卿	江苏上海	美国雅礼大学、英国利物浦大学医学博士
教务主任兼生物教授	胡美	子美	美国	美国雅礼大学医学博士
生物教习	张福良		江苏无锡	美国雅礼大学林科硕士
化学教习	徐善祥	凤石	江苏上海	美国雅礼大学理科硕士
物理教习	包威罗		美国	美国雅礼大学理科硕士
德文教习	赫汝辉		美国	美国雅礼大学文科硕士
国文教员	曹典球	籽毅	湖南长沙	前湖南工业专门学校校长
国文兼伦理教习	熊毓湘	鞠如	湖南长沙	湖南明德学校师范毕业
药物学兼化学教习	朱神广		广东	美国哥仑比亚药物学博士
卫生教习	白良知		美国	美国霍波金大学医科博士
数学教习	潘儒绅	伯士	江苏上海	上海圣约翰大学文科学士
英文教习	赵本善	葆初	江苏上海	上海圣约翰大学文科学士
业务主任兼英文教习	赵鸿钧	运文	江苏上海	上海广方言馆、南洋公学毕业
图画教习	朱翼谋	凤竹	江苏吴县	上海顾氏图画专修科毕业
体育教习	夏义可		那威国	工科硕士长沙青年会体育干事
监 学	胡荣琦	彦玮	湖南湘潭	湖南高等师范毕业
会 计	田锡畴	蔚云	湖南长沙	

第三章　缘起及宗旨

本校组织于民国二年，即一九一三年，系美国雅礼协会与湖南育群学会订约合组，各举董事十人，定名湘雅医学会，于民国3年夏双方签约呈请中央由国务院暨内务、教育、财政各部批准立案，并经美国雅礼协会董事部议决通过。其原合同之宗旨如下：

湖南育群学会为诊治疾病，发达医学研究病源起见，与雅礼协会订立合同如下：

第一款　双方组合办理下列各项事宜：

一、就长沙设立医院一所诊治疾病，并设分所若干处以便门诊；

二、设立医学专门学校一所，按照部章订立课程，并得随时请教育部派员考查成绩；

三、设立男女护病讲习科并设产科；

四、设立试验所研究病源。

本校第一班预科于民国四年即一九一四年十二月八日正式开学。

本校经费及建筑费均经订明合约，由双方担任。至医学专门教授、医院医士及护病讲习科科长，均由美国雅礼协会董事部选举充任，以昭慎重。

本校依照教育部定章，并参照美国大学医科办理，由美国雅礼协会认定为长沙雅礼大学医学本科与该大学文学本科同等。

湘雅医院系湘雅医学会接收前雅礼医院所改组，即为本校临床实习之用。本校医学教员得兼医院职务，盖医校与医院之关系至为密切故也。

本校以造就医学各专科人才为宗旨，对于临诊临休试验室之实习尤为特别注重，除国文外各科学均用英文教授。

一、本科　第一年级　曾在他专门学校预科毕业或本科修业，于理化、生物实习成绩确系优尚，经本校试验及格得入本科，课程详后。

二、预科　一年毕业。专重物理、化学、生物实习试验。中学毕业，英文优尚、理化、生物确有实习成绩者得入之。

三、补习科　第二年级　专重英文、理化、生物，中学毕业或有同等学力者得入之。

四、补习科　第一年级　中学三年程度得入之，专重国文、英文、化学、数学。

本科照部令四年毕业，惟本校参欧美学制四年后加研究科一年，经试验及格给予医学博士学位文凭，并望新政府早日颁行行医条例：凡医学毕业生，非在公认之医院内实习一年，不得给予行医执照，则医界前途之大幸也。

第四章　校舍及医院之建筑

本校业已购定长沙北门外地基三千方为建筑校舍之用，未建新校时由政府拨给草潮门朝宗街大屋一所计有二百余间，暂时医校与医院各半，讲室、寝室之外，并有解剖、生物、化学、物理实习各室及藏书室等。新校建筑费业经政府批准立案在案。

医院地基与本校毗连。新医院业已从事建筑，民国六年即一九一七年工竣，其建筑之精良，规模之宏大，设备之周详，允称全国最新式最完全医院之一。

第五章　临症实习之便利

湘雅医院未落成以前暂设城内，能容住院病人六十五人，现在专医妇孺，并办女护病讲习科：男病均归湖南红十字会医院诊治，能容病人八十人，湘雅男护病讲习科附设该院。两院门诊每日约计二百人，已足资本校学生之临症实习。

新医院落成后，设有最新式男女病室，能容住院病人一百二十人。复新立肺痨医院，已在北门外从事建筑，今冬落成，能容住院病人五十人，故本校学生之临症实习既极便利而绰有余裕。

第六章　入学资格

一、补习科

（甲）中学三年程度得入补习科第一年级。

（乙）中学毕业或有同等学力者得入补习科第二年级。

入学试验专重国文、英文两科。因各科教学俱用英文，入学时尤为注得。入学试验科目如下：

国文　作文一篇，至少三百字，文理清顺，依照中学程度；

英文　作文一篇，至少三百字，默书、口试读文、文法大意；

数学　算术、代数已习二次方程、平面几何（用中英文均可，惟以英文为佳）。

投考补习科第二年级者，须受普通物理、化学之试验，以曾习理化一年者为及格，如未习理化得入第一年级。

二、预科

投考预科者，须中学毕业或有同等之学力，并须曾习生物、物理、化学；至（于）英文，以能直接听讲为合格。除本校补习科第二年级升入预科外，凡欲投考预科者，须经本校试验生物、物理、化学、国文、英文、数学诸科。

附件　入学试验时，于科学中有一科不及格者，得附件入学，惟此附件须于学年试验时，成绩及格，方得给予预科毕业证书。

三、本科第一年级

具有下列三种资格之一者得插入本科第一年级：

（甲）本校预科毕业受有证书者。

（乙）曾在中学毕业并在高等专门学校修业一年以上，曾习理化、生物，其实习成绩确系优尚，英文能直接听讲并经其前校校长证明其成绩者。

（丙）经本校试验成绩及格确，与本校预科毕业成绩相同者。

凡具有（甲）（乙）二种资格者，得免试验，插入本科。具有（丙）种资格而于入学试验时有一科不及格者，得附件入学，惟此附件须于学年试验时成绩及格方得升级。

凡投考本校，无论本预各科，均须呈验文凭或证书，以证明其在前校时之学业、操行各成绩。

本书附有入学志愿书式，须详细填明，径寄本校校长收启。

第七章　学科程度

一、预科及补习科

每学年分为两学期，每学期约四个半月。

本校之办补习科，专重英文，以固基础，而补他校之所不及。在第一年级授以初浅理化，第二年级渐重实习，每周生物、化学实习时间有八小时之多，并教以应用显微镜之法及图形，至数学一科俱用英文教授。

二、本科第一年级

部章本科四年毕业，惟本校参酌欧美学制，呈请加研究科一年，共计五年毕业。第一年级即设解剖一科，部令业有尸身解剖条例之颁发，虽湘省僻处内地，人民亦深知解剖为医学之必要，有机化学及定量分析化学均在本年内教授，以固他日临症试验之基，生理、卫生学专注于与医学有直接关系之诸要点。

本科第二三四五年级学科程度当备详。以后每年报告书中本校备有德文，计三年，惟以具有英文根蒂而能无妨碍于科学为限，本科生亦得选读德文。

本校于英文一科，已于补习科及预科时期内特别注重，如学生于英文成绩不能深造，本校当令其退学，并转送用中文教授之其他医学校肄业。

第八章　课程表

本校各班课程表　民国五年至六年一学年

| 科学科目 | 补习科 | | | | 预科 | | 本科 | |
| | 第一年级 | | 第二年级 | | | | 第一年级 | |
	上学期	下学期	上学期	下学期	上学期	下学期	上学期	下学期
1.人体学								
（甲）胚学							6	6
（乙）组织学							9	9
（丙）全体解剖								6
2.生物学								
（甲）植物学								
纲要		2	6					
详解					8			
（乙）动物学								
纲要				6				
详解						8		
比较							6	
3.化体学								
（甲）纲要	4	4						

续上表

科学科目	补习科				预科		本科	
	第一年级		第二年级				第一年级	
	上学期	下学期	上学期	下学期	上学期	下学期	上学期	下学期
(乙)实习			6	6				
(丙)定性分析					8	8		
(丁)定量分析							3	
(戊)有机							3	6
4. 物理学								
(甲)纲要	2							
(乙)实习			3	3	6	6		
5. 生理学								
(甲)发凡			2	2				
(乙)实习							6	6
普通科目								
1. 图文	3	3	3	3	3	3		
2. 图画	3	3	2	2				
3. 英文	14	14	6	6	4	4		
4. 伦理	1	1	1	1				
5. 德文			4*	4*	4*	4*	4*	4*
6. 地理	2	2						
7. 数学								
(甲)算术	3							
(乙)代数		3	3					
(丙)几何				3	3			
(丁)三角						3		
总计	32	32	36	36	36	36	37	37

　　*补习科第二年级起如无妨碍，于他种科学经校长许可得习德文，二三年如上表所列，否则以所列时间作英文时间，惟本科第一年级不在此例。

第九章　各学科教授大意

一、体学

体学各支部之顺序教授，于本科第一二年级与预科时所习之。生物学有至密切之关系，本校设有光线富足仪器周备之实习室，为教授胚学、组织学、比较动物学诸科之用，各学生俱备有显微镜、解剖器等件，全体解剖另有解剖室四间，每间能容解剖桌一，学生四人同时解剖。

（甲）胚学　讲解及实习。练习人体发育之大意，人及他动物胚胎之显微镜实习，尤注重于鸡豕胚层之发育，二学期每周六小时。

（乙）组织学　讲解及实习。练习用镜解剖局部组织之大意。组织学技术，二学期每周九小时。

（丙）全体解剖　讲演指示说明解剖窥察，各学生均给以研究人体构造之材料，而于人体构造之关系，于内外科医学尤为注重，本学年第二学期始业，每周六小时，第二学年继续教授。

二、生物学

生物学各支部之顺序教授始于补习科，第一年级第二学期继续教授至本科第一年级第一学期。

（甲）植物学　发凡及原理补习科第一年级第二学期，每周二小时。

（乙）植物学　初步讲解及实习补习，第二年级第一学期，每周六小时。

（丙）植物学　详解讲演并实习，注重植物之构造及其机能，预科第一学期，每周八小时。

（丁）动物学　初步讲解及实习补习科，第二年级第二学期，每周六小时。

（戊）动物学　详解讲演及实习注重于动物之构造机能及其生活之历史，预科第二学期，每周八小时。

（己）比较动物学　讲解实习及鱼犬解剖，本科第一年级第一学期，每周六小时。

三、化学

化学各支部之顺序教授，以使学生得有坚深之根蒂，以备其研精药物学、疗治法、医化学诸科

（甲）初步化学　教授及指示，以使初学者明了为主，补习科第一年级二学期，每周二小时。

（乙）普通化学　讲解及实习，注重于各个实验，补习科第二年级二学期，每周六小时。

（丙）定性分析化学　讲解及实习，预科三学期，每周六小时。

（丁）定量分析化学　讲解及实习，注重于重量及容量分析，以使学者得有临症实验之预备，本科第一年级第一学期，每周六小时。

四、物理

（甲）普通物理　讲解及实习，补习科第二年级，每周三小时。

（乙）高深物理　讲解及实习，注重于定量及量度，预科二学期，每周六小时。

五、数学

（甲）算术　用英文教授，使已习中文、算术者熟知英文术语，补习科第一年级第一学期，每周三小时。

（乙）代数　教以英文术语，自二次方程式至二项式定理，补习科第一年级第二学期及第二年级第一学期，每周三小时。

(丙)几何 注重定理，补习科第二年级第二学期，每周三小时。

(丁)三角 注重对数表之应用及函数，预科二学期，每周三小时。

第十章 入学须知

一、报名

报名投考须呈毕业或修业证书，填明投考名单，并缴四寸相片证金二元，取作学费；不取退还。报名不考、已取不到及冒名顶替，查出均不退还。

取录入校学生，自立志愿书，并须确实保证人，经本校认可，亲立保证书。

二、学费

(甲)补习科及预科 本校学生概须住校，补习科及预科学膳宿费每学年洋六十元，分两次于每学期开学前缴纳，书籍、操衣用品自备。

(乙)本科 由本校预科升入本科，每学年洋五十元；由他校转入者每学年洋六十元。书籍用品、操衣自备。

三、显微镜

补习科、预科学生使用显微镜不取用费，本科学生或自备显微镜，或由本校租借，每年收租费银五元。

四、免费学额

本校暂定免费学额二名，凡本科学习每学年学业及操行成绩在九十分以上者得免学费，只缴膳费，每学年三十六元，以资奖励。如学生以家计困难，确有保证者、校长得量才任以职务以助不足。

五、藏书室

本校及医院藏书室，备有医学书籍千种，期报三十种，学生得借阅及参观；另有章程，并得入雅礼大学藏书室参观之权利。

六、医药

每学年身体检查一次，学生有病，医药由校供给，一概免费。每日诊病须照规定时间。

七、学生之自动力

本校学生部自组学校青年会，分德育、智育、体育三部。德育部之中英文查经班、社会服务及义务夜学智育部之英文学会、辩论会、体育部之球团及童子军，皆已次第成立。成效斐然。另有俱乐部、音乐会接新引导各部，每夏派代表赴夏令会，并承长沙青年会体育干事夏义可君担任体育训练，本学年仍继续教授。至宗教信仰，各有自由，并不强迫载明湘雅合约。

八、附则

本校另有详细学则刊印成本，函索即寄。

附录四：1916 年湘雅医学专门学校学则（有护校的课程表）

湘雅医学专门学校学则

公历一九一六年

目录

第一章　总则

第一条　本校系美国雅礼协会与湖南育群学会订约合办，详请教育部立案以养成医学专门人才为宗旨；

第二条　本校一切办法遵照教育部令并采欧美学制办理；

第三条　本校以补习科、预科、本科、研究科构成之；

第四条　本校以临床实习之需要，附设医院并男女护病讲习科。

第二章　入学转学及退学

第一条　补习科入学资格须在中学修业三年以上或有同等学力者；

第二条　预科入学资格须年龄在十六岁以上、中学毕业或有同等学力者；

第三条　本科入学须在本校预科毕业或有同等学力，经本校试验合格者；

第四条　研究科入学资格须在本校本科毕业者；

第五条　附设男女护病讲习科入学资格须年龄在十六岁以上、在高等小学毕业或有同等学力者；

第六条　凡入学转学者均须于学年开始时受本校试验；

第七条　凡志愿入学或转学者于本校，招考期前须将以前毕业证书或转学证明书、四寸相片、证金二元呈缴本校收存，亲填投考名单。取录者证金抵作学费，未取者一概退还，但报名不考、已取不到及冒名顶替者均不退证金；

第八条　凡入学、转学者于本校指定期间内，须偕保证人来校写保证书，并亲立志愿书及履历书等，缴足学膳制服各费入学；

第九条　保证人须住长沙市内而有职业者，如有变更或迁徒他处时，应实时通告本校并另觅保人继之；

第十条　学生如有不得已事故自请退学者，须具退学事由书并由保证人为之证明，听候校长核准；

第十一条　学生有下列各欵之一者，除通告其保证人外，勒令退学：

（一）操行不良，难望悔改者；

（二）学业过劣，难期造就者；

（三）积至三大过者；

（四）身体羸弱或有恶疾经医士验明不堪修业者；

（五）无正当事故接续请假至三星期以上者；

（六）经过指定之日期不缴清学膳费者；

（七）开学后三星期尚不到校者；

（八）两次学业成绩不及格者。

第三章　修业年限

第一条　补习科二年毕业升入预科。

第二条　预科一年毕业升入本科，但未经补习之预科得延长一学期以上，一学年以下。

第三条　本科五年毕业。

第四条　研究科一年以上三年以下。

第五条　附设护病讲习科三年毕业，女科加产科一年。

第六条　每班定额五十名。

第四章　学年学期及休业日

第一条　学年自八月一日起至翌年七月三十一日止。

第二条　一学年分为两学期。

第一学期自八月一日起至翌年一月三十一日止。第二学期至二月一日起至七月三十一日止。

第三条　休业日如下：

暑假六十日以上八十日以下。寒假两星期以上四星期以下。

第五章

第一条　正误

第一学年			第二学年		
科目	每周时间	全年时间	科目	每周时间	全年时间
伦理	一	三六	伦理	一	三六
国文	三	一〇八	国文	三	一〇八
英文 文法　读本 作文　会话	一四	五〇四	英文	六	二一六
数学	四	一四四	数学	三	一〇八

续上表

第一学年			第二学年		
科目	每周时间	全年时间	科目	每周时间	全年时间
化学	五	一八〇	化学	六	二一六
世界地理	三	一〇八	生物	六	二一六
图画	二	七二	德文	四	一四四
生物	四	一四四	卫生	二	七二
合计	三六	一二九六	物理	三	一〇八
			图画	二	七二
			合计	三六	一二九六

年假一日以上三日以下。

星期、国庆纪念、端午、中秋、孔、耶诞辰各一日。

第六章　学科程度及授业时间

第一条　补习科课程表

第一学年			第二学年		
科目	每周时间	全年时间	科目	每周时间	全年时间
伦理	一	三六	伦理	一	三六
国文	三	一〇八	国文	三	一〇八
英文 文法　读本 作文　会话	一四	五〇四	英文	六	二一六
数学　代数	日	一	德文	四	一四四
化学	四	一八〇	物理	三	一〇八
世界地理	三	一〇八	化学	六	二一六
图画	二	七二	数学	三	一〇八
生物	四	一四四	生物	六	二一六
合计	三六	一二九六	卫生	二	七二
			图画写生	二	七二
			合计	三六	一二九六

除伦理、国文、图画外，俱用英语教授。体育随时增加。德文或改授英文。

第二条　预科课程表

科　目	每周时间	全年时间
国　文	三	一〇八
英　文	四	一四四
德　文	四	一四四
生物　植物及动物	八	二八八
化学　定性分析化学	六	二八八
物　理	六	二一六
数学　几何　三角	三	一〇八
合　计	三四	一二九六

除国文外，俱用英语教授。体育随时增加。德文或改授英文。

第三条　本科课程表

本表系暂定，始业时当斟酌加减之。

(一)第一学年

科　目	全年时间
体学　胚学　组织学	五四〇
生物学　比较	二一六
化学　有机化学　定量分析化学	二一六
物理　医学物理	二一六

(二)第二学年

科　目	全年时间
体学　全身体学　脑学　体势学	四三二
病理学　学	二七〇
体功学　体功化学　生理学	四八六

(三)第三学年

科　目	全年时间
卫生　讲授　实习	一〇八
医学　验体诊断法　临症法　显微镜使用法	二一六
药物学　毒药学　制药学	一〇八
病理学　全体病理学　剖验尸体法等	三二四
外科学　绷带使用学　小症外科学	二一六
动物学　寄生学	二一六

(四)第四学年

科 目	全年时间
医学 临症诊断 皮科学 儿科法	五七六
产科学 讲授 实习	一〇八
病理学 临症病理讨论	三六
外科学 临症 敷伤术	四六八

(五)第五学年

必要科	选 科
内科	搜查病源
外科	临床实习
产科	临症研究
妇科	解剖及病理研究
耳目喉鼻科	

第四条 研究科不定课程,任本科毕业生自择所愿研究之学科,深研而专精之。

第五条 附设护病讲习科课程表 男女两科同

第一学年		第二学年		第三学年	
科目	每周时间	科目	每周时间	科目	每周时间
英文	二	英文	二	英文	二
国文	二	国文	二	国文	二
				耳目鼻病学	二
卫生学体学	二	药物学	二	外科护病法	一
绷带实习	一	护病学		卫生烹调法	一
				下体病学(男科)	一
护病学	一	内科护病法	一	产科学(女科)	一
				制药学(男科)	一
学	一			护病道德	一
				儿童护病法	一

第七章　学业成绩考查

第一条　本校试验分临时、学期、学年、毕业四种。

第二条　学生各科成绩由各教员参酌平时成绩及试验成绩判定分数，以一百分为极限，经校长核定之。

第三条　凡平均分数八十分以上列甲等；七十分以上列乙等；六十分以上列丙等；六十分以下列丁等，为不及格。列丁等者不得升级或毕业，但必参酌操行成绩依部令定之。

第四条　不论何种试验期内，学生不得规避请假。如确有紧要事故不能与试者，须经校长准假方许补试，补试验之分数以七折扣之，并须纳补试费壹元，于补试时缴纳。

第五条　学生不得要求指示范围，试验后不得索观分数。

第六条　试验时间由教务长排定，学生不得要求提前或转缓，尤不得要求免除。

第七条　学生旷课时间逾授课时间三分之一者，不得与学期或学年试验。

第八条　学业成绩不及格者，留原级。如无级可留时，则准其附级受课，再行补试，但此项学生限于主要学科内只有两科不及格而又均达三十分以上者适用之。

第九条　试验有一门分数为零者留级，有二门为零者除名。

第十条　学年成绩及毕业成绩之评定法悉依部令定之。

第八章　操行成绩考查

第一条　本校职教员随时考查学生操行，登记于册，每月末送交学监录之。

第二条　每学期学年末，学监录学生之操行，商同校长、教务、斋务而定其等级。

第三条　如操行成绩列丁等，虽学业成绩列丙等以上不得升级或毕业。

第九章　禁令

第一条　学生不得干预国家政治及地方诉讼。

第二条　学生不得入教会及政党。

第三条　学生不得有败坏品德及毁伤礼教之事。

第四条　学生不得吸烟吃酒。

第五条　学生不得违抗学校规则及临时命令。

第六条　学生对于职教员不得侮谩。

第七条　学生不得斥骂同学，尤不得斗殴。

第八条　学生非家住长沙市者不得外宿。

第十章　各项规则

第一条　教室规则

一、坐位均编定不得任意移动。

二、教员上下课时诸生一律起立致敬。

三、听讲时间不得谈笑、欠伸。非经教员许可不得外出。

四、教具非教员命令不得使用。

五、戴西式帽者须免冠听讲。

六、教授时间不得偷阅课外书籍。

七、教室为极尊严之地，不论何时不得喧哗。

八、凡遇缺课时间，须在教室温习，不得任意游行。

第二条　自修规则

一、无课时间即在教室内自修，不得在他处自修或随意游散。

二、每晚在教室自修，自七时起至九时半止，不得任意缺席。

三、坐位编定不得挪移。

四、自修时不得看报章小说及写信等事。

五、自修宜振作精神，不得欠伸、笑语、朗诵高声。

第三条　食堂规则

一、坐位编定每棹六人，不得随意移动。

二、会食务须肃静，不得谈笑。

三、会食有一定时间，闻铃齐集，如后至，过时不另开饭。

四、会食不得自行添菜，如遇食物不洁，饭后可报告，不得在食堂挑剔及敲箸等事。

五、会食应候到齐方始举箸。

六、不得留客会食。

第四条　寝室规则

一、本校学生一律住校不得外宿。

二、床位抽签编定，不得挪移。

三、谈话不可喧哗，不得歌唱。

四、每晨各自叠整被褥，衣服等件不得乱置。

五、不得留客寄宿，亲友来校会晤，不引入寝室。

六、安寝后不得谈话，免碍他人睡眠。

七、不得携带贵重物品入校，如有银钞等须交事务处代收，可随时领取，以昭慎重。

八、寝室开闭有一定时间，不得随时开启。

九、寝室熄灯后不得私置灯烛、冬日不得置火炉。

十、寝室门上不得自配锁匙。

第五条　阅报室规则

一、校中购备各种报章，以供诸生阅览，但不得携出此室。

二、阅报须静坐，不得喧哗。

三、报纸不得割裂及污坏，以重公德。

第六条　邮筒规则

一、每日午前八时及午后一时开筒两次，诸生函信务于该时间以前投入此筒。

二、不论寄木埠、外埠各信必贴足邮票，投入此筒，由信夫送邮局。否则不能投递。

三、挂号信及快信均于上定时间以前另交明信夫汇送，不得投入此筒。如包裹等件亦可由信夫送往邮局。

第七条　试验规则

一、试卷坐位均编定号码，按名给卷，各宜依号静坐，不得迁移。

二、不得谈话及窥窃他人文字。

三、交卷后不得逗留室内，未交卷以前不得外出。

四、交卷不得逾所限时间，违者酌扣该科分数。

五、除笔墨以外，不得带片纸只字，违者以夹带论。

六、用稿纸时亦由校备并编号码，不得割去及涂改，违者以传递论。

七、携夹带者除记过外，扣除该科试验分数。

八、传递者与受同罚，除记过外，扣除该科试验分数。

第八条　操场规则

一、学生非有疾病或特别事故不得请假缺课。

二、所用器械课毕时须安置原处，不得乱掷。

三、操场须整齐严肃，不得谈笑及戏谑。

第九条　实习室规则

一、学生所用器械宜谨慎保存，如有损坏照价赔偿。

二、显微镜为实习器械之最重要者，本科学生每年每人须备租费五元。

三、其他储藏各物非经教职员命令不得使用。

第十条　课余规则

一、休息时不得狂奔喧笑。

二、每日课毕以后自修时间以前，欲研究音乐者，限该时间内在学生休息室中奏之，但不得奏俗调。

三、学生应按时间以每日课毕以后自修时间以前为限。

第十一条　藏书室规则

一、校中购置医学书报及其他书籍多种任学生借阅，惟不得携出校外。

二、所借书籍缴还期以两周为限。

三、借书如有污坏及遗失等照价赔偿。

第十二条　休业规则

一、寒假及暑假放假三日内学生一律出校。

二、星期六课毕例假，但九时以前必须返校，如家住长沙市者准给夜假。

三、星期三课毕例假，但自修时间以前必须返校。

四、星期日例假，但自修时间以前必须返校。

第十三条　请假规则

一、除例假外无论何时均须请假，经许可后登入请假簿方可出校。除例假外无论何时请假，经许可后登入请假簿方可出校。

二、因病请假先由医师验过，无医生准假单者不给病假。

三、如有特别紧要事项须请假一日以上者，必先期由保证人或家长直接函告事由及时日，否则不准。

四、请假不得逾限设，因紧要事不能如期到校者，须具续假理由书。

五、本校不给婚假。

六、星期六课毕及星期日例假，但七时以前必须返校。

七、住长沙市者每星期六可在家歇宿，但必先由家长来缄说明，方给夜假。

第十四条 服务规则

一、每班按周轮派值周生一人服务，如有要事请假另派一人代理。

二、值周生之服务如下

(甲)有规劝同学维持秩序之责，如不服者可陈明职教员办理。

(乙)传达职教员命令，并承职教员之命令为一切事务。

(丙)代表同学意见，惟不得坚持己见，须静候采择。

(丁)每日写教授日记，宜详载授课之起讫及页数，遇有试验须全录问题，不得漏略。每星期六课毕送交学监。

第十一章 赏罚

第一条 赏分四等：

(一)记圈 (二)记功 (三)记大功 (四)优等生。

第二条 关于记圈之事项如下(左)：(未录)

(甲)善于卫生身体强健无疾病者。

(乙)曾受惩罚渐有改良者。

(丙)发见事故足徵道德心者。

(丁)一学期内未缺席者。

第三条 关于记功之事项如下(左)：

(甲)恪守校规而学业得优评者。

(乙)立志坚定能守正不阿维持秩序者。

(丙)一学期未请假并未受惩罚者。

(丁)校中举行会务能热心尽职者。

(戊)能纠正同学不正当行为者。

(己)记圈三次者。

第四条 关于记大功之事项如下(左)：

(甲)一学期未请假未受惩罚而学业成绩列甲等者。

(乙)对于校中具有特别功绩经职教员会议认可者。

(丙)记功三次者。

第五条 凡学业成绩、操行成绩均列甲等，而在九十分以上者为优待生免收次学期学费，只收膳宿等费。

第六条 优待生若有荒学业及不正当之行为时，即取消其资格，追缴学费。

第七条 罚分四种

(一)记点 (二)记过 (三)记大过 (四)退学。

第八条 关于记点之事项如下(左)：

(甲)违背第九章第一条二、三、四、七各节者。

(乙)违背第九章第二条五、六各节者。

（丙）违背第九章第三条二节及第四条三、四、九各节者。

（丁）违背第九章第十条一、二各节者。

（戊）违背第九章第十二条二、三、四各节者。

（己）请假逾限者。

第九条　关于记过之事项如下（左）：

（甲）违背第八章第四、五、六、七各条者。

（乙）违背第九章第一条六节及第三条四节者。

（丙）违背第九章第四条八节及第七条五、六、七各节者。

（丁）记点三次者。

第十条　关于记大过之事项如下（左）：

（甲）违背第八章第一、三、八各条者。

（乙）未经准假擅自外出者。

（丙）记过三次者。

第十一条　关于退学之事项见第二章第十一条。

第十二条　赏罚事项在本章所未及者临时酌定。

第十二章　征费

第一条　补习科、预科、本科每学年征收学费银二十四元，膳宿费三十六元，合计六十元，分两次于开学前缴纳。惟由本校预科升入本科者每学年学费仅收十四元，合计膳宿费共收五十元。

第二条　本科生每年须缴显微镜租费五元。

第三条　入学之第一学年须缴操衣、靴帽费洋十七元，计夏服两套、冬服一套、帽一顶、皮鞋一双，惟冬服可用两年，故第二学年只缴夏服、皮鞋费，至第三年再纳十七元，以此类推。

第四条　如中途退学，概不退学膳等费，惟因第二章第十一条四节退学时，得按时日酌数退还。

第五条　本校学生如患疾病，所有药品由校供给。但就诊医士时须照规定时间。

第六条　每学期之始另缴预备费四元，如无损坏仪器等事项，放假时照数退还。

第七条　长沙市店无购之书籍由本校代办，供诸生购买或租用。租用书籍，不得携归及写字污坏。

第八条　租用书籍，每次缴该书购价之十分之二为租费，其效力以一学期为限。如一学期不能授毕则以一学年为限。如须三学期授毕即须缴租费两次。

第九条　购定之书籍不得更换及退还。

第十条　长沙市店有购之书籍及用品，均由诸生自购，本校概不代办。

第十一条　购买曾租用之书籍一律照购价八折。

第十二条　购买书籍费均须一次缴足。惟租书籍费得在预备费中扣除。

第十三章　附则

第一条　本学则有未完善处经职教员会议可随时修改。

第二条　关于附设医院及男女护病讲习科之办法另定之。

附录五：湖南私立医学院附设学校护士职业学校章程

第一章 总则

第二条 本校根据三民主义，养成医务护士人才，以发展卫生事业，增进民族健康为宗旨。

第三条 本校设于长沙市北区麻园岭湘雅医学院内。

第四条 本校取严格训练，养成学生坚（艰）苦耐劳之习惯，及实践服务社会之精神，并特别注意下列四项：1.由学科和实习成绩之考查，以启发其自动研习和努力工作；2.充实职业知能，以推进其终身服务精神；3.陶融公民道德及职业道德；4.依家庭伦理之训练及劳动操作之鼓励，唤起其改进家庭、社会、生活之责任心。

第二章 学制及课程

学制 第五条 本校修业期为三年半，第一学年第一学期所习为护病基础学科，第一学年第二学期至第三学年第二学期所习为护病各学科及临床实习，末后一期派往本省市卫生机关实习公共卫生及助产等项工作。

课程 第一学年：公民、国文、英文、化学、心理学、护士伦理及历史、解剖生理学、细菌学、药物学、护病学、护病技术、外科学、急救术、内科及传染病、眼耳鼻喉科、病室实习。第二学年：公民、国文、英文、社会学、家政学、个人卫生、护病学（续）、护病技术（续）、饮食学、病理学、妇科学、小儿科护病学、病室实习。第三学年：产科学、产科技术、公共卫生学、精神病护病学、护士职业问题、个案研究、物理治疗、病室或门诊部手术实习。实习期、访视及环境、妇婴、乡村、学校等卫生实习及助产实习。

第三章 教职员

第九条 本校设校长一人，由校董会选举之，综理校中一切事务。

第十条 本校设教导主任一人，协助校长处理教务训育事项。

第十一条 本校设教务员训育员各一人，协助教导主任处理教务训育事项。

第十二条 本校设实习主任一人，分配指导及督察学生工作，及考查实习成绩。

第十三条 本校设文书兼舍监一人，管理文书及宿舍一切事项。

第十四条 本校设会计一人，办理会计及庶务事项。

第十五条 本校设事务员一人，管理杂务事项。

第十六条 本校校长及全体教员均负训育责任，指导学生一切课内课外之活动。

第十七条 本校专任教员得兼校务，但不另支津贴。

第十八条 本校兼任教员得由本医学院专任教员或医院医师充任，但不兼薪。

第十九条 本医院各科病室手术室及门诊处护士长均担任本校实习指导医师充任，概不另支薪。

第五章 入学及插班

第二十七条 凡贫民端正，体格健全，年龄在十六岁以上，二十五岁以下，曾在立案之公私立初中毕业或其他同等学校毕业者均得报名投考。

第二十九条 投考生须照本校招生简章所规定之日期受入学试验。受试科目为公民、国文、英文、数学、化学、物理、常识，此外并兼口试。

第三十条　凡考试及格者，须经本医院体格检查、血液检查、爱克斯光检查。体格健全者方准入学（爱克斯光片弱取材料费）。

第三十三条　取录生应觅保人两位慎具保证书，并应亲自填具入学志愿书。

第三十七条　取录生须于开学前一日到校，逾三日不到者除名。

第三十八条　插班生须曾在立案之同级护士学校修业一年以上，但三年二期不收插班生。

第六章　转学休学复学及退学

第四十六条　学生有左（下）列情形之一者令其退学：1. 成绩过劣难期造就者（参看第七章）。2. 因病经校医检验不能继续学业者。3. 留级两次者。

第七章　学业成绩考查

第四十九条　各科平时成绩与学期考试成绩合为各科学期成绩。平时成绩在学期成绩内占五分之三，学期考试成绩占五分之二。

第五十一条　各科学期考试成绩分数六十分为及格。惟护病技术以八十分为及格。

第五十二条　本校各学科中定国文、护病学、护病技术、解剖生理学、药物学、外科、内科、产科、妇科、小儿科、饮食学、个人卫生为主要学科。

第五十三条　学期成绩有四科不及格，或主要科中有三科不及格者，均予退学。

第五十四条　学期成绩有三科不及格，或主要科中有二科不及格者，均予留级。

第五十五条　学期成绩有二科不及格，或主要科中有一科不及格者，准予补考。补考不及格者，留级二科中非主要科有一科不及格者，准随原级附读，经补行学期考试而仍不及格即予留级。

第五十六条　凡留级学生其及格之科，学分达八十者，该科可免重读。

第八章　操行成绩考查

第五十八条　学生操行不良者不得进级或毕业。

第五十九条　操行成绩考查法根据左（下）列簿册：1. 奖惩登记簿；2. 教室日志；3. 宿舍检查登记簿；4. 请假登记簿。

第六十条　学生每期实得操行分数以六十分为及格。

注：附录所引用材料均保持当时用字及行文习惯，有部分内容缺失。

参考文献

[1]编委会.湘雅春秋(1994—2004)[M].长沙:中南大学出版社,2004.

[2]刘笑春.湘雅人物.长沙:湖南教育出版社[M].1994.

[3]北京协和医院.张孝骞[M].北京:中国协和医科大学出版社,2007.

[4]刘笑春,刘伏友.胡美与湘雅——一位美国医生笔下的湘雅、湖南与中国[M].海口:南方出版社,2011.

[5]李秀华,郭燕红.中华护理学会百年史话(1909—2009)[M].北京:人民卫生出版社,2009.

[6]Nancy E. Chapman(贾南溪), Jessica C. Plumb. 雅礼协会百年历史(英文版)[M].香港:中文大学出版社,2001.

后　记

　　中南大学护理学院，起源于 1911 年，是我国护理教育历史最悠久的院校之一，也是"南湘雅"的重要组成部分。作为中南大学最悠久的学科，在此之前，我们尚未对护理学的演变和发展进行过完整的记载。为庆祝中南大学湘雅医学院 100 年华诞，响应中南大学编撰学科史的号召，《中南大学护理学学科发展史 1911—2014》在当代湘雅护理专家、同仁及史学专家的共同努力下，搜集了大量的中外史料才得以完成。

　　该书本着修史编志、"厚今不薄古""厚今不乱古"的原则，以史志结合型进行编撰。从时间方面，以 2000 年 4 月中南大学组建为界，2000 年 4 月前的为史志结合型，即叙述风格加原始文献的编辑，有叙述，有评说，有历史文献的再现；2000 年 4 月后的为志书编写体例，即注重原始资料的表述，叙而不评，各方面成绩尽可能列数。全书共分三篇，第一篇讲述湘雅护理学院的发展史况；第二篇整理了湘雅护理人的临床、教学、科研成果及国际合作情况；第三篇介绍了湘雅护理学院史上杰出的校友和学科代表人物。

　　但是由于时间紧促、史料繁多、资料收集途径有限等原因，记录不全、史料缺漏在所难免！敬请读者谅解！

2014 年 9 月

图书在版编目(CIP)数据

中南大学护理学学科发展史(1911—2014)/中南大学文化建设办公室组编;中南大学湘雅护理学院撰稿.
—长沙:中南大学出版社,2014.10
ISBN 978 - 7 - 5487 - 1201 - 5

Ⅰ.中...　Ⅱ.①中...②中...　Ⅲ.中南大学 – 护理学 – 学科发展 – 概况 – 1911—2014　Ⅳ.R47 – 40

中国版本图书馆 CIP 数据核字(2014)第 228079 号

中南大学护理学学科发展史(1911—2014)

　　　中南大学文化建设办公室　　组编
　　　中南大学湘雅护理学院　　　撰稿

□**责任编辑**　史海燕
□**责任印制**　易建国
□**出版发行**　中南大学出版社
　　　　　　　社址:长沙市麓山南路　　　　邮编:410083
　　　　　　　发行科电话:0731-88876770　　传真:0731-88710482
□**印　　装**　长沙超峰印刷有限公司

□**开　　本**　720×1000 B5　□**印张** 17.25　□**字数** 335 千字
□**版　　次**　2014 年 10 月第 1 版　□2014 年 10 月第 1 次印刷
□**书　　号**　ISBN 978 - 7 - 5487 - 1201 - 5
□**定　　价**　**50.00 元**